王韬政治变革思想研究

以《循环日报》为中心的考察

石蓉蓉 著

中国社会科学出版社

图书在版编目（CIP）数据

王韬政治变革思想研究：以《循环日报》为中心的考察／石蓉蓉著．
—北京：中国社会科学出版社，2023.1
　ISBN 978-7-5227-1159-1

　Ⅰ.①王…　Ⅱ.①石…　Ⅲ.①王韬(1828—1897)—政治思想—研究　Ⅳ.①D092.52

中国版本图书馆 CIP 数据核字（2022）第 238444 号

出 版 人	赵剑英
责任编辑	李凯凯
责任校对	周　昊
责任印制	王　超

出　　版	中国社会科学出版社
社　　址	北京鼓楼西大街甲 158 号
邮　　编	100720
网　　址	http://www.csspw.cn
发 行 部	010-84083685
门 市 部	010-84029450
经　　销	新华书店及其他书店

印　　刷	北京君升印刷有限公司
装　　订	廊坊市广阳区广增装订厂
版　　次	2023 年 1 月第 1 版
印　　次	2023 年 1 月第 1 次印刷

开　　本	710×1000　1/16
印　　张	16.5
字　　数	242 千字
定　　价	89.00 元

凡购买中国社会科学出版社图书，如有质量问题请与本社营销中心联系调换
电话：010-84083683
版权所有　侵权必究

前　　言

　　西方思潮与近代中国政治思想演变的关系问题,是近代思想史研究领域中的大主题。中国自鸦片战争以后所发生的社会大转型,不仅改变了几千年的思想演变轨迹,也直接影响到今天中国政治思想形成中的一些基本方面。在这一历时弥久的思想演进历程中,最为核心的便是如何处理传统与现代思想的关系问题,具体表现为对中西思想文化关系的处理。而中国近代"变局"中所逐渐形成的早期维新派或早期改良派,恰恰处于这一思想转折发生的最初阶段。

　　王韬是中国近代早期维新派或早期改良派思想家中著述最多,涉及的层面最广的代表人物。中外学者将王韬视为近代中国倡言"变法"的先驱。他也是最早提出中国施行君民共主政体设想的思想家之一。王韬的政治变革思想,立足于自强求富的时代主题,在延续洋务派中体西用的改革原则的同时,最早将变革的内容由器物拓展到了政治领域,中西融合是贯穿其思想的主体特征。在整个近代思想史的演变历程中,他与早期维新派的其他成员,不仅是近代思想的启蒙者,也是承启鸦片战争前后的地主阶级改革派与戊戌维新派思想的重要桥梁。对王韬的政治变革思想进行研究,不仅可以管窥西方思潮对近代中国政治思想演变的最初影响,进而追寻思想演变的缘起,也可通过其思想的启蒙价值,在把握历史发展脉络的同时,对早期维新派的历史作用进行客观的评价。

　　王韬以中国传统的变易观与道器论为变法立论,提出了"道中有器"的哲学观,将中国传统思想中的部分"道"之内涵,纳入了可变之"器"的范畴,从而为中西交融的政治变革主张提供了理论根据。以此为基础,在批判传统的基础上,王韬提出了内政变革主张。围绕君民关系这一主轴,他首先提出了变革君主专制为君民共治的政体改革要求,成为中国历史上首次明确提出变革政体、实施君民共治的思想家。王韬的内政变革思想是以民本为基础,其难能可贵之处在于,提出了诸多蕴含着西方近代民权思想内容的变革主张,构建出带有民权色彩的新型民本观念,为其后的维新派思想家提出系统的民权观念奠定了基石。针对当时官府所存在的各种陋习陈规,王韬借鉴了资本主义国家治理中的有益经验,试图将其嫁接于中国的弊政改革实践,提出了诸如基层自治与民选地方官员,以及舆论监督等融合古代中国与近代西方特色的主张。从民本观出发,王韬提出变法之要在乎得其人,不仅需要培育和选拔适应于变革的人才,更需实现普通民众的思想转变,因此提出了系统的教育与选才变革的主张,及诸多切中时弊的选才机制改革方案,完成了近代新型教育思想的启蒙与教育改革的初步实践。同时,王韬的外交思想作为内政变革主张的延续,亦是其政治变革思想的重要组成部分。他以华夷观的转变为前提的外交思想,抛弃了以往中国中心主义的狭隘局限,产生了朦胧的国家主权观念,以及具有"世界主义"视野的近代外交思想。基于国家间关系本于"利"与"强"的认识,王韬提出了诸如设领事、遣外使、加入万国公法等,带有鲜明近代外交特征的思想主张,对中国外交观念实现由传统向近代的转变具有重要的促进作用。

王韬的一生著述颇丰,有关他的政治变革思想集中体现在他所创办的《循环日报》上,有不少政论文章收录在了《弢园文录外编》中。对这些政论文的分析,是系统研究王韬政治变革思想的直接依据与重要资料来源。由此,我们可以聆听到王韬在那个时代希图通过政治变革实现国富民强的呐喊,他认为自己找到了一条可以达成目标的途径。尽管其思想中难免瑕疵,也具有同时代思想家一样的局限性,但瑕不掩瑜,其思想的价值应得到客观公正的评价。从历史的维度来看,王韬的政治变革思想承启了近代变革思潮前后的思想家们对时局审慎思索的智慧,他和同期的思想家们所提出的变革主张可视为我国近代维新思想的开端,王韬的一些独到创见对于当时的国人而言是具有重要的启示与指引意义的,由他所擘画的政治蓝图也可清晰窥见我国近代政治变革思想发展、演变的历史脉络,以及与西方的思想文化互动、碰撞的历史过程。

目 录

导 论 ……………………………………………………………… (1)
  第一节 研究背景与缘起 ………………………………………… (1)
  第二节 研究述评 ………………………………………………… (7)
    一 王韬研究的发展阶段 ……………………………………… (7)
    二 国外有关王韬的研究 ……………………………………… (17)
    三 有关王韬思想的研究 ……………………………………… (21)
  第三节 研究思路与方法 ………………………………………… (36)
    一 研究思路 …………………………………………………… (36)
    二 研究方法 …………………………………………………… (37)
  第四节 核心概念 ………………………………………………… (39)
    一 政治变革 …………………………………………………… (39)
    二 驭外 ………………………………………………………… (40)
    三 早期维新派 ………………………………………………… (41)

第一章 王韬政治变革思想的渊源 ………………………………… (43)
  第一节 内外交困的政治环境与改革风潮 ……………………… (43)
    一 内政困局与政治改革 ……………………………………… (44)
    二 外部环境与自强运动 ……………………………………… (48)
  第二节 王韬的思想来源 ………………………………………… (49)
    一 王韬的身世 ………………………………………………… (50)
    二 思想渊源 …………………………………………………… (60)

第二章　王韬政治变革思想的理论基础 ……………………………（76）
第一节　中国传统的道器观 ………………………………………（76）
第二节　假器以通道 ………………………………………………（80）
　　一　"自古无不变之局" ……………………………………（81）
　　二　变局中的不变之道 ……………………………………（84）
　　三　混同中西与天下一统 …………………………………（86）
第三节　天心与人事之变 …………………………………………（92）
　　一　天心变于上而人事变于下 ……………………………（93）
　　二　渐变的原则 ……………………………………………（94）

第三章　王韬变革内政的思想主张 …………………………………（97）
第一节　从民本到民权 ……………………………………………（97）
　　一　中国传统的民本观 ……………………………………（98）
　　二　重民思想与民权萌芽 …………………………………（106）
第二节　变君主专制为君民共治 …………………………………（112）
　　一　批判君主专制制度 ……………………………………（113）
　　二　倡导君民共治 …………………………………………（118）
第三节　革陋规以除弊政 …………………………………………（122）
　　一　对官场积弊的批判 ……………………………………（123）
　　二　改革弊政的主张 ………………………………………（127）
第四节　去育才选才积弊以倡新型的教育选才观 ………………（132）
　　一　不拘一格降人才 ………………………………………（133）
　　二　提封万里无人才 ………………………………………（137）
　　三　育才在学与选才在专 …………………………………（145）

第四章　王韬对外观的转变与外交主张 ……………………………（155）
第一节　华尊夷卑到华夷异俗 ……………………………………（155）
　　一　华夷观的转变 …………………………………………（156）
　　二　华夷各有其权利 ………………………………………（165）
第二节　外交观念和驭外主张 ……………………………………（169）

一　王韬的多向度外交观 ………………………………（169）
　　二　通权达变的驭外主张 ………………………………（184）

第五章　王韬的政治变革思想评析 ………………………（197）
　第一节　中国近代变革思潮中的王韬 ……………………（197）
　　一　与变革思潮前期思想家的比较 ……………………（197）
　　二　与变革思潮后期思想家的比较 ……………………（210）
　第二节　王韬政治变革思想的启蒙价值 …………………（218）
　　一　"君民共治"的提倡者 ………………………………（218）
　　二　近代新式教育理念与实践的开启者 ………………（220）
　　三　具有"世界"意识的国家观念启迪者 ………………（221）
　　四　近代外交观念的先行者 ……………………………（222）
　第三节　王韬与近代维新思想之局限性 …………………（225）
　　一　以文化体系可分论为基础的含混哲学观 …………（225）
　　二　以君主之法行民权之意的臆想 ……………………（228）
　　三　脱离现实与传统的政体嫁接之空想性 ……………（232）

结　语 ………………………………………………………（236）

参考文献 ……………………………………………………（243）

导　　论

近代中国，灾祸频仍。鸦片战争的烽烟未息，相继又爆发了太平天国革命和第二次鸦片战争，清王朝陷入内外交困的局面。面对前所未有的严峻形势和不断出现的各种难题，不但统治集团要考虑如何镇压国内的反抗和外来的侵逼，一些传统的文人面对国是日非的政局，也开始进行一些理性的思考，而这种思考已经在与世界的接触中形成。因此，在强烈的传统意识下，他们融合了对西方的初步了解，提出了一些变革的主张。而此时的思想界亦悄然发生了变化，对"变局"[①]的体认，以及为应对这一变局而进行改革，成为众多朝野人士的共识。对于这一时期的思想史进行研究，不但可以了解"变局"之下思想界的反应与变化，也可为梳理近代思想史发展、演变的脉络提供视角和思路，最终得到一些有益的启示。

第一节　研究背景与缘起

1860年以后，清廷朝野上下已有不少文人士子意识到中华帝国面临着千年未遇的"变局"。适应形势的需要，一些新的认识与思想便应运而生。据统计，"从1861至1900年至少有四十三人评论了这种大变化的意义。最早的一个人是多产作家王韬"[②]。

[①]　[美]费正清编：《剑桥中国晚清史1800—1911》（下卷），中国社会科学出版社1985年版，第181页。

[②]　[美]费正清编：《剑桥中国晚清史1800—1911》（下卷），中国社会科学出版社1985年版，第181页。

这位被称为中国早期维新派或改良派的思想家、政论家、新闻记者的王韬，其改良的主张是什么？在政治上有什么议论与评论？作为中国第一份国人自办报纸的创办者与经营者，有哪些关于时政与变法的报刊论说？弄清楚这些问题，不但可以了解"变局"时代的思想家们思想转变与发展的过程，也可以加深对当时的政治局势与内外环境的理解，并从"变局"时代的思想启蒙与演变中追溯中国近代化的起源与转承轨迹，以及在西方思潮冲击下，中国的政治思想发生转变的最初源头与体现，为重新审视并更好地理解近代维新思想生发、演变的逻辑，及其于近世的合理性价值与局限性提供了一个重要的视角，其意义是显而易见的。

在"变局"产生之前，清王朝的颓势已显，内外矛盾蓄积并时有隐现，此时已有龚自珍、林则徐、魏源、姚莹、徐继畬等先驱思想家应时而出。他们在当时国事日非，纲纪败坏，民生凋敝，于外又时有外敌侵扰的情况下，痛切地剖析了当时的君主昏聩，官吏贪污，因循苟且，认识到旧章旧法已经绝难应付当世之局，敢于冒天下之大不韪，开始放眼海外，对与中华传统体制格格不入的西方社会和制度进行介绍，迈出了非凡的一步。

至"变局"时代，诞生了扮演着重要思想转承角色的早期维新派思想家，以王韬、郑观应、薛福成等为主要代表。他们针对晚清的社会现实，提出了诸多开风启智、针砭时弊的政治变革主张。他们前承地主阶级改革派，与洋务派并行，进一步将中西"体""用"，"道""器"的讨论推向深入；后启维新派，他们所掀起的社会思潮，成为后来戊戌维新变法思想的直接源头。正是由他们完成了近代中国西学东渐从"徒袭其皮毛"的器物西化[①]，向"制度西化"的转变进程，成为开启中国由传统社会向现代化阶段演进的思想先导，这一承旧启新的过渡作用奠定了他们在近代思想史上特殊的重要地位。

作为早期维新派的思想家，王韬是一位十分独特且具有前瞻性的代表人物，是近代最早提出"变法"口号的思想家，晚清著名的学

---

① 王韬：《弢园文录外编》，上海书店出版社2002年版，第27页。

者和报刊政论家，其思想激进，著述繁富，是影响近代思想创生演化的重要人物之一。王韬的一生，自小孕育、成长于儒家三纲五常、伦理道德教诲的土壤，接受修齐治平经世思想的灌输，怀抱匡时济世的传统士人理想，并以科举入仕为其人生目标。他虽具有深厚的经学功底和一世狂名，却应试不第，失利于科场，为求生计而因缘际会地从事中学西译的工作，成为最早与西方传教士密切交往的近代人物之一。王韬虽长居下位，身处仕林之外，却终生未泯用世之心。他时刻关注时政，与当世政要丁日昌、李鸿章、徐有壬等过从甚密，凭借他们的赏识而间接为当局建言献策。在遭遇上书太平天国事件被迫逃亡香港后，借助译书的工作，偶获西游的机会得以亲身体验西方世界的现实景象，这一经历使王韬对所谓"夷情"的认识比之前和其后的官派使臣更为全面，对西方政治制度、文化生活的理解也更为深刻和直接，为他日后思想的转变与重塑提供了养料。面对中西文化碰撞、冲突的特殊时代背景，以及个人坎坷多舛的命运，他以极大的思想包容性与勇气，背负着传统知识分子最为不齿的"卖身事夷"的身份，在经历了内心挣扎、矛盾冲撞后获得了思想的重生。在那个有着根深蒂固的"华尊夷卑"观念的时代，王韬率先完成了华夷观的转变，提出"华夷之辨，其不在地之内外，而系于礼之有无也明矣。苟有礼也，夷可进为华；苟无礼也，华则变为夷"①。在他的思想中取消了华夷之别，自此，突破了"严夷夏之大防"的思想禁锢，用"世界主义"的视野重新审视世界格局；对于君主专制制度和旧社会的批判，王韬无论在深度上还是在广度上都超越了前辈和同时代人，超越了林则徐、魏源等"经世派"的社会批判框架，从官场的"上下交征利"，到官吏的颟顸昏聩、因循苟且，再到君主专制制度的"及今不治"之弊端，无不痛快淋漓而又词锋犀利地予以全面批判，并诊断当世之势已是"脂膏日削，厥病日尪"。如此下去，就将"邪炽髓竭，其证将殆"②；关于如何挽救时局于危亡，王韬不仅承袭了魏源

---

① 王韬：《弢园文录外编》，上海书店出版社2002年版，第245页。
② 王韬：《弢园文录外编》，上海书店出版社2002年版，第162页。

的"师夷长技"和冯桂芬的"鉴诸国,师夷狄",并远较二者更为具体、详细地列出条项和充分内涵,他还更进一步,成为最早在中国倡导君主立宪制的人。他认为"器物西化"是末,而"制度西化"才是本,在《弢园文录外编》的《重民》《达民情》《除弊》等多篇中他详述了此观点,提出泰西以三种政制立国,即君主制、民主制和君民共主制,以"君民共主制"最为适合中国。同时,他也是我国最早倡行主权民族主义的先导,王韬曾于光绪年间主张收回丧失之主权,提出"我之所宜与西国争者,额外权利一款耳"①,他的"额外主权"②,囊括了国外所获一切侵及我国主权部分的特权,认为都应归还中国,明确表达了他的主权观念;值得一提的是,他在强调学习西方先进科技与制度的同时,试图探索出一个可以混合万国,结合中西文化之长的未来世界新秩序,并认为此乃大势之所趋,希冀由此而促成大同世界的到来。相比魏源的"师夷长技以制夷"和冯桂芬的"以中国之伦常名教为原本,辅以诸国富强之术"所展现的内外秩序和中体西用观,王韬的这一思想更为高明更具前瞻性,体现了他比二者更具强烈的近代意识和更开放的文化胸襟;此外,王韬闻名于史的办报实践,借助《循环日报》反复宣传的"变法自强"论说,对近代中国的影响可谓至深且巨。他开启了近代社会报刊影响舆论和政治的先河,可视为政治传播的最初实践,有关此思想的阐述亦可视为政治传播思想的萌发。以报刊作为维新思想的宣传平台向国内外人士鼓吹变法,改变了以往启蒙思潮影响范围狭小、局限的情形,真正实现了思想启蒙的大众化,大大拓展了维新思潮的影响范围,也为后来的维新派、革命派提供了重要的思想资源和实践模版。

当然,王韬的政治思想也有其复杂与矛盾的一面。转型期社会的纷乱,对个人与社会未来发展方向的不可知与迷惘,在他的身上有着清晰的体现。他的思想中充满了中西的碰撞与交杂,徘徊与踌躇,这

---

① 王韬:《弢园文录外编》,上海书店出版社2002年版,第73页。
② 王尔敏在《清季学会与近代民族主义的形成》一文中认为:"'额外权力'的名词是王韬所创,他把外国所获得中国的一切侵及主权部分的特权,都视为额外权利,认为必须用武力方式向列强争回。此名词已清楚的代表其主权观念的含义。"

使他的某些政治观念呈现出前后矛盾，新旧糅杂的情形。但这丝毫不会遮蔽他思想本身的光芒，也不妨碍后人理解他的思想逻辑和探寻其精华。同时，作为近代中国最早的一批知识分子，王韬所经历的由传统士子文人向近代知识分子转变的过程，及其思想发展所经历的矛盾与挣扎，正是对近代国家形成所经历的痛苦蜕变过程的一种折射，是对晚清西学东渐轨迹的勾画，同时，也映射出当时的知识分子在遭遇近代化激流激荡与洗礼的过程中艰难而复杂的心路历程。在风雨如晦的晚清时代，王韬的思想和经历无疑具有代表性和典型意义，有窥斑知豹之效。更为重要的是，其卓立独行的个性特征和游西经历，以及对时政与世界格局的高度关注、敏锐感觉和具有开创性的办报实践，使他得以形成并提出了诸多带有前瞻性的中西交融的政治思想和变法主张。其思想地位，可与同时代的冯桂芬、郭嵩焘、李鸿章、丁日昌等洋务派思想家睥睨同列，更是对其后康有为、梁启超的维新思想与实践，及孙中山的革命思想有启蒙之功。正如已故香港史学家罗香林教授所言："无王氏于同光之际，致力于中西文化之交流与变法自强之论议，斯未必即有光绪中叶以还，康梁诸氏变法维新之运动也。无晚清以还国父孙中山之鼓吹民权与建立民国，亦未必即有四十年来中国之所谓民主与科学之新文化运动也。"[①]

正是王韬独具特色、富有创识性的政治思想与实践行为，及其所具有的启蒙性与开创性价值决定了这一主题研究的意义。他的思想价值不仅在于对专制政治的否定与批判，更在于所具有的超然于时代的博大情怀与理性精神，以及不限于一国一地一时的追寻普遍、永恒真理的探索意识和勇气，无论在历史上还是当今社会都属难得。他所提出的政治变革理念，既非单纯的西化、求新，亦非一味地保守、复古，而是立足于中国传统政治文化的根基，对中西文化的合理成分予以融会贯通，进而产生符合当时社会发展需要的新思想，新观念，为病入膏肓的晚清政局开出药方。此外，王韬用他一生的思想和行动重新注解了"穷则独善其身，达则兼济天下"，这一被传统知识分子奉

[①] 罗香林：《香港与中西文化之交流》，香港：中国学社1961年版，第86页。

为圭臬的立身原则。在他那里,"穷"与"达"不再狭隘地局限于是否任官和获得政治权利,而是囊括了任何有益于人群与社会事业发展所获得的成功,对政治的贡献依然可以在政治权利之外得以实现。这种带有引领性的实践行为,闪现出难能可贵的现代光芒。

虽然王韬在近代史上占有特殊的重要地位,但中外学界对于他的研究无论从深度还是广度而言,都与其本身的历史地位和研究价值不甚相称。就研究领域而言,主要集中在对王韬生平事迹的考证、中西文化交流的贡献、王韬的思想研究、政论文与新闻实践、文学著作研究(漫游笔记研究、小说研究、诗歌研究、散文研究、文学史研究等),以及综合性研究等方面。其中,王韬在思想、中西文化交流,以及新闻实践上的贡献是奠定其近代先驱地位的主要基石,也是研究者涉及最多的领域。但就研究总体而言,依然是浮光掠影者多,深入探讨者少。尤其对于王韬的政治变革思想,这一核心和亮点部分,历来缺乏系统、全面和深入的探讨,专门性的研究目前只有台湾学者姚海奇在20世纪80年代的一篇硕士论文《王韬的政治思想》(后出版成书),其他研究则是零散地论及此问题,或是从某个角度对王韬的政治思想进行局部性解读,涉及范围十分有限,且研究的依据也主要来自《弢园文录外编》(后简称《外编》)《弢园尺牍》《普法战纪》等王韬的基础性著作,对于其一生中的重要时期——在香港创办并主持《循环日报》时期的论说,及其所体现的思想则鲜有关照。应该说,缺少了对于现存《循环日报》论说中王韬政论的内容解读[①],任何对其思想的研究都难免疏漏。

本书旨在对王韬政治变革思想的研究进行系统性、深入性和完整性的提升,通过挖掘其思想渊源,梳理王韬政治变革思想孕育、发

---

① 现存世的近1900份《循环日报》主要藏于大英图书馆、日本国立国会图书馆、日本东京大学法学部明治文库。其中,大英图书馆藏有1874年2月4日—7月4日的《循环日报》;日本国立国会图书馆藏有1880年7月5日—1884年12月29日的《循环日报》;东京大学法学部明治文库藏有1874年5月16日—8月10日,1880年2月13日—1886年1月30日的《循环日报》。本研究获得了日本收藏的《循环日报》大部分版面内容,而1974年2月4日—1874年7月4日的部分报纸政论内容则从香港大学图书馆复印得来。

展、转变和重塑的脉络，全面而又不失重点地剖析其思想内容，以此为视角展现三韬对当世和后世的思想贡献，并对其思想中的谬误、糟粕予以清晰鉴别和客观指陈，从而对其思想价值和历史地位做出全面、公正并符合史实的评价。在原有研究资料的基础上，严格遵循"原典实证的观念和方法论"，补充日本和香港所得的《循环日报》部分影印内容作为研究的补充论据资料，以弥补此领域研究中在材料依据上的缺陷。通过王韬政治变革思想的研究，试图拓展早期维新派研究的领域，为全面研究王韬提供一个思路。

第二节 研究述评

在本书写作之前及完成以后，多次在期刊网上检索与此研究相关的论文。最后检索的范围是 1915—2013 年（截至 4 月中旬），现以"王韬"为检索词，采取精确检索，其中在篇名检索有 272 条，在主题检索有 662 条，在关键词检索有 489 条，在摘要检索有 488 条，参考文献检索有 4520 条，全文检索有 12816 条。通过检索，可以发现王韬是不同研究领域的学者们所关注的对象。下面就学界有关王韬的研究成果作一梳理。

一 王韬研究的发展阶段

在 19 世纪中国社会所经历的近代化运动中，王韬是一位领先时代的学者和思想家，他不仅亲历和见证了中西文化碰撞与变迁的历程，更以其学识提携时代，用先进的思想为国家的革新与富强指引方向和道路。对于这样一位重要的近代人物，王韬的生平事业与思想旨趣在其生前就为时人所关注，从不少当世学者的著述中便可寻得他的影子。若将此时视为王韬研究的开端，迄今已有一百多年的历史了。纵观这一进程，大致可分为四个阶段：

（一）发端阶段（1874—1926 年）

王韬生前定居上海时，已在上海文化界名声斐然，是上海文坛的核心人物①。因此，当时就有学人记述过王韬的生平事迹。这个阶段的代表性成果有：1874年陈其元的《黄畹上李秀成攻上海策》，刊于《庸闲斋笔记》卷12（中华书局1989年版），邹弢1881年所写的《天南遁叟》（《上海进步书局笔记小说大观》第3册，《三借庐笔谈》卷10），邱炜爰的《王紫诠有二》（《菽园赘谈》），以及王韬同期的其他友人，如袁祖志、黄式权等在其著述中对王韬的记述。此外，当时《申报》《新闻报》《益报》等有关王韬生平行状的记录也都是王韬研究的重要资料，这些成果为后世的研究者奠定了重要的材料基础，此为王韬研究的发端期。

（二）初始阶段（1927—1949年）

从民国至新中国成立之前，是学术界对王韬研究正式启动的阶段。著名报学家戈公振先生在1927年出版了《中国报学史》（商务印书馆1927年版）一书，书中对王韬和《循环日报》的基本情况做了概述，这是对王韬和《循环日报》的最早介绍，可视为新闻学界王韬研究的滥觞。此后至新中国成立，约有20余篇研究王韬的论文发表，内容主要集中在对王韬生平事迹的介绍与考证上，也有少数文章涉及他的报刊活动和文学作品。较有代表性的有：1934年，我国著名历史学家谢兴尧和罗尔纲，分别在当年的《国学季刊》第4卷第1期、第2期发表了《王韬上书太平天国事考》和《上太平军书的黄畹考》两篇文章，对王韬上书太平天国一事予以考证，认为王韬曾化名黄畹上书过太平天国，主要从黄畹上书太平天国的书中所反映的黄畹身份和行动，以及文风和相同的词句等内外证据方面确认此事。胡

---

① 对王韬当时在上海文化界的影响可见于日本和中国学者的游记记载中。邹弢的《游沪笔记》（光绪十四年牡月咏哦斋刻本，1888年版）中有"海上诗词书画铁笔名家"一节，将王韬列于诸名家之首。书中另记载了上海诗人倪鸿在回答日本学者冈千仞问及上海名流时说，上海文坛名流有胡公寿、杨佩甫、葛隐耕、袁翔甫、钱昕伯、……"而王君紫诠为第一流"。1884年，日本学者冈千仞曾在中国游历长达三百多天，在其游记中也有相关记载。[日]冈千仞：《航沪日记》，甲申年七月十四日《观光游记》卷1，明治十九年日本铅印本。

适曾细读过《王韬手稿》，也认为黄畹即是王韬①。自此，这一观点几成定论，被后来者奉为圭臬。戏剧家洪深也在同年的《文学》杂志发表了《申报总编纂"长毛状元"王韬考证》（第 2 卷第 6 期）一文，认为王韬参与过太平天国的科举考试并取得状元，确认了民间传说中对王韬"长毛状元"的称谓，此观点已被后来学者所纠正，王韬确实有上书太平天国之举，但却无考中太平天国状元一事。1936 年，赵意诚的《王韬考证》（《学风》第 6 卷第 1 期）中对王韬卒年月进行了考证，认为王韬卒于 1897 年"仲夏以后"，他的这一观点当时得到了学界的普遍认可，学者胡适、徐光摩、罗香林等均持此说，如今在王韬纪念馆的生平介绍中也可看到关于其卒年为 1897 年秋的记载。同年，吴静山撰文《王韬事迹考略》（上海通社编，《上海研究资料》，上海书店出版社 1936 年版），认为王韬逝世于 1897 年 5 月，此说依据蔡尔康的《铸铁庵读书应事随笔》的稿本记载而来，此后这一观点得到了大多数学者的认可。中国史学家简又文于 1937 年在其创办的《逸经》杂志上发表了《长毛状元王韬跋》（《逸经》第 33 期）一文，又于 1939 年发表了《关于王韬》（《大风》第 58 期），都是对王韬事迹的考证。此时为王韬研究的奠基阶段，考证性研究占据了较大比重，前辈学者们的研究成果成为此后该领域进一步探索、开拓的基础。受早期研究资料与手段的局限，一些研究中不可避免地存在部分史实性误差，这些问题在后来者不断的探究与考证中部分地得到了解决。

（三）渐进发展阶段（1950—1989 年）

之所以将这一阶段的终止时间划至 1989 年，是因为 20 世纪 80 年代初改革开放刚刚起步，很多研究也处于逐渐开启的阶段，从王韬

---

① 胡适曾说："他（王韬）自传中说他入学后'旋易名瀚，字懒今'，也是自讳其名字。他入学之名当时王畹，字兰君，取'余既滋兰九畹'之义。后改名瀚，而仍字兰君，有手迹可证。官名不常用，改了不为人所注意，而别号表字则友朋间通行已惯，不易改了。他上太平天国书中用'黄畹'，是他原入学的学名，以示郑重，后来他出了乱子，就永讳其名畹，但'兰君'之表字仍不易讳饰，故取音略同之'懒今'。懒今即兰君之变文，而兰君之字可证他本有'畹'之名。"见胡适《胡适之与顾起潜书》，《胡适选集》，台北：文星丛刊 1966 年版，第 72 页。

研究领域的成果来看，这十年间的总体情况与之前几无二致，故此，这样划分更符合该领域研究发展的实际。这个阶段，除了有关王韬生平事迹的史实考证和新闻实践的研究继续跟进，思想研究成为主流。代表性的文章有吴雁南于1958年发表于《史学月刊》的《试论王韬的改良主义思想》（第3期）、王维成的《王韬的思想》（《中国近代思想史论文集》，上海人民出版社1958年版）、沈镜如的《王韬的改良主义思想》（《浙江师院学报》1957年第1期），还有谢无量的《王韬——清末变法论之首创者及中国报道文学之先驱者》（《教学与研究》1958年第3期），该文就王韬维新变法的政治思想和报章文学之开创性而发论。1960年，香港学者罗香林在其著作《香港与中西文化交流》（中国学会商衍鎏）中专门探讨了《王韬在港与中国文化发展之关系》，是研究王韬的中西文化交流贡献的基础性成果之一。1962年，罗香林教授发表了《王韬与太平天国》（《艺林丛录》第4期）一文，对王韬与太平天国的关系进行了研究。到七八十年代，更多的史学大师将目光部分地投向了王韬这一近代人物，如当代著名历史学家王尔敏在1975年撰写了《王韬早年从教活动及其与西洋教士之交流》（《东方文化》第13卷第2期），1976年，他又发表了《王韬谋士及其新思潮之启发》（《东方文化》第14卷第2期）一文，对王韬的事业以及他所开启的维新思潮做了较为详细的探讨，此后陆续又有数篇成果问世，王韬研究成为王尔敏近代史研究的重要领域。历史学家吕实强1978年在王寿南主编的《中国历代思想家》（台北：商务印书馆，第8册）一书中参与撰写了《王韬》一章，考察了王韬的变法思想及其思想价值。另外，还有中国近代史学家汪荣祖于1976年发表的英文学术论文"Paul. A. Cohen's Study of Wang T'ao：A Critical Review"（《评柯文论王韬》，in Monumenta Serica，V01. 31）。汪荣祖在1983年又出版了《晚清变法思想论丛》，其中有《王韬变法思想论纲》（《晚清变法思想论丛》，台湾联经出版社1983年版）一章，对王韬在晚清的维新变法思想做了论述；还有史学界率先提出"洋务思潮"概念的刘学照，也在同年发表了《论洋务政论家王韬》（《华东师范大学学报》1983年第1期）一文，对王韬的政论思想进行了考察。

有关王韬研究的基础性工作依然继续,并在这一阶段取得了一些进展与成果。主要体现在:首先,对王韬重要著述的整理。1959年,由汪北平和刘林整理了反映王韬变革思想的重要政论文集《弢园文录外编》,由中华书局出版,此版本是在1897年王韬自行校订印发的版本基础上的整理刊行,此后《外编》版本均以这一版本为底本。同年,中华书局亦出版了《弢园尺牍》。1982年,湖南人民出版社发行了《走向世界丛书》,其中包括对王韬的《漫游随录·扶桑游记》的整理付印。1983年,人民文学出版社发行了王韬重要的小说作品集《淞隐漫录》。1987年,方行和汤志钧在王韬的《蘅华馆日记》的基础上,整理出版了《王韬日记》,由中华书局出版发行,将王韬自咸丰八年正月初一到同治元年十二月初八期间断断续续的思想、行动记载做了整理,为研究王韬提供了重要的史料依据。这些重要的王韬著作,几乎都在这一时期重新刊印发行,得以进入普通研究者的视野,也为此后王韬研究的深入提供重要的资料基础。其次,有关王韬生平事迹的考证继续得到加强。较有代表性的有:《关于"王韬日记"》(《学术月刊》1957年第8期);陈祖声的《王韬报刊活动的几点考证》(《新闻研究资料》1981年第4期)和《王韬死于何时》(《新闻研究资料》1982年第5期);吴申元的《王韬非黄畹考》(《内蒙古大学学报》1982年第2期);杨天石的《读黄遵宪致王韬手札》(《史学集刊》1982年第4期);杨其民的《王韬上书太平军考辨——兼与罗尔纲先生商榷》(《近代史研究》1985年第4期);李景光的《王韬到过俄国吗?》(《社会科学战线》1986年第2期)和《王韬是屡试未中吗?》(《社会科学辑刊》1987年第3期);王开玺的《关于王韬上书太平天国之我见——兼与杨其民同志商榷》(《近代史研究》1988年第3期)等。

新闻学界对于王韬的研究在这一阶段取得了重要进展,方汉奇于1956年发表了《王韬——中国历史上第一个报刊政论家》一文,对王韬的办报实践在新闻史上的先驱地位予以确认。1961年,香港著名历史学家罗香林教授在其专著《香港与中西文化之交流》(香港中国学社 1961 年中文版）中专门论及王韬的思想与办报实践对中国文化的发展所产生的影响，并对他在近代中西文化交流中所起的作用予以充分肯定。此后，有相当数量的论文以王韬的报刊实践，以及和《循环日报》的关系为研究对象，并对王韬所开创的政论文体进行了研究，如台湾学者赖光临的《王韬与〈循环日报〉》（《报学》1967 年第 3 卷第 9 期）、方汉奇的《王韬与〈六合丛谈〉》（《新闻记者》1984 年第 5 期），对王韬在上海期间与《六合丛谈》的密切关系进行了研究和考证，以及方先生在同年的《新闻记者》第 8 期上发表的文章《王韬与上海新闻界》，都是对王韬在上海期间的新闻实践活动的考察。另有贺越明的《〈循环日报〉主笔王韬》（《新闻知识》1986 年第 5 期）、日本学者西里喜行的《关于王韬和〈循环日报〉》（《国外中国近代史研究》1988 年第 10 辑，郑海麟译）、卓南生《中国人自办成功的最早中文日报——〈循环日报〉》（《应用社会学研究》1988 年第 29 期）等。

此外，学者对王韬散文游记和其他作品进行的研究也占有一定的数量。如陈复兴在 1981 年发表了论文《王韬和〈扶桑游记〉》（《社会科学战线》1981 年第 2 期），文章认为王韬的《扶桑游记》是对日本"明治维新的一曲赞歌"[1]，不仅反映出明治维新给日本所带来的变化，也渗透着王韬个人的思想寄托。另有 1986 年马艺的文章《王韬和〈普法战纪〉》（《历史教学》1986 年第 11 期），对王韬撰写《普法战纪》的背景和大致经过进行了简述，特别纠正了早前学界有人将《普法战纪》说成是王韬在国外游历期间目睹了普法战争实况而写成《普法观战记》的谬说。

总体而言，这一阶段发表的 70 余篇学术论文，研究视角和领域比以往有较大拓展，但很多考证性的研究仍处于继续深入的阶段。除了论文成果，1981 年，台湾学者姚海林出版了《王韬的政治思想》（文镜文化事业有限公司 1981 年版，此书原为姚先生的硕士学位论文，共 5 万余字）一书，文章以现代化为经，以时间为纬，对王韬政

---

[1] 陈复兴：《王韬和〈扶桑游记〉》，《社会科学战线》1981 年第 2 期。

治思想中的"道"与"变","治民"与"治兵"和"倡富强"等内容做了解析与评估。该书虽篇幅短小,仅涉及了王韬政治思想的部分内容,且个别观点也有待探讨和商榷,但它是第一部以王韬的政治思想为主题的专著。

(四) 全面综合阶段(1990年至今)

进入20世纪90年代,王韬研究进入到了成果丰硕的繁荣阶段,主要体现在研究数量的激增,综合性研究的出现,以及研究视角、领域的不断丰富。这一时期,有几部重要的论著出版。1990年4月,华东师范大学出版社出版了忻平的《王韬评传》,书中对王韬一生的生平事迹及主要的改良思想进行了梳理,有学者认为,该书对王韬的全面研究,及对其思想地位的肯定,奠定了此后王韬研究的基调。张海林于1994年11月在《中国思想家评传丛书》系列中出版了另一部同名的论著《王韬评传》(南京大学出版社),以洋洋30余万字,全面介绍和评述了王韬的一生,及其在政治、经济、外交、文化、教育等方面的思想内容和变化历程,较为准确地定位了王韬在近代思想史上的地位。美国学者柯文1994年出版的《在传统与现代性之间——王韬与晚清改革》(中文版,江苏人民出版社)是一部重要的西方人研究王韬的论著,该书英文版的原著在1974年就已出版,但对国内学界几无影响,直至中译本出版后才成为王韬研究领域的基础性论著,常常被学界学人参考和引用。另有一部《王韬年谱》(张志春编著,河北教育出版社1994年版)于同期出版,为后来者提供了重要的研究依据。自柯文对王韬的专论研究之后,时隔30余年,大陆学者王立群出版了《中国早期口岸知识分子形成的文化特征——王韬研究》(该书原为作者的博士论文,由北京大学出版社2009年3月出版),作者旨在通过王韬——这一中国近代资产阶级第一代思想家、改革家、教育家的生存经历和心路历程的考察,解析当时社会中,这一类从传统文人中转变过来的具有"口岸知识分子"特征的群体,他们所共同经历的思想观念的变化,及其所体现的文化特征。该文重点在于通过梳理王韬的经历与时代背景而展现当时社会和"口岸"知识分子所共有的文化特征,文章对王韬的办报理念与实践,以及他的教育思想和实践进行了专章论述，但对王韬的其他思想内容则较少涉及。除专著外，自1990年至今，学界以王韬为题的论文有300多篇，包括期刊论文，专题研究的论文集，以及硕博论文等。1997年，以王韬为对象的专题研讨会在香港举办。在王韬逝世一百周年的日子，由香港浸会大学历史系与香港中国近代史学会联合主办了题为《王韬与近代世界》学术研讨会，其宗旨为更完整地认识和评价这位历史上杰出的思想家和文化人，会议围绕着王韬对当时社会思想的影响，王韬的出版事业，及其交游的情况展开了激烈的讨论，并产生了近20篇与主题相关的论文成果，会后汇编为《王韬与近代世界》（林启彦、黄文江主编，香港教育图书公司2000年版），将学界知名学者的文章和诸多新话题集结成册，不仅提高了王韬研究的学术价值和地位，更开启了此后研究的诸多新视角。目前，中国大陆以王韬为题的硕博论文共有21篇，其中博士论文3篇，分别为北京大学王立群博士的《王韬研究——中国早期"口岸知识分子"形成的文化特征》、复旦大学萧永宏博士的《王韬主持〈循环日报〉笔政史事考辨》、福建师范大学代顺丽博士的《王韬小说创作研究》；港台现有可查的以王韬为题的硕博论文共11篇，其中博士论文2篇，包括高雄师范大学高美芸博士的《王韬对时代的关怀及其寻求的解决之道》。综合这些成果的内容来看，对王韬生平事迹的考证和他的思想研究依然是主要方向，新闻学方面的研究主要集中于对王韬报刊实践和政论思想、舆论思想的解读，相应地文学领域对王韬的关注也比以往有所加强，王韬在文学史上的地位得到了肯定。具体来说：

有关王韬生平、事业的争论已部分地达成共识，个别问题仍需考证。这些问题主要集中在王韬的籍贯、王韬是否是黄畹与是否上书太平天国、是否屡试不第、是否通晓英文、是否受洗入基督教、《循环日报》的创立时间及王韬命名"循环"的深意、《循环日报》政论内容是否均为王韬所撰、倡行君主立宪的主张等方面。现主要将与研究直接相关的争议问题做简要说明。首先，对于《循环日报》的创办日期，因《循环日报》缩微胶卷在英国、日本、中国香港等地的寻获，根据报纸所载之创刊论说，可确定该报为1874年（清同治十二年)创办。而有关王韬命名"循环"之深意与君主立宪之最早倡议者之争,因牵涉其史观和理论基础,以及政治思想之内涵,故将在后面的思想综述中详细探讨。其次,对王韬的具体籍贯,虽存有争议,但目前采取的比较宽松的结论是,王韬为江苏省长洲县甫里村人,对甫里的具体位置,大陆学界比较认可甪直之说,即今江苏省苏州市吴中区甪直镇,现在甪直设有王韬纪念馆。有关王韬是否为黄畹并上书过太平天国一事,自早期学者罗尔纲、谢兴尧、郭廷等学者仔细考察、详细论证后,间或有各种质疑的声音与主张,但后者因缺乏文献资料和史实的考证实据,且有大陆和港台学者结合《循环日报》中的相关记载,也证实上书一事的真实性,故对此问题,大致取得了较为一致的结论。再次,对王韬是否受洗入基督教一事,事关王韬的思想基础和中西文化观,美国学者柯文(P. A. Cohen)曾考察英国伦敦海外布道会的档案资料,确认王韬曾以王澜卿之名于1854年8月26日受洗入教。大陆学者张海林在其《王韬评传》中也以柯文的考察为据,确认王韬入教一事,但他认为,王韬虽入基督教,却非虔诚的信徒,选择入教则是生存与现实需要的权宜之计,道出了王韬入教一事的功利性①。段怀清在其《试论王韬的基督教信仰》(《清史研究》2011年第2期)一文中也提出,王韬或经历了受洗入教的仪式,却未从信仰上真正入教②。总体上,持王韬没有从信仰上接受基督教洗礼的观点较具普遍性。最后,关于王韬是否通晓英文,涉及他对西方文化的体认程度。一般认为,由于他参与和协助英国传教士翻译出版了多部中国典籍,故而认为他精通中英语言。柯文则根据王韬曾从事翻译工作和受教一事主张王韬仅略通英文,而未达精通之水准。段怀清在《对异邦文化的不同态度:里雅各与王韬》中也提出,王韬没有认真学习英文与其对中西文化的体认有关③。最后需要特别注意的是,虽然史学界对王韬生平事迹的考证自20世纪30年代以来从未停

---

① 张海林:《王韬评传》,南京大学出版社2002年版,第61—67页。
② 段怀清:《试论王韬的基督教信仰》,《清史研究》2011年第2期。
③ 段怀清:《对异邦文化的不同态度:里雅各与王韬》,《二十一世纪》2005年第91期。

止，但自戈公振在《中国报学史》中提出《循环日报》的政论皆系王韬所撰，此观点被奉为定论，为国内外学者所沿用，几无异议。近年来，有学者就此问题提出质疑，并详细撰文予以考证，如复旦大学的萧永宏博士以《王韬主持〈循环日报〉笔政史事考辨》为题撰写了博士毕业论文，详细对此问题进行了研究。因该报政论构成来源复杂（政论由自撰论说、来稿论说、译稿论说和转载他报论说四部分构成），且大部分未署名，有的署以笔名，加上史料的局限，彻底厘清此问题尚有困难。因此，具体研究中，对王韬撰写的《循环日报》政论内容还应结合各种已有成果和背景资料予以仔细的考查和论证。

有关王韬思想的研究依旧占据相当大的比重，研究范围几乎涉及了其思想的所有方面，包括王韬的变法与改革思想、工商思想、教育思想、社会伦理思想、外交思想、军事思想、史学思想、经学思想、新闻思想等。总体而言，这些研究虽数量颇巨，且论及了王韬思想的不同面向，但整体上延续了以往研究的观点和思路，继承多于创新；对具体思想内容的就事论事多于深入、系统的整合研究，缺乏对王韬思想各部分之间逻辑性与关联性的整体考察，在成果形式上多体现为篇幅有限的论文。因这部分是研究的重要基础，故本章专设一节对该领域研究情况进行综述，此处不再赘论。同期也有不少比较视野的研究成果，如易惠莉《晚清平民知识分子的西学之路——评王韬与沈毓桂西化思想背景的异同》（《社会科学》1991年第10期）和《日本汉学家冈千仞与王韬——兼论1860—1870年代中日知识界的交流》（《近代中国》第12辑，上海社会科学院出版社2002年版）、林宁的硕士学位论文《里雅各与王韬的对比研究》（华东师范大学，2008年）等。

从上述王韬研究的几个阶段，可以看出学界在这一领域研究发展的整体进路。总体而言，自王韬研究起步至今，有关的各类著述400余种，笼而统之，大致集中在王韬的生平事迹考证、思想研究、王韬的新闻实践和对近代报业的贡献、文学和诗词作品研究、游记研究，以及对王韬著述的整理和对其研究的回顾与总结等方面。虽然王韬研究开启的时间较早，但发展进程较为缓慢，直至20世纪90年代才进入全面发展阶段,且依旧未能突破零碎片段式的研究格局,对很多重要问题的研究力度仍显薄弱,总体呈现出广度尚可而深度不足的局面。学界对王韬的研究与他本身的历史地位与价值不甚相称,仍有广阔的空间值得开掘和拓展。

二 国外有关王韬的研究

以往学者们在研究王韬时多以国内已有的成果为基础,鲜有对国外研究情况的系统考察。事实上,19世纪中叶,王韬在日本的影响和知名度远高于国内,日本学人对王韬的关注和研究由来已久,可追溯至他生前的时代,前辈研究者们留下了不少对王韬生平事业、思想主张,以及他出游日本的具体情况的记载和评价,这些都是不可忽视的重要资料。更为重要的是,早期学者站在晚清专制社会的政局之外以比较中立的眼光来审视和评价王韬的思想在近世社会所闪现的光芒,无论从思路还是视角出发,都对后来的研究者有重要的参考价值。欧美的研究也有异曲同工之妙,他们从西方人的角度出发去考察这样一个饱受中国传统文化熏陶和培育的士子文人,如何提出在当时看来非常前卫的诸多政治、社会改革主张,这些成果是综合、客观研究王韬思想不可或缺的参考资料,需厘清并综论之。

(一)日文论著

王韬生前曾游历过日本。事实上,在他未踏上日本国土之前,就早已因《普法战纪》和《循环日报》而名满东瀛。他的著述对日本文化界和民众产生了非常重大的影响,正所谓身未至而名已远。日本朝野人士皆对这位学贯中西的"巨儒"充满了敬仰与倾慕之情,纷纷联名盛邀王韬东游日本。王韬于1879年游历日本期间,对日本明治维新后的社会风貌进行了一次近距离的考察,并与日本朝野人士探讨了日本效仿西方君主立宪制的利弊得失,此行对充实和完善其改革思想意义重大。同时,他的另一个重要收获是,结交了一大批日本文士,其中不乏知名的日本学者,如中村正直、龟谷行、冈千仞等。自那时起,就有日本学者开始关注和研究王韬,成就了不少该领域的辉煌篇章,它们是王韬研究的重要基石。

日本学者木下彪曾在1895年出版的《明治诗话》（卷下）中介绍了王韬的《漫游随录》，并对王韬于当世所秉持的既非夜郎自大，亦非主张全盘西化的理性态度大加赞赏，肯定其诸多观念所体现出的先见之识与过人之处。邀请王韬赴日的日本汉学家栗本锄云，在1900年撰写的《王紫诠君的来游》（《鲍庵遗稿》）一文中提到了初读《普法战纪》时的感受，对王韬的变法图强主张十分佩服，并对王韬交游日本期间与日本文化界的交往情况做了简要介绍。另有日本学者布施知足在1938年撰文《王紫诠的扶桑游记》（《从游记看中国明治时代的日本往来》，载《东亚研究讲座》第84辑），对王韬的游记内容进行了研究，并对他曾于19世纪70年代末到访日本的情况，以及由此反映出的那一时期中日文化交流的问题进行了探讨。同类研究还有，自19世纪30年代一直致力于研究近代中日文化交流史的日本学者实藤惠秀，1941年在其专著《近代中日文化论》（大东出版社1941年版）中，专以《王韬的访日与日本文人》为题，对王韬访日的文化交流情况进行了探讨，这为国内学人了解王韬出游日本的经历和近代日本文人对中国文化的态度等问题提供了诸多研究素材。此外还有1945年，日本学者外山军治所写的《王韬と长发贼》（《学海》第2卷第8号）；1963年，日本的中国文学研究者，鲁迅的学生增田涉的《王韬——轮廓》（《人文研究》第14卷第7号）；中田吉信的《冈千仞与王韬》（《参考书志研究》1976年第13卷）；彭泽周的《中国の近代化と明治维新》（京都：同朋舍出版部1976年版）一书中辟有《王韬的日本观》一章；原田正己1983年出版的《康有为の思想運動と民衆》（東京：刀水書房1983年版）中有《王韬 见与近代意识》一节；西里西行于1984年发表的文章《王韬と循環日報について》（载《东洋史研究》第42卷第3期）；以及渡琢磨1988年的《对王韬上书太平天国问题的研究》（《近代中国》第20卷）等。除了对王韬生平事迹的考证性研究外，早前日本的这些有关王韬思想价值和中外交流的成果基本确定了该国研究王韬的基调，对他前卫的政治观点，及其在近代思想领域中的启蒙价值，以及中西文化交流和中日交流中所做的重大贡献给予了充分肯定，同时非常强调王韬的思想对当世及后世的重大影响，这些思路和观点对于国内学人重新审视和准确定位王韬在近代中国思想史上的地位有重要的启发价值。

（二）英文论著

最早关注王韬的欧美学者是美国人罗斯韦尔斯·布里顿（Britton·Ros-wells·S），他在1933年出版了"The Chinese Periodical Press 1800—1912"（《中国报纸》）一书，其中专章（"Wang Tao and The HongKong Newspaper"）论述了王韬与香港报纸的关系问题，文章肯定了王韬在近代香港社会和香港报业的地位及影响，成为奠定王韬在中国新闻史上重要先驱地位的基础性成果之一。十年后的1943年，布里顿又在Arthur W. Hummel主编的著作"In Eminent Chinese of the Ching Period."（Washington D. C.：United State Government Print Office.）中将王韬视为晚清社会的重要人物，撰写了"Wang Tao"一章，介绍王韬的基本情况及其主要思想主张对晚清社会的影响。1953年，McAleavy, Henry发表的文章"Wang Tao：The Life and Writings of a Displaced Person."（London：The China Society）描述了王韬怀才不遇的个人经历，以及他的思想被当世政治体制和观念所排斥的现实，反讽那个时代中国社会所存在的诸多弊端和令人窒息的文化环境。1963年，Leong, Sow-theng发表了"Wang Tao and the Movement for Self-Strengthening"（Papers on China, Vol. 17），文章论述了王韬及其主张和倡导的自强变法运动，对王韬以求富、求强为核心的变法思想进行了阐述，并肯定了它在当时中国社会中的进步意义和现实价值。同年，Lo, Hsiang-lin在"Hong Kong and Western Culture"（Tokyo：the Center for East Asian Culture Studies.）一书中撰有"Wang Tao in Hong Kong and Chinese Culture"一文，对王韬在香港时期对中西文化交流所做的贡献和实践活动进行了考察。1967年，美国学者柯文（Cohen, Paul A）参与了Feuerwerker Albert, Murphey Rhoads & Mary C. Wright等人编著的"In Approaches to Modern Chinese History"（Berkeley：University of California Press），并撰写了"Wang Tao Perspective on a Changing World"一文，对王韬在近代中国变局中的诸多创见性观点予以梳理，简述了他的改革主张。同年，柯文发表了

"Wang Tao and Incipient Chinese Nationalism"（Journal of Asian Studies, Vol. 26, No. 4），这一最早论述王韬民族主义思想的文章，为此后学者研究和讨论王韬的民族主义思想问题开启了先河。Lo, Hsiang-lin 也在这一年于 F. S. Drake 编著的 "In Symposium on Historical Archaeological and Linguistic Studies on Southern China, South-East Asia and the Hong Kong Region" 这一研讨会论文集中，撰写了 "Wang Tao and His Western Friends" 的文章，介绍了王韬西游时结交的外国传教士和其他朋友，他们之间的思想、文化交流情况，以及这些人对王韬思想转变所产生的各种影响。1973 年，美国学者 Lee. Chi – fang（李齐芳）以 "Wang Tao（1828 – 1897）：His Life, Thought, Scholarship and Literary Achievement"（University of Wisconsin）为题撰写了博士论文，对王韬放浪不羁的个性和坎坷的生活经历，以及他的思想、学识，以及他诸多的文学作品和成就进行了综合性研究，试图对王韬的一生进行系统性的扫描，以此还原和定位他在当时社会应有的地位。由于涉及领域太广，使该文略显缺乏统一的主旨和思想理路，从而影响了研究的深度。1974 年，柯文出版了专著 "Between Tradition and Modernity：Wang Tao and Reform in Late Ching China"（Cambridge, Mass：Harvard University Press），该书以传记的形式对王韬在晚清社会改革中的实践和作用予以宏观性考察，提出了很多革新性的观点，用西方人的眼光和全新的思路对这一近代历史人物及其时代进行了全景式描绘。但此书在研究中对王韬著述的引用有限，使其对诸多问题的探讨根基略显薄弱而缺乏说服力，而且他以研究王韬为视角对晚清的社会政治变革进行考察时，将西方观念对晚清社会的影响视为当时社会变革的唯一成因，而忽视了中国社会内部生发的变革因素和能量，从而使其书中难免偏颇之论，这是该著作的局限所在。可谓一石激起千层浪，柯文这部著作出版后，引发了不少学者对其中问题的商榷和讨论，这些文章较集中地出现在 1975 年至 1976 年。如 Dawson, Raymond, 1975 年发表的 "Review of Between Tradition and Modernity：Wang Tao and Reform in Late Ching China by Paul A. Cohen"（Enghlish Historical Review）；Atwell, W. S 1976 年的 "Review of Between Tradition and Modernity: Wang Tao and Reform in Late Ching China by Paul A. Cohen" (The China Quarterly, Vol. 67); Boyle, John H. 1976 年的 "Review of Between Tradition and Modernity: Wang Tao and Reform in Late Ching China by Paul A. Cohen" (Journal of Asian History, Vol. 10); Shin, Linda. P 和 Soo, Ming Wo 同年发表的同名文章, 分别刊载于 Journal of Asian Studies (Vol. 35, No. 2) 和 British Journal of Sociology (Vol, 27, No. 2) 上。他们从不同角度和层面针对柯文著作的内容进行了再探讨, 不仅加深了对具体问题的认识, 并在实际中推进了王韬的研究, 其中的诸多观点值得后进研究者关注和仔细体味。20 世纪 80 年代, Lee. Chi-fang (李齐芳) 从王韬的文学作品以及他对中学西译事业所做的贡献角度, 肯定了他在近代中国史中的地位, 主要体现在 "Wang Tao and his Literary Writings" (1980, Tamkang Review, Vol. 11, No. 1) 和 "Wang Tao's Contribution to James Legge's Translation of the Chinese Classics" (1986, Tamkang Review, Vol. 17, No. 1) 等文章中。

相比较日文的研究成果, 这些英文论著所体现出的实证考察力度稍显逊色, 他们更注重宏观、综合的研究视野与方法, 在具体内容上则比较关注王韬的改革思想在晚清社会的现实意义; 思想性质上, 更为强调王韬所具有的现代性特征, 并将他视为脱胎于传统社会又开启了新文明的近代社会改革家与先行者之一, 充分肯定了王韬的思想与办报实践在近代中国社会的启蒙价值。

三 有关王韬思想的研究

作为中国第一批资产阶级改良主义思想家, 王韬为当世和后世留下了弥足珍贵的思想资源。他的一生志业兴趣广泛, 思想内容丰富多样, 涉及的领域也颇为多元, 提出了诸多具有开创性的启蒙思想主张。从王韬研究的发展阶段可以看出, 自 20 世纪 50 年代以来, 有关其思想的研究便成为该领域的主导部分, 备受学界的重视, 其间也产生了较为丰硕的研究成果, 内容几乎囊括了其思想的所有方面。但遗憾的是, 就总体而言, 零散性、综论性的研究多于系统、深入的探讨，对于其思想的重要部分——政治思想，鲜有成果给予深刻开掘，更缺乏站在中西历史发展的整体格局之中的审视。现有成果多是在论述王韬的其他思想时涉及政治思想，或是对政治思想部分内容的解读，或是散落于主题研究和宏观的思想史研究的篇章之中。因此，对这些成果的爬梳、综论是研究得以展开的重要基础。现主要从王韬思想的属性与时代特性、哲学思想、历史观、对君主专制制度的批判、民族主义、民本思想、重商主义思想、对外思想以及人才观等涉及其政治思想的方面，对已有成果进行综述。

（一）王韬思想的属性与时代特征

学界对王韬思想属性的界定与洋务派同早期维新派的关系问题息息相关。史学界对洋务派与早期维新派有无本质差异的问题存有两种截然不同的意见，这种分歧也折射在王韬思想属性的确定上：其一，将王韬视为晚清洋务思想家的代表人物之一。[①] 持这种观点的学者认为，对王韬思想属性的确认应以其思想成熟阶段为主，而这一阶段正是洋务思潮盛行之时，他的思想成为洋务思潮的重要组成部分。支持这一观点的重要论据之一是，王韬曾提出"练兵士、整边防、讲火器，制舟舰"等，"顾此其外焉者也，所谓末也。至内焉者，仍当由中国之政治，所谓本也"[②]。这一"中学为本，西学为末"的主张与洋务派的"中学为体，西学为用"如出一辙，他所提出的治民、治军等主张也未超出专制政治所允许的范围，因而未脱离"中学为体"的窠臼。更有学者明确指出："冯桂芬、薛福成、王韬、郑观应、陈炽、马建忠、陈虬等被称为早期资产阶级改良主义思想家，其实是洋务思想家。"[③] 其二，认为王韬是早期维新思想家的重要代表人物之一，其思想属于资产阶级改良派的范畴。有学者指出，王韬是19世纪70年代民族资产阶级利益的早期维新派思想家，他不仅主张学习西方先进的科学技术，发展资本主义工商业，更是比早期改良主义思

---

① 傅美林：《论王韬的洋务思想》，《历史教学》1996年第8期。
② 王韬：《弢园文录外编》，上海书店出版社2002年版，第27页。
③ 雷颐：《从冯桂芬到郑观应》，《近代史研究》1984年第6期。

想家们更具慧眼地提出了明确的改革方案,以及具有资产阶级性质的变法要求。①更为重要的是,王韬明确反对洋务派"徒袭其皮毛"的保守主张,认为洋务运动的变革有名无实,指望靠西方的器艺技巧来富国强兵,是舍本求末,王韬通过对洋务运动的检讨,积极探寻西方国家致富致强的本源,将变革政治制度作为富强的起点与根本②。而这正是其改良思想的主旨与核心,也是区别他与洋务派的重要标志。他们认为,"王韬、郑观应等这批人,要求维护国家独立,特别是要求发展资本主义,改行君主立宪政体,那些思想主张,明显地属于资产阶级的性质"③。应该说,就王韬思想的内容和性质而言,与洋务派确实存有本质上的差别,在政治观点上更是截然对立,虽然王韬思想的成熟阶段恰处于洋务思潮兴起之时,其思想内容不可避免地与洋务派有诸多相通之处,但对其思想属性的厘定还应看其主要方面和根本所在。故此,同大多数学者一样,本研究认同王韬为代表民族资产阶级利益的改良主义思想家之说。

有关王韬思想的"传统性",抑或是"现代性",学界有不同的界说,二者根本的区分在于对王韬世界观和宇宙观的内涵定位上。有学者将王韬的'世界主义'视野评价为"旧式的世界主义",认为"贯穿王韬思想的是一种旧式的'世界主义'理想"④。而另有学者则将王韬的世界主义视为"中国式的'全球化'理论或'全球化问题的中国式论述'",认为"王韬的'天下'概念是对中国古代宇宙观的一种突破,代表着一种全新的现代世界'道同'宇宙观"⑤。因此,他的世界主义是全新的"现代世界宇宙观"而非旧式、传统的。并进一

---

① 朱英:《中国近代最早提出"变法"口号的思想家——王韬》,《史学月刊》1982年第5期。
② 朱建华:《"治中以御外"——王韬改良思想的主旨》,《贵州大学学报》1996年第1期。
③ 中国社会科学院近代史研究所编:《中国近代史稿》第2册,人民出版社1984年版,第311页。
④ 钱钟书:《弢园文新编》,生活·读书·新知三联书店1998年版,第13—14页。
⑤ 以上引文见王一川《中国的"全球化"理论——王韬的"地球合一"说》,《四川外语学院学报》2001年第2期。

步指出，王韬是中国近代史上的"现代性"思想家，他"是中国最早的集中、全面而系统地觉察到现代性问题的思想家"，在诸多方面"作了富于原创意义的现代性转变的尝试"，"是难能可贵的现代性开启者或先行者之一"，就其价值而言，"只要中国的现代性进程仍在继续，那么，王韬的思索就仍会闪烁其智慧的光芒"①。不仅确认了王韬思想的现代性价值，并对其给予了极高的评价。这两种观点的不同取向是基于社会发展研究中的"传统—现代"二分法理论模式，美国学者柯文则以质疑这一模式为起点，采取了超越"传统"与"现代"，着重以"内在取向"为研究参考点的方式来强调了二者之间的兼容并存的关系。②无论学者们在王韬思想的时代特性问题上有何不同认识，对于近代"中国中心主义"世界观向"民族国家观"转变的思想进程中，王韬所起的开创性重要作用是普遍予以肯定和认可的。

（二）王韬的哲学思想

这方面较有代表性的观点如忻平的主张，他认为，王韬的道器论和体用观是他思想的哲学基础，王韬沿用了《易经》中"形而上者谓之道，形而下者谓之器"这两句被中国历代哲学家、思想家奉为圭臬的哲学命题，但忻平指出，王韬所讲的"器则取诸西国，道则备自当躬"与洋务派的"中体西用"说有着本质的区别，虽然"道"的内涵被狭定在孔孟之道的范畴，但"器"的内涵却扩展至科学技术之外的"政教刑法"领域，也即政治制度和社会学说，"器"中已含有"道"的内容③。王韬的哲学观点受西学冲击中学的影响，使其难以概括原本"道""器"各自的内涵，它们在王韬的哲学思想中变得界限不清，相互掺杂，因此，强调"道器"皆变，使二者"合而一之"成为王韬的思想原则的哲学概括。同时，忻平也指出，王韬哲学

---

① 以上引文见王一川《王韬——中国最早的现代性问题思想家》，《南京大学学报》1993年第3期。

② [美]柯文：《在传统与现代性之间——王韬与晚清改革》，雷颐、罗检秋译，江苏人民出版社1994年版，第58页。

③ 忻平：《王韬评传》，华东师范大学出版社1990年版，第135页。

观点中缺少思辨性和政治目的性这一中国古典哲学所共有的局限，使他的逻辑中常出现自相矛盾之处，而正是这种矛盾和模糊性，将这种理论上的失误促成他政治主张的合理性基础，以及变法理论的依据和挡箭牌。① 在此基础上，有学者进一步指出"王韬所论，无论是三代取替于上古、封建取替于三代，还是今日仿效西法的变革取替于封建都含有进化的历史哲学思想，这种进化的历史哲学思想即是王韬用'道器俱变'思想对历史与现实的审视、思索，否则，他无法认识到近代中国发展的资本主义前途"②。也有少数早期的研究者持相反的观点，认为王韬的道器说同洋务派的中体西用并无二致，王韬"明确提出封建的三纲五常是不变之道，即中国古老的封建制度是不能变的，所能变的只是某些具体的制度，所谓'递积而愈详'的制度，也就是'舟车枪炮机器之制'，用哲学语言来说也就是'器'是可以而且应该变的"③。总体而言，忻平等学者的观点在学界更具有普遍性，他们对王韬哲学思想及其矛盾性的解读为本研究提供了重要的思考起点，无论王韬本人对其哲学思想论述的多寡，它的基础性作用都是毋庸置疑的，对他"道器""体用"哲学观的考察是任何有关他的思想研究的基点。

（三）王韬的历史观

王韬一生在史学研究方面也颇有成就，他的历史观是他对当时政治社会发展路向的判断依据。对其史观的认识，学界大体有两种不同的观点，一部分学者认为，王韬的史观仍属中国传统变易史观的范畴。王韬、郑观应等人的历史观是对传统变易史观的继承与改造，虽然"增添了极为重要的内容，指出当时的时代，正处在从'华夷隔绝之天下'变为'中外联属之天下'"，因此"他们的变易进化史观是反映了当时的时代精神的，包含有近代的内容"，但是，他们没有从根本上脱出传统的道不可变的窠臼。他们的脚步走到近代历史进化论

---

① 忻平：《王韬评传》，华东师范大学出版社1990年版，第137页。
② 王守正：《王韬的"道器说"对中国近代历史前途的认识》，《史学集刊》1997年第2期。
③ 吴泽：《中国近代史学史》上册，江苏古籍出版社1989年版，第353—354页。

的门槛便停住了①。也有学者从王韬著述中常使用"循环"一词,以及他创办的《循环日报》之命名等方面,认为他宣扬和倡导循环史观。他们将王韬的史观定位为"胎源于《易经》"的循环史观②,并指出,王韬在继承魏源等先辈的历史进化思想的基础上,用西方的进化论观点去解释儒家的某些学说,同时用中国传统的"天道观"去解释西方的历史,由此创造出了中西合璧式"天道观"进化论的历史循环论体系,将人类社会看作是天道循环的历史,虽然他在继承传统的基础上实现了对传统复古主义循环论的否定,但依旧包裹着传统循环论的外衣。③更有学者从近代西方进化论初入中国时对文化知识精英群体所产生的影响方面,考察了王韬对进化论排斥—接受—排斥的摇摆不定的过程,以及以他为代表的这一群体被动的立场对进化论在中国传播进程的延迟,从而肯定了王韬史观的传统色彩④。总体来说,这些说法认可王韬的历史观中已含有某些带有西方进化论色彩的新内涵,但它仍没有脱离传统史观的窠臼。另一部分学者则认为,王韬的史观已属"近代进化史观的萌芽",因为他"师承并发展了清代启蒙思想家用治乱划分时代的变易史观,进而用历史进化论的观点来观察中外历史演变"⑤。有学者指出,王韬的"循环"之意,强调的是历史发展的对立面转化,这正是他历史辩证思想的反映;而且在王韬的"循环之理"中蕴含着历史螺旋发展的观点;再者,王韬试图用他所获得的西方近代自然科学知识对中国的循环史观加以改造,装入了进化论的新内容,因此,认同将其归入近代进化史观的萌芽阶段⑥。应该说王韬的历史观正处于传统变易史观向西方进化史观过渡

---

① 邝柏林:《从古代传统的变易史观到近代历史进化论》,《孔子研究》1988年第3期。
② 姚海奇:《王韬的政治思想》,台北:文镜文化事业有限公司1981年版,第68页。
③ 傅兆君:《进化还是复古:对中国史学中几种循环论的剖析》,《社会科学》1995年第3期。
④ 易慧莉:《中国近代早期对西方社会进化论的反响——以受传教士影响的知识精英为考察对象》,《江苏社会科学》2000年第4期。
⑤ 忻平:《论王韬的史著及其史学理论》,《史学理论研究》1997年第3期。
⑥ 王也扬:《王韬的史观与史学》,《史学理论研究》1993年第4期。

的中间环节，其主旨是为变法寻找依据，就主体内容与核心价值而言，他未完成彻底地否定和批判传统循环史观的任务，也未能实现用进化论的立场与方法来解读现实，历史观充满了由传统变易史观向近代进化论的历史观中转过渡的特色。

（四）对君主专制制度的批判

明末黄宗羲批判君主专制的思想在中断了近两个世纪后，在晚清得以复苏。伴随外力侵逼和内政危亡，早期维新派思想家最早将目光聚集到了延续了几千年的君主专制制度上。对专制制度的批判是王韬政治思想的核心内容，也是他政治变革主张的重要基石，学界对此有较为统一的认识。这方面具有代表性的观点主要有：张海林从王韬有关君隆民卑，君臣相隔，吏治败坏几个方面深刻揭露和批判专制制度的论说入手解读其批判思想，他认为，王韬在批判君主专制制度方面所发表的议论是他社会批判思想的最辉煌之处，他找到了中国官场的一切丑恶现象之根源所在，通过深刻分析，将专制制度下吏治的"尫病""痼疾"之原因直指专制制度本身①。他不仅找到了晚清社会危亡的病源，更为其开出了药方，将民权制度视为西方国家富强之本源，认为中国唯有借鉴西方政治，方可实现长治久安②。这成为他进一步提出和倡导君主立宪制的重要基础。除了直接地否定，王韬对专制制度的批判也体现在他对西方民主制度的向往与热情鼓吹上。他在《法国志略》中强调西方各国实行的民主制度较之君主专制有着巨大的优越性，由于有议会民主制度的保证，法律不能随便更改，更不能随便破坏，国家可以避免长时间离开常轨，有效地防止腐败政治局面的发生，这些论述明显地具有批评封建专制的重大进步意义③。对君主专制制度的批判，标志着王韬比洋务派思想家更进一步，认识到变革"器物"之末远不如革新"制度"之本更能解决晚清社会的问题，

---

① 张海林：《王韬评传》，南京大学出版社1993年版，第184—187页。
② 俞祖华、赵慧峰：《民主思想的演进：从戊戌到"五四"》，《江海学刊》2001年第3期。
③ 陈其泰：《儒学与西方文化的交流——对中国史学近代化趋势的审视》，《北京师范大学学报》1995年第1期。

这是他的思想在当时洋务思潮弥漫的晚清社会更具深刻性与前瞻意义之所在。

（五）民族主义思想

最早从民族主义角度研究王韬思想的是美国学者柯文（Cohen, Paul A），他从王韬的道器观、倡富强、商力说和主权论等方面，论述了王韬在早期民族主义思想中的影响和地位[1]，并将其观点视为"早期或原始的民族主义"，认为他"最大限度地接近成为中国近代史上最不太可能的混合型人物———一位儒家民族主义者"[2]。对于近代中国民族主义的形成是否自王韬等辈始，主要有三种不同的界说。一种观点认为，中国近代民族主义肇始于王夫之的族类思想，而王韬则是文化的民族主义者[3]。另有学者认为，中国近代民族主义形成于主权观念产生之后，而这一观念则是由王韬、郑观应等启蒙、先驱人物所提出。[4] 就其产生的时间而论，近代中国知识分子中，最早具有主权观念和近代民族主义思想的是王韬[5]。依据近代民族主义的构成要素，即族类、文化、主权、经济等方面，王韬在清末启蒙人物中的民族思想也最有代表性，他不仅最早提出了废除"领事裁判权"[6]，也是倡行主权民族主义的先导[7]，正是他启发了中国近代民族主义的兴起。还有一种观点将近代民族主义形成的时间确定为甲午战争后，将甲午战争之前上溯至鸦片战争期间的民族主义称为"前近代民族主义"，认为它所依据的理论基本上是传统的华夷观，王韬虽明确地对

---

[1] ［美］Paul A. Cohen, "Wang Tao and Incipient Chinese Nationalism," Journal of Asian Studies, Vol. 26, No. 4, January 1967, pp. 56 – 58。

[2] ［美］柯文：《在传统与现代性之间———王韬与晚清改革》，雷颐、罗检秋译，江苏人民出版社1994年版，第211—213页。

[3] 李国祁：《近代中国思想人物论———民族主义》，台北：时报文化出版事业有限公司1982年版，第9—21页。

[4] 王尔敏：《中国近代思想史论》，台北：华世出版社1982年版，第211页。

[5] 王立新：《中国民族主义的兴起与近代中西方关系》，《史学理论研究》1998年第3期。

[6] 王尔敏：《中国近代思想史论》，台北：华世出版社1982年版，第228页。

[7] 李国祁：《近代中国思想人物论———民族主义》，台北：时报文化出版事业有限公司1982年版，第19—43页。

传统的"内华外夷之说"进行了改造，但所依据的理论仍然是传统的华夷观念。①无论在近代民族主义起讫时间上有何分歧，对于王韬思想中的民族主义价值是无可争议的。王韬的民族主义经历了由族类思想向主权民族主义演进的过程，从最初的"非我族类，其心必异"的"夷夏有别"，到"设领事"、收回"额外主权"之自有权利的主权民族主义的转变，他所经历的正是近代民族主义思想形成的一般路径。他的民族主义思想对当时及后世影响甚为深远，他不仅在司法上提出了废除外国特权的强烈要求，还在经济上提出"握利权，树国威"和变法富强的主张，更于文化中提出了新的文化民族主义，可谓是对近代民族主义的三种类型——政治民族主义、经济民族主义、文化民族主义都有所涉及，他不但启发了近代民族主义的兴起，更对中国人的民族观、主权观、国际观的形成发挥过重要的影响作用，这种启蒙性意义值得肯定和重视。

（六）民本思想

民本思想是王韬政治思想的起点。清末否定君主专制制度的社会批判思想，是中国古代民本思想逐步走向近代资产阶级民权思想的重要桥梁，正是在这个阶段奠定了中国近代以来西方民主政治观念逐步深入人心的文化根基。王韬的民本思想正是对这一过程的体现，对他思想中民本与民权问题的认识，学界大致有着比较统一的认识。刘仁坤认为，王韬的民本主义思想既吸收了古代社会的重民思想，又借鉴了西方的君主立宪制，是反映中国近代民族资产阶级利益的早期民权思想，他的民本主义之"民"，包括正在成为资本家的中小地主、手工业作坊、商人、买办和一切爱国的知识分子，"民"的内涵扩大了。②张海林对王韬民本学说的论述更为详尽，他将王韬的民本思想看作是中国古代民本学说同近代西方资产阶级民主理念融合的产物，他从"民与国家治乱""民与民族强弱"两个方面对王韬的民本思想内涵进行剖析，并以此推导出王韬提出以"重民"政策取代"轻民"

---

① 焦润明：《论中国近代民族主义》，《社会科学辑刊》1996年第4期。
② 刘仁坤：《王韬民本主义新探》，《学习与探索》1991年第2期。

政策的思想逻辑,并将王韬"富民"先于"富国"的思想主张以及具体举措视为其超越传统民本思想,具有资本主义时代气息的重要论据,他认为王韬的民本思想是富有强烈时代气息的批判君主专制主义的理论武器;更为重要的是,张海林指出,王韬的"重民"政策对海外华人的态度和要求清政府爱护和保护他们的呼吁是史无前例的,"把民本思想推及海外赤子,王韬恐怕为中国近代第一人"①。这方面的争议主要存在于王韬思想中民本与民主的关系问题,有学者认为,王韬的民本思想仍然局限于传统思想的框架,原因在于,古代民本思想其实质是将专制君主与民众之间的矛盾冲突限制在一定范围之内,目的仍然是维护现有的统治格局和秩序,从根本上讲是为专制制度服务的。王韬等改良派们所主张的民本、民权仍未脱离传统民本观念和伦理政治角度上的君民关系论议,②"他只能谈治民,不能谈民治",因此,他的民本与近代的民主思想相差甚远,二者之间并无关联。美国学者柯文则认为,王韬拒绝民治并不意味着成为专制主义的朋友,在两级之间有一片重要的中立地带,王韬正是站在这里。③民主与民本绝非相互抵拒,它们在反对君主专制、反对暴政虐民、强调民众作用等方面确有相通之处,王韬民本思想中大部分为近代现实主义的成分,他的民本与民主思想是相互串透、相互重叠的,王韬在继承古代民本思想的同时,吸纳了近代西方民主思想的精华,从而形成了颇具时代特征和特性特点的新民本思想,它是中国近代资产阶级民主思想得以成型的源头与关键环节。④

(七) 重商主义经济思想

王韬的商本思想既是近代中国资产阶级经济思想的代表,也是对中国古代重农抑商的政治文化传统的颠覆。中国古代以农业立国的传

---

① 张海林:《王韬评传》,南京大学出版社1993年版,第188页。
② 刘世军:《近代中国的政治理念嬗变与政治文明转型》,《探索与争鸣》2001年第6期。
③ [美]柯文:《在传统与现代性之间——王韬与晚清改革》,雷颐、罗检秋译,江苏人民出版社1994年版,第197页。
④ 张海林:《王韬评传》,南京大学出版社1993年版,第196页。

统与政治之间关系密切，它不仅是专制国家的经济基础，更是维系君主专制政治统治的文化、社会条件。王韬首倡商为国本说，将变革经济基础作为他实施变法图强主张的先决条件。有学者指出，王韬自19世纪70年代起，就对中国封建社会长期奉行的"重农抑商"政策进行批判，认为封建社会"重农"的实质是"徒知丈田征赋，催科取租，纵悍吏以殃民，为农之虎狼而已"，他在批判专制经济体制的同时，还提出了一套完整的发展商业的设想，并首次提出了"商富即国富"的命题①。王韬的商本主张，既不同于明清之际地主阶级启蒙思想家的"工商皆本"，也不同于晚清洋务派官员提出的"官督商办"，而是表达了近代民族资产阶级要求发展商品经济的强烈愿望②。张海林将王韬的工商思想概括为"商为国本说""全面兴利说""国佐工商说"三个方面，系统地从观念转变到具体政策措施，细致而微地阐述了王韬经济思想的全貌；他特别强调王韬重商思想对于传统农本商末观的彻底改造，认为王韬把"商"的地位抬高到无以复加的"国本"高度，他的"重商主张在性质上已不同于农业社会开明思想家欲语还休的吟哦小唱，而是资本主义时代新型思想家对商业的热情洋溢的礼赞"，王韬超越前人，开启了中国资产阶级重商思想的先河。③台湾学者姚海奇将王韬的重商主张视为富强的重要途径之一，他指出近世中国之"至要之图当为富强"，而唯有自握利权方可兴利；有关兴利之途径则有二：一曰重商，一曰理财，至于理财的内容则为：辟矿源、建铁路、造轮船、精制造、广织纫、设保险六项，姚海奇评价王韬的兴利主张，尤其是他提出的倡保险、广织纫等，在19世纪中叶的近代社会实属难能可贵，并认为这与他交游西人、游历欧陆的经历密切关联，其思想中已具有现代理财的观念④。此外，

---

① 申满秀：《从"抑商"到"重商"观念的转变——龚自珍、魏源、王韬、郑观应经济思想个案简析》，《贵州社会科学》1999年第6期。

② 王双：《近代沿江三家的商本思想——王韬、马建忠、薛福成经济思想试析》，《河南师范大学学报》1995年第3期。

③ 张海林：《王韬评传》，南京大学出版社1993年版，第234页。

④ 姚海奇：《王韬的政治思想》，台北：文镜文化事业有限公司1981年版，第132页。

还有学者用"发展资本主义"来概括王韬的经济思想，指出他的经济思想中极为出色的一个主张是"以兵力佐商力"，从而把发展资本主义经济，同抵制外国的入侵和振兴中国联系到了一起。① 柯文对王韬的重商主义经济思想的评价颇高，他说："中国的近代改革家如王韬的经济近代化思想更侧重民族的强大，其次才是人民的富强，这种想法是很有意义的。因为对19世纪七八十年代的改革家来说，富裕与国家的强大是不可分割的"②。这些有关王韬重商主义经济思想的成果是研究王韬政治思想的重要参考，尤其是王韬在这一思想中所涉及的对传统义利观的全新解读，以及初步将中国传统经济思想分离于政治学体系，形成带有"商品经济学"特色的经济学说的尝试在近代中国历史上意义重大。

（八）对外思想

外交思想是王韬思想中的亮点，也是王韬着墨较多的领域。从传统的华尊夷卑，到世界主义的视野，是王韬近代外交思想得以产生和形塑的前提条件。学界在这方面的研究成果较为丰富，观点也比较集中，普遍强调王韬在近代外交思想史上的先驱地位和启蒙价值。较具代表性的观点认为，王韬有着系统的近代外交思想，他不仅认识到摆脱传统"严夷夏之大防"的观念羁绊是顺应时代潮流的必然选择，更认识到了外交的根本在于国家"利益"之维护；他不仅体认到外交的本质在于实力，更强调平等原则在外交活动中的重要性；王韬外交思想的系统性与全面性超越了同时代的人，更是对后来者有重要启蒙价值。同时，对于王韬外交思想的局限性学界也有着比较清醒的认识，虽然王韬的外交思想在早期维新派中独树一帜，但他"未能认识西方资本主义的侵略本质，天真地认为只要中国变法，就能自强御侮，同时，对资本主义侵略势力存有幻想"③。但是，应该看到，这些局限性源于他所处的时代特征和他所代表的新兴资产阶级不够成熟

---

① 忻平：《王韬评传》，华东师范大学出版社1990年版，第138—144页。
② [美] 柯文：《在传统与现代性之间——王韬与晚清改革》，雷颐、罗检秋译，江苏人民出版社1994年版，第156页。
③ 朱建华：《论王韬的外交思想》，《河南师范大学学报》1996年第4期。

的现实，对于他外交思想中首倡的一些重要又基本的问题，及其所体现的进取精神，还是应给予历史的肯定。除了对于一些外交原则和基本问题的阐述，有学者认为，王韬对于使领人才培养的重视是其外交思想的重要组成部分，他非常强调使领人才应培育和甄选"千人之俊，万人之杰"，使"参赞、翻译到随员，无不具备实学，举凡与图像纬格致历算无不兼晓，至语言文字，乃其末端；使领等人员，于纯属交涉之外，凡驻在国之吏治兵刑大要，朝廷沿革，政事之得失，习尚之美恶，风俗之淳漓，财赋之所入，物产之所出，山川之陒塞，形势之险要；等等，均需能默察通晓"[1]，因此对王韬使才培育思想的领悟与解读，可以充分体现出其外交思想中所闪现的现代价值。忻平认为，是王韬首先提出了"独立外交的思想"[2]，他提倡"强中驭外"的真正意义在于对弱国无外交的体认。忻平和姚海奇一样，将王韬的外交思想主要概括为"简公使"和"设领事"两个方面，将其视为王韬驭外观的主体内容。张海林称王韬的外交思想为新型外交思想，它的形成以"华夷观"的转变为基础，王韬不同于传统的全新外交主张主要由四部分构成，即尚通、贵和、重势、崇简，"王韬提出的外交新观念是对传统外交观念的全面背叛"，他将"中国外交思想推进到以务实主义为主要特征的近代外交思想的殿堂"[3]。总体而言，对王韬外交思想内涵的揭示和历史地位的评判已有较为统一的认识和成果基础，除此之外还应认识到，近代中国社会所面临的内外危局，决定了"治中"与"御外"同属晚清社会所要面对和解决的重要政治问题，因此，对这部分思想内容的考察，是全面厘清和把握王韬政治思想的重要环节。

（九）人才观

中国传统的政治文化具有政治与教育合一的特点，"学而优则仕"，"学"总是以"仕"为目标，且所学的内容也与政治有着千丝

---

[1] 台湾"中华"文化总会、王寿南主编：《中国历代思想家》，九州出版社2011年版，第60—61页。
[2] 忻平：《王韬评传》，华东师范大学出版社1990年版，第131页。
[3] 张海林：《王韬评传》，南京大学出版社1993年版，第260—270页。

万缕的联系。体现在历史人物的政治思想中便是人才观中浓厚的政治意味，以及伦理至上的道德主义色彩。王韬的人才观同他的政治、经济、外交等方面的改革思想是系于一脉的，也同样是在承继传统的基础上实现了突破性的转变。王韬在19世纪70年代，提出了"治国之要"在于"举人才"的主张，并视"储才"为变法图强之总纲领。王韬对人才的重要性认识不仅来源于中国古代社会的传统，更来自他游走西方的经历和对西方历史的了解。他引古论今、类比中西，就是为了告诫人们专制旧制"败坏人才、斫丧人才"，认为只有重视人才培养问题，并建立取才之善法，方可为变法图强建立"人"的基础。有学者从"立意变法自强，重视人才作用；批判科举旧制，倡导文教新规；主张以才取人，注重考选标准；提出尚实思想，讲究用人之道"四个方面，系统地阐述了王韬人才思想的主旨与时代特色，全面肯定了王韬有关"选人、育人、用人的人才思想"浓厚的时代气息和强烈的爱国色彩，及在其救国方略中所占的重要地位。[①] 这是对王韬人才观较具代表性的阐述。此外，需要注意的是王韬人才观中对于专业人才的培养特别强调，如黄新宪认为："王韬理想中的人才并非传统的通才或君子，而是某一领域的专业之才，这符合求强求富的实际需要，也表明他的人才思想与传统的'君子不器'的人才思想具有明显的区别"。他进一步指出，王韬"心目中的理想人才很难从封建的学校教育和科举考试中加以选拔"[②]。因此，关于人才培养途径的问题便成为王韬人才观的重要构成要素。有学者对王韬人才思想中有关建立新教育的方式和途径问题给予了特殊关注，认为王韬抨击八股取士的旧教育制度的不合事理和人性之处，就是为了废除这种制度来建立资本主义性质的全新教育体系；至于如何建立的问题，王韬采取的则是渐进改革的方式，也即"先增新、后废旧"的举措；在具体学校的建设问题上他采取了西方近代教育的分科授课方式，并提议建

---

① 关学增、郭常英：《王韬人才思想述论》，《史学月刊》1984年第4期。
② 黄新宪：《王韬人才思想论略》，《教育研究》1996年第10期。

立专业性的学校以适应变法图强中的人才需求①。张海林认为,王韬的人才观在很多方面已达到或接近西方资产阶级教育思想的高度②。王韬的人才观已呈现出摆脱传统教育政治化、教育伦理化,逐步向具有独立性和多元性特征的近代教育制度转变的特征,这是它倡导教育改革的历史意义所在。但是应该看到,王韬人才观的提出及其诸多内涵都与他的变法要求相适应,是为他的富强运动而实施的人才储备战略,这是其人才观的特殊性所在。最后,正如美国学者李文森(J. R. Levenson)③所剖析的那样,王韬的人才观中也存有激进与渐进共存的情形,而这也正是那个时代的知识分子,在理智上接受西方的价值,而在情感上却对中国传统思想观念一步三回首的普遍情形的具体体现。

通过对上述已有成果的梳理,比较清晰地展现出了王韬思想的整体与各主要部分的研究概貌,为系统的研究其政治思想打下了坚实的基础。但先行研究中存在的一些缺憾和问题,也正是确立研究起点的凭借。这些问题主要体现在:

(1) 对王韬思想产生的背景性因素,以及他的思想来源和理论基础等问题方面的关注明显不足。研究和把握人物的思想离不开他所生活和接受影响的环境因素,也不能忽略对其思想来源的追溯,以及变化动因的分析。而现有的王韬研究中缺乏对这些重要的基础性问题的分析与考察,多本现为针对具体思想的就事论事,整体研究呈现出空泛与缺乏实证根基的面貌。

(2) 王韬的思想经历了一个发展、演变与重塑的过程,因其所处的特殊时代而呈现出前后不一致的情形。学界关注王韬思想时往往将目光集中在他某个时期或某个方面的思想内容,特别是他游西归来后

---

① 张海林:《王韬评传》,南京大学出版社1993年版,第342—349页。
② 张海林:《王韬评传》,南京大学出版社1993年版,第348页。
③ 美国学者李文森(J. R. Levenson) 在 Confucian China and It's Modern Fate: A Trilogy 中,曾论及中国近代知识分子在思想转变过程中所经历的理智与情感分离的状态,也即他们在理智上对于西方的价值给予积极肯定,但在情感上对中国传统思想和文化,尤其是儒家学说恋恋不舍。

思想的重塑阶段，而忽视了思想的萌生与整体演进，以及思想各部分之间所体现出的前后关联性与内在逻辑。事实上，王韬的思想从来就不能以单纯的传统或现代来定性，他早期儒学思想的根基是其思想源流的重要方面，对他一生思想的发展影响至深且久，唯有进行整体性的把握才有可能得出更为准确的结论。因此，任何局部性、片段式的解读方式都难免盲人摸象的偏颇之论。

（3）学界普遍以中国视野对王韬思想的价值给予评判和定位，强调它在中国近代化道路上所具有的启蒙价值和现实意义，而忽略了其思想中所蕴含的普遍性规律与意义，缺少从国外视角和中西历史发展的整体格局之中的审视，也因此，对他思想的当代价值体认不足。因此，本研究力图在解决以上局限与问题的基础上实现创新，尽可能全面、深刻地挖掘与复原王韬的政治思想全貌。

第三节 研究思路与方法

一 研究思路

研究人物的思想颇具复杂性，不仅要厘清其思想脉络，对其具体内容给予细致考察，论证其迥异于或高于常人之处，还应了解这些思想的来源和它们在思想史中所处的历史坐标，这样才能较为准确而清晰地定位和评价人物思想的价值和意义。基本思路是，以王韬论"变"与"道"的哲学思想为基础，围绕"富强"这一政治变革思想的核心与主轴，结合其思想中突出的中西融合之特色，对王韬的内政与外交思想的主体内容进行详细考察，在系统分析、仔细论证的基础上，通过与前辈学人和后代思想家之变革主张的比较，来定位王韬政治变革论的历史地位，进而对其思想在当时社会，以及整个中国近代化过程中的启蒙意义和价值，及其局限性给予评价。

具体而言，本研究主要由五部分内容构成：第一部分，重点在于介绍王韬所处的时代背景和历史环境，以及他个人的成长、生活经历，及其政治变革思想的来源。这部分内容主要是将王韬思想的形成与发展放在具体的历史背景下，去追溯其来源和影响因素，同时对王韬政治变革思想的历史坐标给予初步的定位。第二部分，论证王韬政治变革主张的哲学基础和理论依据，围绕其"变易"观和"道器"论，解析其思想中对中国"道统"的持守和异于传统的大同思想、混同中西的道器观，以及对"变易"的体认，从而确定其变革思想中迥异于传统之处的哲学依据所在。第三部分，这部分与其后的外交变革思想相对应，为本研究的主体内容，详细考察王韬有关内政变革的思想内容，首先，论证其内政思想的理论基础，即民本理念，并详细阐述其重民、养民、教民等思想内容；其次，从他对旧制与保守观念的批判出发，对其改良政治的主张，如君主立宪制度、弊政改革、人才观等内容给予系统论述，在分析的过程中，呈现其内政变革思想的特点与价值。第四部分，考察王韬的对外变革思想，以他的世界主义国家观为基础，爬梳、分析他的对外观念的演变历程，对其以"自强"为基础的外交思想和驭外主张进行详细解读。第五部分，评价王韬的政治变革思想在历史中的地位、价值和局限性。归纳、概括出王韬变革思想在近代的启蒙价值，并通过与前代魏源、龚自珍等地主阶级改良思想家，以及其后的严复、康有为、梁启超等维新思想家变革思想的比较，来确定王韬思想的历史地位，并得出其思想的特点、局限与启示等结论。

二 研究方法

（一）文献分析法

文献分析法是通过搜集、整理与研究对象相关的各类文献资料，在充分占有材料的基础上，对其进行鉴别和研究，进而得出较为科学的研究结论的一种方法。具体到本研究，涉及三类主要文献资料的分析。首先，由于研究对象王韬是晚清时期的人物，对他的政治思想进行研究必然涉及史学的思维和方法，要做到客观、深入、全面地反映出其思想原貌，实现与历史人物的隔空对话，最基本的方法便是精读细品其原文著作，对王韬一生的四十余部等身著作进行有选择性的品读，在删选、精读的基础上尽可能地用客观的、历史的眼光来咀嚼玩味他的思想真谛。其次，政治思想是客观政治现实在人们头脑中的反映。[①] 一个人政治思想的形成必然要受到外部环境和个人教育背景等因素的影响，唯有掌握他所在的历史背景和思想渊源才能找到其思想的历史坐标，从而为客观、准确地定位人物思想的历史价值奠基。最后，决定一个选题价值的重要因素就在于创新度，如牛顿所言，站在巨人的肩膀上才能够看得更远。故此，前人的研究成果是所有研究开启的重要基点。对于学界有关王韬思想的所有研究成果，以及涉及早期维新派的各种著作和论文资料都需要进行整理、归纳、分析、总结，以此为基础来确立选题的创新点和突破口方可做到有的放矢，唯有吸收前人研究的养料，才能使后来者的研究不断走向完善和深入。

（二）历史研究法

运用历史研究法，通过充分地占有历史资料，将王韬政治思想的起源、发展及演变的过程放在当时的历史背景下，解读他的思想主张所具有的前瞻性和历史合理性，运用历史的眼光去评判王韬的政治变革思想及相应的实践活动所具有的意义和价值。既注重考察王韬于变局时代能超越前人以及传统观念的束缚，提出的诸多新思想、新观念对当时社会的积极影响与价值，也注重将其思想主张放在近代思想史演变的过程中给予历时性的考察与评价，对其思想的历史地位和作用进行客观定位。同样，要看到王韬所处的时代，正是中国社会由封闭走向开放的开端，此时，对于外部世界和完全异质于中国的西方文明的认知，远远超出了国人原有的认识范畴。王韬于这一新旧转换的当口，能提出诸如君民共主的政体改革理想，并突破洋务派的"道本器末"框架而提出变法自强的主张，以及既反对盲目排外的保守主义思想，亦反对如日本明治维新之全盘西化做法的理性精神等，于当时社会实属难能可贵且具开创性价值。而对其思想中所具有的矛盾性与某些带有理想化的改革方案等缺陷，也应放在具体的历史背景下进行审视，在充分考虑当时社会矛盾与现实的基础上，将其思想中所具有的个体性局限剥离出其无法逾越的时代背景，再予以分析和评判，如

---

① 王浦劬：《政治学基础》，北京大学出版社1995年版，第334页。

此，便能最大限度地实现用历史的眼光看待和评价历史人物及其思想的目标。

（三）比较研究法

比较研究法是一种常用于社会科学研究中的逻辑方法。按照《牛津高级英汉双解辞典》的解释，比较研究法是对物与物之间和人与人之间的相似或相异程度进行研究与判断的方法。我国学者林聚任、刘玉安主编的《社会科学研究方法》中将比较研究法视为对两个或两个以上的事物或对象加以对比，以找出它们之间的相似性与差异性的一种分析方法。将此法用于人物政治思想研究中，可以通过对相似或相异的时代和人物思想的对比，准确、清晰地定位研究对象在政治文化发展和历史进程中的思想价值与现实影响，从而客观评价人物思想的立场、价值及功过得失。本研究中，将对王韬的政治变革思想与其前辈学人、同代思想家，以及其后的维新思想家们进行比较，希望以此来凸显其思想中的独特创见与特点，同时也通过这种比较，为定位其思想在近世思想演变历程中所具有的地位和价值提供依据。

第四节　核心概念

一　政治变革

政治变革这一概念是相对于政治改革与政治革命而言的，三者分属不同的范畴，但彼此之间并非全然隔绝，亦有重合相通之处。

对于政治改革与政治革命，在政治学理论中有着清晰的界定。政治改革是政治发展的一种状态、一种形式，是统治集团根据对社会利益关系实际状况的判断，从维护其统治地位和根本利益的需要出发，在现有统治秩序的框架内有计划地以渐进的方式推动政治发展、改进政治制度、调整社会关系和完善政治运行方式，以促进其制度、体制和社会政治关系向着新的或较高阶段发展的过程。[①] 改革是一种常态的社会发展形式，实施改革的时候，并未出现上层建筑和经济基础，

---

① 朱光磊：《政治学概要》，天津人民出版社2008年版，第449页。

生产力和生产关系之间不可调和的尖锐矛盾，社会秩序仍然可以维持在不动摇统治根基的范围内。而政治革命，则是标志着社会政治领域中某些质的飞跃，带有鲜明的前进性，内含有政权从反动阶级手中向革命阶级手中的转移，并且是通过激烈的社会变动而实现的。[①] 革命代表着社会的重建，是上层建筑和经济基础，生产力和生产关系之间的矛盾不可调和的结果。革命意味着摧毁旧的社会基础，建设一个新的社会。

而政治变革则既包含有政治改革的内容，又有超越改革的范畴。政治变革往往伴随着社会的大转型，此时的上层建筑和经济基础，生产力和生产关系的矛盾已有激化的成分，通过改革已不能改变这种激化的状态，但又尚未具备彻底更新社会形态的条件。变革包含有对某些涉及统治根基的传统与规则的动摇和革新，近代中国的政治变革更明显地涵盖了对传统政治文化的消解，以及对西方文明的吸纳，并最终通过中西文化的较量而导致了几千年的政治文化传统的濒于瓦解，由此改变了中国社会的思想基础，而这种变化是改革或革命所不能完成的。就变革的内容而言，其涵盖的领域也远大于政治改革，不仅是对原有制度、规范的改善，更会涉及政体等涉及统治基础的领域。需要变革的社会，通过改革不但不能消除原有的矛盾，还可能会因为社会各领域的相对平衡因改革遭到破坏，而造成社会革命的因素，反而成为社会发展的阻碍。

因此，王韬所处的时代转型背景，及其思想所承载的特殊使命与独特特色等，都决定了其所倡导的变法自强，属于近代政治变革的范畴。它内在地包含了政治改革的所有成分，却也超出了一般性改革的框架范畴，因而也具有特殊的历史价值与地位。

二 驭外

"驭外"一说由王韬所创，是其近代外交观念形成的标志之一。所谓驭外，王韬将其解读为"办理外交"，这是完全不同于中国传统

[①] 朱光磊：《政治学概要》，天津人民出版社2008年版，第439页。

对外思想的全新外交观念。他曾在《弢园文录外编》的《治中》篇中指出，"我国今日之急务，在治中驭外而已。治中不外乎变法自强，驭外不外乎简公使，设领事，洞达洋务，宣扬国威而已"。由此可见，他的驭外一说中所蕴含的皆为近代国家办理外交事务的内容。王韬在驭外观中较为成型地提出了带有近代外交思想特征的变革主张，其中便有涉及制度改革的内容。他曾明确提出过清廷应设立专门处理外交事务的结构，培育和选拔外交人才，甚至指出地方官员应悉知外事，提高处理地方所涉的对外事务的能力，以达到上下一体，一致对外，维护好本国权益，同时也树立本国国威的目的。但同时也应看到，尽管王韬的对外观的内涵已经发生了重大的转变，而他所使用的"驭外"一词，却暴露出其思想中未能彻底摆脱中华帝国优越性的意识，某种程度上仍持有居高临下地处理对外事务的姿态，这种局限性是他以及那个时代的知识分子所普遍具有的特征，也是其思想中矛盾性的重要体现。

三　早期维新派

早期维新派也称为早期改良派，是在19世纪60年代进入"变局"以后逐渐形成的，发轫于洋务思想，"洋务思想出现分化，其左翼转变为早期维新思想"[①]。因为有一些代表人物，虽然出身不同，地位不一，但在一些认识上有基本相同之处，故此常常称之为早期维新派或早期改良派。

应该说早期维新派是在维新派出现以后，人们以这些人的思想中有维新意识而加以区分的。因为"某些有代表性的人物正经历着从传统的旧式士大夫向现代知识分子的转变。他们目睹时艰，本人又经历坎坷曲折，逐渐从依赖清政府和片面仿行洋法，进行洋务活动的挫败中认真反思，并逐步由表及里，对中国的国情和外国社会经济政治制度，进行权衡比较，痛感到某些传统的意识观念已经过时，某些长期使用的'经世'措施已经无力适应'变局'，以旧式官僚作风主持洋

---

① 朱日曜主编：《中国政治思想史》，高等教育出版社1992年版，第348页。

务运动难期振作，他们要求从新的视野的角度观察中国的问题，提出自己的医国方案"①。在重商方面，反对官督，主张商办；在澄清吏治、革除腐败方面，已经不再局限于整顿吏治，开始关注资本主义国家的"以法治国"了；在国家政体方面，提出"借法自强"，特别是对西方议会的介绍，已经较为明确地提到君民共主之政，甚至设想了中国议会民主。而"早期维新思想，提出了'君民共主'的政治要求，这实际上是要求改变中国政治体制的先声"②。这种思想上的发动，也为实践打下基础，"当19世纪末叶中国政局险象环生、惊涛骇浪四起时，早期改良派诸君子救国匡时的思想言论，必将转化为重大的物质力量"③。维新思想是在早期维新思想的基础上发展起来的，维新变法虽然失败，毕竟在传统的中国出现第一次爱国救亡运动。

早期维新派或早期改良派，虽然还没有形成完整的理论，也没有付诸实践，其思想也局限在经济上主张发展民族工商业，在文化上主张兴办新式学校，在政治上主张革新。但不能够否认，在"变局"之中，其不同于传统的理念，已具有振聋发聩的效用。因为"早期维新派的著述已经触及政治学说、政治制度的一些重要方面，要求涤去宿见，仿行新法，改弦更张，这在当时是具有重大感染力的，其胆识和见解是可贵的，为19世纪60—90年代的爱国政治思潮铭刻着历史的碑记"④。也正因为如此，对于王韬思想的研究，也就具有不同寻常的意义了。

---

① 韦庆远、高放、刘文源：《清末立宪史》，华文出版社2012年版，第49页。
② 朱日曜主编：《中国政治思想史》，高等教育出版社1992年版，第359页。
③ 韦庆远、高放、刘文源：《清末立宪史》，华文出版社2012年版，第58页。
④ 韦庆远、高放、刘文源：《清末立宪史》，华文出版社2012年版，第58页。

第一章　王韬政治变革思想的渊源

王韬身处的时代，正是中国社会酝酿、进而发生大变革的历史时期。鸦片战争前后，中国社会已处于内忧外患交相侵扰的矛盾顶峰。纵观这一激化发展的过程，既是中国社会内部矛盾发展、演变的必然结果，亦受到近代世界格局转换与西力侵入等外部冲击的直接促发。严峻已极的内外形势迫使国人开始重新审视本国的国情，积极探索挽救时局于危亡的救世良方与兴国之法。王韬的政治变革思想正是生成于这一背景之下。面对这一空前的"变局"，王韬在延续嘉道以来的经世之风与改革思潮的基础上，将伴随着西洋炮舰而来的近代器物、政制文明结合、融入于中国传统的政治思想之中，成为最早形成中西交融的政治变革主张的思想家之一。在他的政治变革思想体系中，清晰可见中学传统与西方文明共同影响的印迹。

第一节　内外交困的政治环境与改革风潮

清朝中期以降，衰落之势日显。官场腐败、国势陵夷，财政拮据、社会风气颓废等，已渐成清朝内政的突出问题。此时，便有部分敏于时政的士子文人，因痛心疾首于国势日衰、弊政日盛，而积极呼吁政治改革，这一时期的改革主张，多围绕解决国内矛盾而展开。至鸦片战争，外力侵逼日盛，西方国家的坚船利炮不仅撞开了中国的大门，更将清王朝推向了亡国的边缘，解决关乎民族危亡的外部危机成为此时的主要矛盾。故而，以自强御侮为主题的改革，成为这一时期的思想主流。王韬的政治变革思想，正是诞生于这一政治环境与改革风潮的推动之下,从内政到外交,其改革主张既是针对国内外现实局势的需要而发,亦体现出对前代改革探索者们思想成果的继承与发展。

一 内政困局与政治改革

有清一代的社会政治由盛而衰的转折大致可溯至乾嘉交替的时期。自康熙和雍正朝所创之盛局后,受白莲教起义的涤荡,帝国的某些根基已开始发生动摇。以往疆域辽阔、繁荣昌盛的图景转而变得沧桑满目,动乱继起,民心也日益散乱支离。帝国的专制统治与社会秩序所暗藏的危机已初露端倪,一些敏于感知这一变局的思想家感慨道:"承乾隆六十载太平之盛,人心惯于泰侈,风俗习于游荡,京师其尤甚者。自京师始,概乎四方,大抵富户变贫户,贫户变饿者,四民之首,奔走下贱,各省大局,岌岌乎皆不可以支月日,奚暇问年岁?"① 这种衰落景象,伴随着民众普遍的贫困,给嘉道以后的社会蒙上了浓重的阴影,并呈持续恶化的趋势。黄爵滋曾描述鸦片战争前的社会,他说:"今论者有曰,邪教可虑也,会匪可忧也,灾黎可悯也,岁荒可惧也,兵弁多无用也,海洋多莫测也,外之鲜爱民之官,而内之鲜敬事之吏也。"② 国家发展举步维艰,前景暗淡。自嘉庆朝开始到道光、咸丰两朝的社会发展,整体上显现出多种因素共同制约、作用下的大转型特征。首先,就政治发展的趋势而言,清朝发展至嘉庆朝以后,政治统治的衰败趋势几成不可逆转之定局。其次,受政府财政危机的影响,中央与地方的经济联系有所脱节,加大了中央财政的困难,同时也壮大了某些地方政治势力,从而导致地方官员在有关人事任命和财政权力等问题上对中央形成掣肘与欺瞒之态,削弱了中央政府对地方的控制力。最后,面对衰落的局面,一些有识之士开始宣传和呼吁改革,一时间改革的风潮弥漫了整个朝野,其间,虽

---

① (清)龚自珍:《龚自珍全集·西域置行省议》,王佩诤点校,中华书局1959年版,第106页。
② (清)黄爵滋等撰,王延熙、王树敏辑:《皇清道咸同光奏议》卷1,新北:文海出版社1966年版,第75页。

第一章 王韬政治变革思想的渊源

有改革派与守旧派的分歧和斗争,而使得改革的实践步履艰难,效果亦不甚理想,但这一风气对于唤醒民族自觉,进而实现自救与自强具有重要的启蒙价值,改革也成为此时的关键词之一。

鸦片战争爆发之前,改革主要以国内矛盾为主,针对政治发展进程中日益凸显的各种具体的制度性、政策性、社会性问题和弊端而展开。此时,改革的重点在于解决国内政治过程中的各种矛盾冲突,诸如历史原因所形成的各种制度积弊,漕政问题与盐政问题,日益庞大的兵费支出和由此产生的财政困境,以及基层社会存在的各种痼疾等。如对制度的改革,重点集中于对政治风气的整饬和修补多项积弊已久的具体制度。嘉庆和道光皇帝发动了整顿政治风气的改革活动,如对吏治的治理和整肃、对节俭之风的崇仰,以及倡导实政等。其中最为著名的例子就是对大学士和珅的处置。另外,对节俭的提倡是嘉庆非常看重的改革内容,他曾以杜绝贡承之风而躬行崇俭的美德,得到了时人的赞赏:"今上亲政时,首罢贡献之诏,除盐政、关差外,不许承贡玩物,违者以抗旨论。"甚至当时民间贡献的和阗贡玉,其"辇至陕、甘间,上即命弃诸途中,不许解入。故一时珠玉之价,骤减十之七八云"①。再者,嘉庆、道光年间的改革,也涉及一些具体的制度,如漕政和盐政,这是当时改革的重要内容。虽然改革方案取得了一定的成效,但因牵涉利益面太广,守旧与抵制的力量阻滞牵绊,故而改革的范围和程度十分有限。此外,这一时期已有一些思想前驱者意识到医治制度之弊,其根本在于"人事"上。无论是官吏的操行、能力,还是人才的培养、选拔都事关制度的成败。如魏源就曾注意并谈及官吏素质不高的问题,"其造之试之也,专以无益之画饼,无用之雕虫,不识兵农礼乐工虞士师为何事;及一旦用之也,则又一人而遍责以六官之职,或一岁而遍历四方民夷之风俗;举孔门四科所不兼,唐、虞九官所不摄者,而望之科举免册之人"②。因当世官吏德行操守所存在的缺陷,故而对人才的需求便应时而生,"当今

---

① (清)昭梿:《啸亭杂录》卷1,中华书局1980年版,第27—28页。
② (清)昭梿:《啸亭杂录》卷1,中华书局1980年版,第27—28页。

天下之事，莫急于人才"，因为"无人才则无实政，无实政当事皆工涂饰，成法适为趋避之空文，一书吏足以应天下矣"。因此，治国之要乃在乎得人，要改革当下制度之弊端和发挥制度之实效，必然首先从人才的培养和选拔制度入手，唯有先改革人才制度，才能达到真正的改良制度的目标。总体而言，这一阶段的改革出于时势所迫，也确实提出了一些具有针对性的改革方案和主张，但因此时保守势力的阻滞与妨碍，"十余年间，九卿无一人陈时政之得失，司道无一折言地方之利病，相率缄默，一时之风气"①。改革之影响和实效也难免非常有限，于政治现实的助益甚微。

鸦片战争爆发之后，虽然外患成为当时社会的主要矛盾，然而，以自强为主旨的改革运动和思潮，既是兴起于外因的促动，亦为国内政治危机发展演化的必然结果。鸦片战争后，随着清廷对地方控制力的进一步削弱，高度集权的政治体制更趋衰落，也牵涉着整个清王朝的社会走向。最突出的表现是，中央下达的政令得不到一些地方官员的有效重视，"各省奉到部文，不过以照抄转行了事，州县亦只以出示晓谕为了事，其利不兴、害不除者，州县奉行之不力也，疆吏督率之无方也"。而地方"各省奉行诸事，皆视部文之缓急，以为迟速，彼习见督限之虚有其名，苟安目前，从无执法而议，其后乃相率而入于怠玩之一途"②。中央与地方原有的紧密联系渐趋疏离，对于地方政府的各种徇私舞弊、制度痼疾，如严重的财政亏空，地方社会管理事务的堆积，判案的不公与延宕等，虽有中央下达的各种指令与措施，却无法得到有效的贯彻和施行，各类地方积弊非但不见好转，反呈愈演愈烈之势。甚至出现皇帝的谕旨亦被无视的情形，"近日威令有时沮格不行，谕旨大都寝阁不顾也"③。这些都体现着中央与地方

---

① （清）黄爵滋等撰，王延熙、王树敏辑：《皇清道咸同光奏议》卷4，新北：文海出版社1966年版，第243页。
② （清）黄爵滋等撰，王延熙、王树敏辑：《皇清道咸同光奏议》卷21，新北：文海出版社1966年版，第1084页。
③ （清）黄爵滋等撰，王延熙、王树敏辑：《皇清道咸同光奏议》卷21，新北：文海出版社1966年版，第1084页。

第一章　王韬政治变革思想的渊源

的关系格局所发生的重大变化。同时,财政困境不仅掏空了帝国的基础,更成为地方势力因掌控经济来源而日渐独立和强势的根源所在。在攻打太平天国期间,随着清廷的财政危机日重,已完全不能负荷庞大的军费开支和军饷,转而采取协饷和地方自筹相结合的方式来解决军费问题。团练的费用亦由地方自行筹措,因而地方财政更加独立于中央,各种地方势力也逐渐膨胀并得到发展扩张。同时,战争期间的军队管理也较为混乱,出现了很多军政大员邀功封赏、乱行保举等现象,而清廷因受制于前方军队不得不听之由之。对于这种新格局的显现,也早有一些朝廷人士给予关注,"天下之势,以内御外,内重则势趋于内而政兴,外重则势趋于外而政替。内外轻重之间,人才之聚散系之,即治道之升降因之,不可不慎也"。故而提出,"我朝立政用人,内外维均,近因度支不给,京员之禄入无多,办公之饭银亦拙。情随时变,遂有重外轻内之势,以故京员之有才者,皆期外用,外官之有才者,不愿内升;且京官之得保也,恒难;外官之得保也,恒易。日积月累,才散于外,甚至内外隔绝,内臣罔知外事,外臣罔恤内变,因循推诿,有由然也"①。具体到内外之官的晋升亦是外优于内,"今京畿职自七品以至五品,得邀外放者,无过府道,然必历岁经年,或由京察,或由截取,皆系循资而得"。而"外官一得保举,不数年间。即至两司、以及封疆","其人随保随用,未尝一觐天颜,则但感大吏之特荐,几忘皇上之殊恩"②。这种异乎常态的内轻外重的官制格局是对集权政治的一种内部瓦解性力量,其结果必为各类人才齐聚地方,从而使得地方势重而力强,也成为新兴的地方武装力量崛起的重要原因之一。这种皇权衰落,地方力量扩张、增强的趋势,造成了清廷统治机制的紊乱。因此,对岌岌可危的晚清政制进行改革已是势在必行。

---

① (清)黄爵滋等撰,王延熙、王树敏辑:《皇清道咸同光奏议》卷4,新北:文海出版社1966年版,第251页。
② (清)黄爵滋等撰,王延熙、王树敏辑:《皇清道咸同光奏议》卷4,新北:文海出版社1966年版,第251页。

二 外部环境与自强运动

鸦片战争之后，随着西方势力对中华帝国侵犯与掠夺的加重，以自强为核心内容的政治改革运动成为这一时期的主流思潮。西方资本主义文明以强力方式将中国社会推入从传统向近代社会转变的历史进程，这里既有中国社会政治发展的内在矛盾的作用趋向，更与当时的世界资本主义发展与扩张格局息息相关。因此，对19世纪的世界发展格局，及其对中国政治的影响进行分析和梳理，是理解晚清自强运动、洋务运动以及维新思潮等先后继起的原因所在，也是理解晚清先驱思想家们新的世界观与改革主张得以提出的现实环境基础。具体而言，西方对中国的入侵虽以鸦片贸易受阻而发动的鸦片战争为最直接和最激烈的表现，但其背后则有着较为复杂的动因，且西方势力对中国政治、经济的干涉和掠夺是一个持续而深入的过程。19世纪四五十年代的西方世界，已经基本完成了工业革命，并初步建立起以机器化大生产为重要基础的西方资本主义工业化体系，规模化的商品生产和流通成为社会经济的主体。工业革命为西方世界的社会经济创造了前所未有的辉煌成就，社会发展速度之快是当时封闭、自大的清帝国所无法想象，亦无法企及的。再者，以资本主义经济为基础，加之西方宗教和政治文化传统中的民主成分历时多年的发展、演变，资本主义的民主政治建设与完善初现成效，很多国家业已建立起资本主义民主政治体制，这种完全不同于中国古代以"人治"为特征的体制和观念，启发了晚清时期如王韬一样具有开阔胸怀和眼界的知识分子，他们将其与中国传统的民本思想相结合，发展成用以批判君主专制的武器。然而，在西方辉煌的政治、经济成就的另一面，则是由资本主义经济的本质和其自身矛盾所决定的贪婪与扩张本性，有限的国内市场和资源决定了其发展必然难以局限于本国的范围，正如列宁所言："资本主义只是那超出国家界限的广大发展了的商品流通的结果。因此，没有国外贸易是不能想象资本主义国家的,并且的确也没有这样的国家。"① 他们需要通过掠夺他国和资本输出的方式来完成进一步的发展和扩张,也需要借此来转嫁本国的经济危机。19世纪的西方资本主义国家,在征服世界的过程中将目标指向了中国,而鸦片战争正是以资本主义发展初期向世界扩张,以及掠夺他国资源为背景和目的而发生的,在表面化的贸易逆差诱发战争的原因之下,隐藏的是西方世界对东方国家更大的经济觊觎和政治干涉与扩张的动机。经济的扩张必然伴随着政治上的干预与野心,近代西方的殖民主义也因此而产生。正是在这一背景下,通过"血的教训终于促成一些开明人士的觉醒,同光年间的自强运动应运而生"②。这一时期的改革思想以自强为目标,以对中西关系的体认为核心内容,上承魏源的"师夷长技以制夷",发展并演化出晚清的洋务思潮和运动,重点以学习西方之长为主体,同时也包含着国内政治的改革。具体内容涉及对西方科技成果与自然科学成就的学习与借鉴,对西方先进的军事文明成果和军备武器的仿造与购买等方面,主要围绕"中体西用"这一基本原则而展开。在内外矛盾冲突的共同作用下,各种有关自强御辱和改革内政的呼声也渐趋高涨,政治改革思潮随之兴起。

第二节　王韬的思想来源

王韬的政治变革思想是对清中期以降内外困局的思索,是对这一时代背景的回应,同时,也直接受到风靡已久的改革思潮的影响。他独具特色的政治变革思想得以形成,与他个人的身世经历、个性特征,以及自小所接受的系统化中学教育,成年后游历欧洲,侵染西学与西制的经历息息相关。对这些内容的考察,有助于理解他提出诸多引领时代的变革主张的根源所在。

---

① [俄] 列宁:《俄国资本主义的发展》,人民出版社1953年版,第618页。
② 黄富三:《刘铭传与台湾的近代化》,载《台湾史论丛》第1辑,第273页。

一　王韬的身世

王韬生于道光八年十月四日，也即公元 1828 年 11 月 10 日。根据他本人在《弢园老民自传》中的记述，他的出生地为距离苏州城 50 多华里的长洲县甫里村（今江苏省苏州市吴中区甪直镇）。王韬初名王利宾，字兰卿，后于 18 岁时以第一的成绩入县学①，旋改名瀚，字懒今。王韬祖上世居昆山，曾为明朝大族，官宦之家，但因明末战乱，王氏家族"阖门殉国难"。王氏几代单传，至王韬的祖父王科进（字敬斋）时，育有二子一女。这一代主要以经商为业，家境殷实，王科进亦为读书知礼之人，且乐善好施，在乡间享有"善人"之誉。然到其父辈王昌桂（字肯堂），王家又复归衰落，因家庭的贫困未能参加科举考试，虽"九岁尽十三经，背诵如流，有神童之誉"②，且尤擅经学，却为生计，只能教书授徒以自给。王母朱氏，出身书香之家，王韬四五岁时受教于她口授的《三字经》《千家诗》及唐诗宋词，并"率为述古人节烈事"③，每"听至艰苦处"，王韬常辄哭失声。母亲言传身教于潜移默化之中，使王韬"八九岁即通说部"，这段童年的生活经历与他后来擅作笔记、小说和擅长旁征博引诗词、典故休戚相关。王韬同辈有兄弟姐妹六人，其中三位兄长皆因痘疾而早夭，另有一姐一弟，姐姐出嫁武松江边吴村周氏，弟弟王利贞则因"少小恃亲爱"，"涂饰尚绮靡"，④身弱且吸烟成瘾，未立世而早亡。这样一来，王韬成为王氏家族除了其祖父辈之外的第四代单传，王家的衰宗局面令其感到责任重大。此外，其父王昌桂虽为饱学之士，却从未获得科举功名，也将家族荣耀与复兴之希望寄于资赋颖敏、文采

---

① 此说虽为《弢园老民自传》所记载，但后世有学者考证，王韬当年所中为县学一等第三名，而非第一名且王韬所中科试新学榜也并非在长洲县，长洲"诸生谱"里没有他的名字，他入学乃昆山新阳县，其入学榜录列于昆新青衿县，王韬此说难免自讳之嫌。见《胡适文集》（第 8 册），序跋集中《跛馆藏王韬手稿七册》，北京大学出版社 1998 年版，第 510 页。

② 王韬：《弢园文录外编》，上海书店出版社 2002 年版，第 269 页。

③ 王韬：《弢园文录外编》，上海书店出版社 2002 年版，第 273 页。

④ 王韬：《弢园文录外编》，上海书店出版社 2002 年版，第 272 页。

第一章　王韬政治变革思想的渊源

不凡的王韬,在设馆授徒之余亲自执鞭,严格教子,从《四书五经》、唐诗宋词、历代史籍,到八股文,几乎无所不包。父亲的悉心教诲,使王韬毕读群经,学业大进,可以说其"一生学业悉基于此"①。

1841年,13岁的王韬因其父外出设馆授徒,而入长洲县青萝山馆,投师于明经顾惺门下。顾惺,字日瞿,曾中科举明经,学问功底深厚,且思想开明,博学而不宗一家,尤精岐黄之术。王韬在顾惺教导下,不仅精研文史,博考事迹,更是饱读了儒学典籍以外的各种书籍,在知识面大为拓展的同时,也形成了具有包容性的思想特征,这与他日后能以开阔胸怀接受西学不无关系。王韬与顾惺皆为落拓不羁之人,二者所好甚为相投,故亦师亦友。顾惺极具特色的个性对王韬影响颇深,他既注重和强调儒家礼仪道德和积极入世之精神,反对遁入山林的出世之举;又不为俗套所累,崇尚自由不羁的生活,常常与王韬不束于师生之礼,饮酒对诗,畅谈古今。从师顾惺的几年间对王韬一生的影响可谓至远,他后来激进的思想及锋芒毕露、放荡不羁的个性、行为皆可从这一时期找到渊源。

相比幼年王韬学习生活之惬意、顺畅,青少年时代的他在科举道路上却是一波三折,不尽如人意。王韬16岁时参加了人生中的第一次考试,即1844年昆山县的童子试,此次牛刀小试虽未取得秀才,却使他的文识才学得到了一次展示的机会,并博得了主试者的赞赏。1845年,王韬再度应试,以一等第三名的成绩众望所归地"拔冠邑庠",考中了秀才。为表庆贺特改名为瀚,字懒今以纪念。然而王韬此试之捷未能继续他和亲友们所期望的举人、进士、状元,直至高官显位之路,在第二年的乡试之中名落孙山。此后的两年间,恃才傲物的王韬沉浸于落第后的苦闷惆怅和抑郁彷徨之中,只为生计,不得不以教读乡间来缓解生活之困窘。对于一向恃才傲物的王韬而言,原本志在必得的考试却名落孙山,使他的自尊心严重受创,并对科举一事产生了逆反心理。他曾在写给友人的一封信中表达了对八股取士制度

---

① 王韬:《弢园文录外编》,上海书店出版社2002年版,第273页。

的否定，认为科举功名乃属"浮名"，而修养内在之德行才是根本。①需要注意的是，王韬此时对八股制度的否定远非理性思索后的批判，而更多的是一种科考失败后的愤懑之语。而就在王韬深陷愁城、难以自拔之际，他人生转折的契机也旋即而至。1847年，其父王昌桂为解生活之困而赴沪设馆授徒，第二年正月，因滞留上海无法旋里，遂令王韬赴沪"省亲"，而正是这次沪上之行，使他结缘于日后对其生活和思想产生重大影响的墨海书馆，结识了伦敦会传教士麦都思（W. H. Medhurst）②、美查（Ernest. Major）等西方人士，并第一次见识到西方印刷技术与工艺的发达。他曾描述墨海书馆印书的场景："车床以牛拽之，车抽旋转如飞，云一日可印数千番，诚巧而捷矣。书楼俱以破黎作窗牖，光明无纤翳，洵属琉璃世界。字架东西排列，位置悉依字典，不容紊乱分毫。"③惊羡之情可谓溢于言表。但此时的王韬对西人侵入的愤怒和对夷人的鄙夷远超过了对其文明成果的赞赏，因此，当麦都思邀请王韬加入墨海书馆参与编译工作时，他便断然拒绝了这一请求。然而造化弄人，时隔一年后，也即1848年，王韬的父亲王昌桂突然病逝，落第丧父之痛使王韬不仅经受着心理危机，更让失去重要经济支柱的家庭几陷绝境，设馆授徒之微薄收入对于维持王韬一家老少三代的生活已如杯水车薪，恰逢江南灾害不断，更是雪上加霜。迫不得已之下，王韬开始筹划外出谋生。这一境况被麦都思获知，两次遣人传信向王韬伸出了橄榄枝。迫于生活的压力，也因前番沪上之行对西方格致之学的兴趣，王韬接受了麦都思的邀请，再次赴沪，开始了对他后来的思想影响重大的人生新阶段。

当时的墨海书馆，主要从事翻译、印刷、出版宗教和有关西方科

---

① 王韬曾写信给友人杨醒逋："夫浮名仅文，实行在孝，学必根德，形弗胜心。此圣贤所以宅衷，豪杰所以自命也。"见《弢园尺牍》卷1，"覆醒逋"，新北：文海出版社1984年版，第11页。

② 麦都思是最早跟随马礼逊来到中国的新教教士，他同马礼逊于1815年在马六甲创办了第一份中文报纸《察世俗每月统记传》，鸦片战争后，麦都思移居香港，并开始从事中文月刊《遐迩贯珍》的编辑工作。1843年来到上海，建立了"墨海书馆"，开始在中国出版译为中文的西方书籍，并向国人传播西学。

③ 王韬：《漫游随录·扶桑游记》，湖南人民出版社1982年版，第51页。

第一章 王韬政治变革思想的渊源

技文化的书籍。同时,这里也是英国伦敦会传教士在上海的集中地,一些知名的传教士都曾工作和居住于此,如林乐知(Allen Young John)、慕维廉(Muirhead, Willinam)、伟烈亚力(Wylie, Alexander)、艾约瑟(Edkins, Joseph)、韦廉臣(Williamson, Alexander)、合信(Hobsor, Benjamin)、美查(Ernest, Major)等。王韬的工作主要是编辑、校对和润色传教士们译为中文的西书,用符合中国文化和文字表达习惯并富有文采的语言疏通和表达其精义。这样的工作经历和人际环境,使王韬得以了解很多西方的格致之学和历史文化知识,诸如他曾与伟烈亚力合译了《重学浅说》《华英通商事略》《西国天学源流考》,与艾约瑟合译了《格致新学提纲》和《光学图说》,另独自撰写了《泰西著述考》一书,以之作为国人学习西学的入门和工具书,并为林乐知所著的《中东战记本末》作序等。传教士合信则为王韬治愈了陈年旧疾——足病,让他亲身体验到了西医的神奇与功效。王韬所译作品皆获赞誉,如其翻译的《新约全书》和《旧约全书》,"文辞雅达,音节铿锵",前者被英国圣经会作为规范精译本而普遍推广,直至20世纪20年代,此译本依然广泛流传于中国境内。佣书上海期间,王韬还结交了很多后来陆续进入墨海书馆从事翻译工作的中国名士,如数学家李善兰、张福僖、张文虎,文学家蒋敦复、管嗣复等人,他们之间常常畅饮聚谈,彼此沟通有无,谈论国是。通过在墨海书馆的工作,以及同传教士和上海名士们的人际往来,王韬对西方先进的科学技术和天文、物理、历算、地理等格致之学有了更为深入的了解,他的思想和原有的知识结构也开始在这一时期发生变化,注入了许多全新的内容。

王韬在墨海书馆工作和生活的13年间,从未停止过对于时政的关注和施展抱负的寄望。对当时清政府所面临的"贼乱"与"戎祸"并重的两大危局,他曾数度上书当局直陈救时方案。1858年至1859年,他曾"上书数十通"① 给苏淞太道吴煦和时任江苏巡抚的徐有壬,阐述其"合戎""防海""弭盗"三大主张,在得到"优答"之

---

① 王韬:《弢园文录外编》,上海书店出版社2002年版,第270页。

后，又接连呈上《与某当事书》《上当事书》《条陈管见十四条》等札，后于1860年10月，以《议剿》《议堵》《议抚》三篇文章，上书两江总督曾国藩，他在《拟上曾制军书》中详陈具体方略，从制度、选官到军事策略皆有所论及。① 这些上书的内容主要是为清政府消灭太平军而建言献策。因王韬一直关注太平军的动向，且对上海、江苏一带的情况十分熟悉，故此，他的建议颇具针对性和现实意义，尤其对于如何组建洋枪队以借夷助剿，以及防卫上海的方案，阐述得条分缕析、周详细致，部分内容博得了当权者的赞赏和采纳，他也因此得到了"督办诸乡团练"的职衔，就任上海诸翟团练局董事一职。对于王韬积极上书和参与团练的举动，学界认为，除了爱国和救国心切之外，其功利意图亦十分明显，尝试以此邀官入世之动机毕露。然而他的这一企望最终还是落空，他终究没能食得清廷的俸禄。其必然性在于，当局既利用他与西人的稔熟又讳于此，同时对他上书中直言抨击时政与官场积弊的内容心存疑虑，因此，"用其言而仍弃其人"则属必然。不满于区区团练之衔的王韬，又因苏州失守而备受攻击，加上吴煦对其直接上书曾国藩和徐有壬的强烈不满，而将传言王韬"暗通长毛"之事上报朝廷，使其备受指责，一时成为众矢之的。愤恨之余，王韬对清廷彻底失望，转而将自己的抱负和理想寄托于太平天国政权，于是便有了后来的上书太平天国一事，这也成为彻底改变王韬命运的转折。1862年2月2日（清同治元年正月初四日），王韬以"黄畹"为名，上书太平天国苏福省逢天义刘肇均，为太平军如何攻占上海出谋划策，并肯请刘肇钧转呈信函于忠王李秀成。② 此上书因悖于太平军原定策略而未被采用，后不幸落入清军手中，王韬因此而遭到清政府的通缉。在英国传教士慕维廉的协助下，王韬得以避难于上海英国领事馆，"从此闭置一室，经一百三十五日"③。其间王母病逝，亦不敢亲视含殓。后经英人一番努力，试图让清廷赦罪于王

---

① 这些上书内容见于《弢园尺牍》，新北：文海出版社1984年版。
② 罗尔纲：《上太平天书的黄畹考》，《国学季刊》1934年第4卷第2期。
③ 方行、汤志钧整理：《王韬日记》，中华书局1987年版，第195页。

第一章 王韬政治变革思想的渊源

韬，却终不得解，在上海领事麦华陀的庇护下，王韬于1862年农历闰八月出走香港，自此改名为韬①，字仲弢，一字子潜，并号"天南遁叟"②，开始了他遁迹香港的流亡生涯。

世事往往难以预期，王韬不会料想到，香港会成为孕育他变革思想的桥头堡。王韬在香港期间栖身于英华书院，继续从事翻译工作。他同英华书院的院长里雅格③（Legge，James）过从甚密，并协助里雅格将中国的《四书五经》译为英文，名为《The Chinese Classics》，于1861年至1886年出版。王韬在香港时期的学术造诣得到了凝练和提升。在上海时期，王韬在译书之余已开始治经，到了香港后，他更为重视对五经等经典的深入研究，凭借自己深厚的经学功底，加之与里雅格就中西文化异同的探讨，他将自己的心得融合到翻译之中，译书质量大为提高。他协助里雅格翻译了《尚书》《竹书纪年》《诗经》《春秋左氏传》《易经》《礼记》等，合辑为28卷的《中国经典》。这些经典的出版在西方世界引起了轰动，以至此后百余年，里氏对中国经典的译本仍被视为典范，这是他对中学西传的一个重大贡献。王韬的佐译功劳亦不可磨灭，里雅格高度赞赏王韬的中学造诣，并多次在译著序文中答谢他的助译之功。在协助里雅格翻译的过程中，王韬收集了各家注释之长，颇费心力地完成了《皇清经解校勘记》《毛诗集释》《周易注释》《礼记集释》等阐发经义的著作，它们是王韬经世思想的重要体现。1867年，里雅格回到了他的故乡苏格兰，继续

---

① "韬"字取萧统《靖节先生集序》中"圣人韬光，贤人遁世"之句，表明自己不再追求功名浮躁，"从此潜心晦迹，隐耀韬光，不复出而问世"（见《弢园尺牍》）的心迹。

② "天南"所指为香港，"遁叟"则是王韬对自己逃亡身份的自嘲之称。

③ 里雅格（Legge，James），英国汉学家、传教士。曾于1839年被伦敦会派至马六甲，任英华书院院长一职。1843年，随英华书院迁至香港。该院主要培养传教士和外语人才，清季著名买办、洋务人士唐廷枢（唐景星）等即卒业于此。太平天国干王洪仁玕也曾与里雅格在香港伦敦会共过事。里雅格对汉学研究颇为深入，在香港主要从事翻译和注释中国古典作品，他的著作《中国人关于神鬼的概念》《孔子的学说和生平》《孟子的生平和学说》《中国的宗教：儒教和道教评述及其同基督教的比较》等，在西方的汉学界曾产生十分广泛的影响。他所翻译的《易》《礼》《老子道德经》《庄子》等，则被收入1859年米勒编撰的《东方盛典》，这些书籍的翻译和出版，对欧美世界了解和深入研究中国古典文化和东方世界意义重大，影响至深且久。后为牛津大学汉学讲座第一任教授，直至离世。

翻译尚未付梓的几部"经"书。因译书工作离不开王韬的协助，故于同年12月邀请其前往英国续译《中国经典》，王韬遂于1867年12月15日（同治六年）应邀赴英。根据王韬在《漫游随录》中的记录，他此行的路线是，从香港出发，途经新加坡、槟榔屿、苏门答腊，入红海，经苏伊士运河、地中海、马赛、巴黎，最后抵达伦敦。途经马赛和巴黎时，王韬亲身体验到西方物质文明的发达，其盛况远非上海和香港可比，他目眩于巴黎繁华的阛阓之景，又被博物院和图书馆"栋宇巍峨，崇饰精丽""广搜博采，务求其全"的精致宏伟和无所不备而深深吸引，一路上的见闻令其眼界大开。到达英国后，王韬开始了他长达两年半的异国生活。在此期间，他除了协助里雅格译书之外，还取得了对《春秋》历学研究的突破性进展。他通过对西方历法资料的收集和整理，请教欧洲的汉学家，对中西历法进行了比较，从而修正了杜预以来各家在春秋长历上的重大错误，并以此为基础撰写了《春秋朔闰日至考》《春秋朔闰表》《春秋日食辩证》等文，王韬在晚年时将这三篇文章交由美华书馆排印，这也就是今天可以看到的《春秋历学三种》的原始版本。① 此外，利用闲暇，王韬游览各地，除了惊叹于西方科技之精妙外，更深入考察和了解了西方的文化、历史、地理和资产阶级民主制度，以及教育制度与设施，他访问了牛津大学和爱丁堡大学，并在牛津做了有关中英关系的演讲，场面甚为轰动，"一堂听者，无不鼓掌蹈足，同声称赞，墙壁为震"②，他也因此成为第一个在牛津大学演讲的中国学者。王韬对西方国家的富强、文明可谓印象深刻，他也因此体认到，政治进步乃是西方强盛之势得以形成的根本，他尤其青睐于英国的立宪君主制和文化教育制度，并对西方崇尚实学与中国鼓吹八股制艺的虚学之优劣有了清晰的认识。旅欧一行，王韬历经"五洲四洋，百数国家"，对西方的政治、经济、文化、教育等做了全面审视默查，他不仅见识到别有天地的西方物质文明，更深深折服于西方的制度与文化，这一经历对王韬

---

① 1959年，中华书局将这三篇文章合为一部出版印刷，名为《春秋历学三种》。
② 王韬：《漫游随录·扶桑游记》，湖南人民出版社1982年版，第99页。

第一章 王韬政治变革思想的渊源

思想的变化具有决定性的影响,也必然令其识见远超当时的士大夫之上。他评价自己的西游经历时说:"余之至泰西也,不啻为先路之导,捷足之登,无论学士大夫无有至者,即文人胜流亦复绝迹。"① 此言确非自夸,无论是与前辈林则徐、魏源一代对西学的隔雾看花相比,还是与同代官派出国的斌椿走马观花式的访问相比,王韬对西方世界的深入体验,其意义都更为重大,他也是我国第一个以自由身份访问欧洲的学者。

1870年,时年43岁的王韬结束了欧洲之旅,回到香港。欧洲之行使王韬的世界观彻底改变,他从一个"华尊夷卑"论者转变为一个"世界主义"者,他认为西方的历史文化与东方具有同等重要的历史价值,"东方有圣人焉,此心同,此理同也;西方有圣人焉,此心同,此理同也"②。他开始致力于世界史地的研究,成书了一百多卷的史学著作,主要有:《普法战纪》(20卷)、《法国志略》(24卷)、《西事凡》(16卷)、《漫游随笔图说》(6卷)、《西古史》(4卷)、《台势窃愤录》(3卷)、《漫游随录》(2卷)、《扶桑游记》(3卷)、《俄志》(8卷)、《美利坚志》(8卷)、《四溟补乘》(36卷)、《法兰西志》(18卷)等。其中,最具学术代表性的是《普法战纪》和《法国志略》,这两部以法国为研究对象的著作,以极其翔实的材料为基础,系统介绍了法国近代资产阶级革命启蒙思想家孟德斯鸠和卢梭等人,以及西方国家的名号、统系、职官、税务、礼俗、学校、学术、兵制等全面的信息,并对法国的法律制度进行了研究,认为中国应予以效法,用法律保障民众的利益和制度的实施。他还比较了欧洲各国的政体,对"君主""民主""君民共主"三种制度的优劣进行评价,在高度赞赏法国的民主共和制的同时,认为中国的现实情况最适宜效法英国,实行君主立宪制。此外,王韬对普法战争的记述与评议也是非常深刻和到位的,细致入微地叙述了普法战争的起因,并较为准确地分析了普胜法败的原因,他认为废除共和制而采用帝制,

---

① 王韬:《漫游随录·扶桑游记》,湖南人民出版社1982年版,第31页。
② 王韬:《漫游随录·扶桑游记》,湖南人民出版社1982年版,第57页。

使其民心尽失是法国失败的主要原因。这些著作虽以外国为对象，然其基点却在于探索中国的救世之道，他的议论反映了其改良主义思想逐渐趋于成熟，他的资产阶级立宪倾向也逐渐清晰和凸显。这两部作品的出版，为国人了解法国和西方世界提供了一个窗口，也在客观上成为推动近代资产阶级改良运动的加速器。

1874年，王韬与黄胜等友人集资购买了英国人留下的印刷厂，并创办了闻名中外的第一份国人自办报刊《循环日报》，林语堂称其为"中国新闻报纸之父"。自王韬回到香港，他凭借其著作和发刊于《循环日报》的众多振聋发聩的政论文章，成为文名远播海内外的粤东名士，这一阶段是他人生的高潮期。《循环日报》自创刊始，便形成了每期一篇政论的惯例。据日本学者西里西行的研究，从1874年到1885年，《循环日报》共发表政论890篇，其中，绝大多数为王韬亲笔所撰。① 王韬创办报刊的主旨在于，广泛向国人传播西学，并以此为基础，宣传他的维新变法思想和积极推动晚清的社会改革运动。因此，在他主持《循环日报》笔政的十年间，也即1874年到1884年，正是他的变法思想日趋成熟和完善的阶段，而这一时期的政论是他思想内容和变化的重要反映。应该说以报刊为平台，宣传改良变法主张的实践自王韬始。除了《循环日报》所刊载的政论外，王韬于1883年出版了《弢园文录外编》，将他历年的存稿和部分《循环日报》的政论内容合编其中②，内容主要围绕他的洋务和改革思想，它们是研究王韬思想的最重要资料。另有1876年王韬自编的《弢园尺牍》一书，集纳了他多年来与国内外友人互通之信札和上书当局的部

---

① ［日］西里西行：《王韬と循環日報について》，《东洋史研究》1984年第42卷第3期。
② 有关《循环日报》政论与《弢园文录外编》的关系问题，一直存有争议。戈公振在《中国报学史》中提出，《外编》乃王韬集《循环日报》之精华所成；宁树藩在《中国新闻事业通史》第1卷中指出："要弄清王韬的《弢园文录外编》与《循环日报》的关系也十分困难。不过有一点是肯定的，即王韬在《循环日报》所撰文章多数未收录于《外编》，而《外编》内的文章并不全发表于《循环日报》。"参见方汉奇主编《中国新闻事业通史》第1卷，中国人民大学出版社1992年版，第478页。这一观点比较符合实际情况，也被学界其他学者所认同。如曾建雄也曾表达过相同见解。见曾建雄《中国新闻评论发展史》，广西师范大学出版社1996年版，第78页。

第一章　王韬政治变革思想的渊源

分函牍，共计224件，由香港书局排印出版，对其各阶段的思想均有所反映，也是研究王韬的必读书目。

王韬在主持《循环日报》期间，曾出访过日本，这次经历对他思想的形成影响重大。《循环日报》的发行区域非常广泛，覆盖了国内外众多地区。因此，王韬的变法自强思想对海外的影响也十分深远，尤其在日本，王韬及其《循环日报》享有很高的知名度，日本朝野和学术界更是奉王韬为"巨儒"，都渴望能亲见其人，当面请教和交流。[1] 在日本友人的积极促动和安排下，1879年春，王韬开始了他的扶桑之旅。在日本考察、游历的四个月间，王韬不仅体验到了日本明治维新后的社会政治风貌和经济成就，也结交了一大批日本官方和民间的文人雅士，难能可贵的是，他细心地体察到了日本维新中存在的问题：其一，日本对于西方的效法，究其实质仍属皮毛；其二，形式化的全盘西化和崇洋媚外而产生的骤变会导致文化断裂，造成人们精神上的迷失，有悖于维新运动合情与合用的原则。这里固然有其思想中矛盾和保守的一面，但更显现出他对维新变法中对待中西文化的理性态度与审慎思考，这些都成为他进一步充实改革思想的重要资源。王韬将此行的经历与心得记录在他的《扶桑游记》之中。

应该说王韬一生最辉煌的时期便是他在香港著书办报、宣传改良的阶段，这也是其思想定型的时期。他将自己过往的经历和锤炼后的思想，沉淀、凝结成几十部等身著作，从史地、方志、科技，到经学、政论，再到文学、笔记等，可谓领域广泛，题材众多，然而贯穿其思想主脉，也是最核心的部分仍属其政治理念，从高举经世实学的大纛，到近现代思想的启蒙，无不兼具学术价值和现实意义，这是他对当世和后世的最重要贡献。晚年的王韬，得到了李鸿章的默许，得以于1884年回到他阔别了23年的故土，在继续宣传变法救国主张的

---

[1] 日本近代文学大师重野安绎在给王韬《扶桑游记》的序文中，记述了他在明治初年对王韬的敬重之情："余观先生所著书，羡其文藻，爱慕其襟怀通俊，不规规乎绳墨，欲一相见请教。"见王韬《漫游随录·扶桑游记》，湖南人民出版社1982年版，第173页。

同时,开始亲身实践他的教育改革思想。以上海格致书院为试验基地,王韬秉持着救国、富国以教育为本的理念,将西方的教育方式和内容运用到人才培养的实践当中。在这里,他的变法富强思想与教育实践得到了有机的结合,教学内容以语言和自然科学为主,结合现实问题,配以考课的考核方式,培养学生学以致用的意识和能力。在王韬这里,中国传统的经世思想和西方的格致之学得到了融合,共同为他的强国政治理念服务。

王韬一生的经历颇为复杂、坎坷,却也独具特色。自小饱受儒家正统思想的教育,却不得已"卖身事夷",以助夷译书为业;怀抱经世之才与功名之心,却长期身居下位,游离于官场之外。但也正因此,他得以熟知民间万象,洞悉危政之弊,通晓中外之情,以其开阔胸怀和独到眼识体认中外之异同,并于其中得出救世之法与应变之道。这也是王韬的政治思想迥异于同代人的原因所在。

二 思想渊源

(一)沐晚清经世致用之风

王韬的思想,源于晚清"经世致用"思潮的勃兴,并直接受到清朝中期以后复兴的今文经学派与形成于此时的理学经世派的思想影响,"经世"是其思想的主要特征和基线。就生发逻辑而言,清中期以后时局的变化促使经世思想兴起,而经世思想进一步推广、演化的现实需要催生了今文经学的复兴,以及理学经世派的形成。乾隆末年以降,现实的政治、社会矛盾日渐深重,土地兼并的加剧、吏治的腐败、各地不断发生的起义等危机,令当世朝野中的一些有识之士将目光转向解决现实问题的学术研究之中,开始着力于重振黄宗羲、顾炎武等倡导的经世致用学风以匡救时艰,经世观念遂应现实的需要喷薄而出。有清一代,经世思想蔓延、扩张的过程,伴随着宋学与汉学的转变与较量。正如经学家皮锡瑞对清代学术演变轨迹所阐述的那样:"国初,汉学方萌芽,皆以宋学为根柢,不分门户,各取所长,是为汉宋兼采之学。乾隆以后,许、郑之学大明,治宋学者已尟。说经皆主实证,不空谈义理,是为专门汉学。嘉、道以后,又由徐、郑之学

第一章　王韬政治变革思想的渊源

导源而上",而"汉十四博士今文说,自魏、晋沦亡千余年,至今日而复明"①。乾嘉时期,汉学一改清立国以来宋学高居庙堂的面貌,成为这一时期的显学,以古文经学为主导的乾嘉学派成为占据统治地位的官学。此后,汉、宋学术的相互批判亦没有停止,直至清末以经世为共识而再次出现了合流的趋势。清中期,汉、宋学术地位的转换是我国思想史上一个重要的承启环节,具有特定的历史价值。它不仅开启了对中国传统文化进行大整理的新时代,亦具有思想解放的现实作用。更为重要的是,汉、宋学术博弈的背后隐含着经世思想发展、演变的逻辑,它成为经世思潮扩张、推广的催化剂。一方面,汉学的兴起促进了宋学的自我反思,在对汉学进行批判和寻求挽救帝国颓势良方的过程中,形成了"义理"与"功利"并举的理学经世派,这些经世学者们不仅抛弃了理学中禁锢思想的诸多内容,更以宽容、开阔的治学态度打破了为学的"门户之见",强调治国之法应取之诸经,并以"通经致用"为其思想的核心内容,该学派的早期代表如陶澍、贺长龄,后进者有曾国藩、左宗棠、张之洞等。另一方面,随着清廷的危机日重,乾嘉汉学闭门考经的治学与治国方式愈显笨拙与乏力,面对宋学家的批判和日益危重的时局,汉学家中的部分远见卓识者开始走出乾嘉古文经学的故纸堆,注重对现实问题的关注,推重今文经学的治学方式,使湮灭千年的今文经学得以复兴,并以此作为倡导经世致用治学原则的理论根据。这一派的代表人物有刘逢禄、龚自珍、魏源等。汉、宋学术最终殊途同归于对经世致用的提倡,经世之风也因此而盛行于清末的思想界,成为风靡一时的社会思潮。这一时期的经世思潮最核心的内容是对末世的黑暗与清廷的腐败进行的无情揭露与批判,以及对社会政治改革的积极倡导,其中以龚自珍和魏源的思想最具代表性。他们倾尽全力为改革千疮百孔的晚清政治、经济而大声疾呼,龚自珍曾言:"一祖之法无不敝,千夫之议无不靡",并提出,"与其赠来者以劲改革,孰若自改革?"② 魏源也持相同主

---

① (清)皮锡瑞:《经学历史》,中华书局1959年版,第341页。
② (清)龚自珍:《龚自珍全集》上册,王佩诤点校,中华书局1959年版,第5页。

张，他说："天下无数百年不敝之法，亦无穷极不变之法"①，"有救时君子欲矫其弊而还其利，势必不得不出于更变"②，并进一步强调："小变则小革，大变则大革；小革则小治，大革则大治"③，"变古愈尽，便民愈甚"。改革遂成为此时经世观念的最直接体现。"经世致用"本就是儒学自诞生起便具有的传统精神，自孔子的入世哲学始，到北宋王安石的功利思想，再到清末魏源、龚自珍等人的经世思想，皆属此类，各阶段的差别多在于隐显的程度不同。然而清末的经世思潮更具特殊性和重要性，它循着西学刺激的方向，以整理和批判古学为基础，对古代思想作了选择性的发扬光大，从而为晚清的政治社会变革建立了合理性根据，它促进了近代各种新思想的诞生，是其后洋务、维新、革命等思潮的直接源头。王韬成长于经世之风盛行的晚清时代，也不可避免地沐浴于这股经世学风之中，受其熏染而形成了经世的思想倾向。

（二）承儒学纲常道统之要

1. 家学的熏陶

王韬自幼随父从学，接受传统中学教育。其父王昌桂学识渊博，尤"邃于经学"，王韬在他的教读下，从诸子百家、汉赋唐诗、到历代史籍，以及八股时文，几乎无所不及，无所不教。此后，又蒙曾中科举明经的恩师顾惺的教诲，使其少年时便熟读四书五经，及各类传统典籍，成为一个有着坚实中学功底的有学之士。受其师顾惺的影响，王韬所学不专一家，且内容甚为广泛，对经学、小学音韵著作、野史稗钞以及笔记小说、辞赋诗集等皆有所及，并通过精研文史、博考事迹，为他日后的学术打下了坚实的基础。受染于顾惺，王韬为文亦不拘传统，且不以"时文""俗事"为然，而重在自抒怀抱，表达

---

① （清）魏源：《魏源全集·古微堂内外集》第12册，夏剑钦点校，岳麓书社2004年版，第249页。
② （清）魏源：《魏源全集·古微堂内外集》第12册，夏剑钦点校，岳麓书社2004年版，第249页。
③ （清）魏源：《魏源全集·古微堂内外集》第3册，夏剑钦点校，岳麓书社2004年版，第288页。

第一章　王韬政治变革思想的渊源

真性情，曾自言"自少性情旷逸，不乐仕进，尤不喜帖括，难免为之，亦豪放不中绳墨"①。因顾惺为学博杂而重实用，强调积极的入世精神，王韬早年修齐治平的经世思想主要来源于他的灌输。王韬对八股文与八股取士制度的否定和排斥，既是他豪放不羁的性格使然，也是从学于顾惺后眼界开阔的必然结果。无意于八股帖括的王韬，并非没有功利之念，只是他想建立的功业，是以学问立世，经世而后致用。少年时代，落第于科举后的王韬曾立经国大志："他日为天下画奇计，成不世功，安用此三寸毛锥子哉？不然，宁以布衣终老泉石，作烟波钓徒一流人也。"② 他认为，时行的八股取士制度泯灭了和他一样有着用世之心的学人，"本朝试科以制艺，实沿明代旧习，遂使英贤杰士，壮志消磨，皓首穷经，未蒙推选，不知淹没几何人品矣！"③ 这一对八股取士制度颇具远见的批判，也包含着他经世思想的最初萌芽。

当王韬的学问可以自立于世时，经世思潮正方兴未艾，王韬亦属得风气之先者。因重经世，他对正统学说持否定态度，认为："夫考据祖孔郑，理学宗程朱，两家自分门户，而学汉者，伤胶固；师宋者，病空疏，则又失之一偏。"④ 而唯有经世者，因力主致用，真正摒弃了门户之见，广事涉猎，不分彼此，故而才能得其全备，避免偏颇。经世思想是王韬得以从传统社会进入近代社会，以及由中学迈向西学的关键。

2. 承续地主阶级改革派的哲学观

承经世致用的思想背景，加之王韬落第后佣书上海，对鸦片战争后西力东渐的亲身感受与体验，其变易思想日渐萌生。王韬的变易观以《周易》中"穷则变，变则通"，及汤之盘铭上的"苟日新，日日新，又日新"为思想源头和依据，认为由此可"知天下事未有久而

---

① 王韬：《弢园文录外编》，上海书店出版社2002年版，第269页。
② 王韬：《后聊斋之一——遁窟谰言》，河北人民出版社1991年版，第1页。
③ 王韬：《弢园尺牍》，新北：文海出版社1984年版，第40页。
④ 王韬：《弢园尺牍》，新北：文海出版社1984年版，第20页。

不变者也"①。同时，他的变易思想也直接受哺于龚自珍、魏源一脉，是对西汉董仲舒所阐发的今文经学公羊变易观的承继与发展。董仲舒曾以"善治"与"更化"的关系为中心，阐发了他的变易主张，提出："窃譬之琴瑟不调，甚者必解而更张之，乃可鼓也；为政而不行，甚者必变而更化之，乃可理也。当更张而不更张，虽有良工不能善调也；当更化而不更化，虽有大贤不能善治也。"②魏源继承了董氏变易观变道、进化的实质，并做了进一步的阐释与发挥，认为世间万物无不处于变化之中，"三代以上，天皆不同今日之天，地皆不同今日之地，人皆不同今日之人，物皆不同今日之物。天官之书，古有而今无者若干星，古无而今有者若干星，天差而西，岁差而东，是天不同后世之天也"。纵观历史，"燕赵卫郑，昔繁佳冶；齐鲁睢涣，古富绮纨；三楚今谁长鬣？勾吴岂有文身？淮、徐孰戎夷之种，伊川畴被发之伦。茶黄互市，为制夷之要；疹瘟有无，区中外之坊。岂可例诸唐宋以前，求其脏府之故。是人变于古矣"③。既然变化乃宇宙世界之常态，"天下无数百年不弊之法，无穷极不变之法，无不除弊而能兴利之法，无不易简而能变通之法"④，那么应时而出的变法改革与制度更新便是历史演进之必然，也是社会发展、进步之根本动力。以此为据，魏源从变易史观中得出变法乃是合乎历史规律与时势要求的必然之举的结论。王韬视魏源为"实倡先声"之先导，继承了他的变易史观，循着魏源一脉的思路与轨迹，他提出："上古之天下一变而为中古；中古之天下一变而为三代。自祖龙崛起，兼并宇内"，而至"三代之天下至此而又一变"，"巢燧羲轩，开辟草昧，则为创制之天下。唐虞继统，号曰中天，则为文明之天下。三代以来，至秦而一变；汉唐以来，至今日而又一变。西人动讥儒者墨守孔子之道而不

---

① 王韬：《弢园文录外编》，上海书店出版社2002年版，第11页。
② 《汉书·董仲舒传》。
③ （清）魏源：《魏源全集·古微堂内外集》第12册，夏剑钦点校，岳麓书社2004年版，第48页。
④ （清）魏源：《魏源全集·古微堂内外集》第12册，夏剑钦点校，岳麓书社2004年版，第410页。

第一章 王韬政治变革思想的渊源

变,不知孔子而处于今日,亦不得不一变"①。历史上的每一个时期都是在扬弃前一阶段基础上的更新发展,这是中西皆同的万古不变之法则。王韬将孔子说成是变法的先驱,"道不自孔子始,却因孔子明",认为孔子的学说正是变前人之法的结果。既然变易乃中国自古以来的传统追求,即使孔子在世,亦会顺应时势主张变革,那么面对当世"三千年未有之大变局"而实施改革自属有据可依和势在必行。此论不仅证明王韬的变易思想源流有自,亦为其后康有为《孔子改制考》所本。

王韬以变易观为其变革思想立论,并用"道""器"这对哲学范畴对所变的内容做了限定,这二者奠定了王韬政治思想的哲学基础。王韬的"道""器"论经历了一个前后变化的过程。最初,他承接了魏源"势变道不变"和"节取其技能而禁传其学术",以及"师夷长技以制夷"等思想遗绪,提出"师其长技以失其恃,明其所学以通其意"的纲领。在积极倡导学习西方技艺的同时,更坚守儒学的亘古不变之道,他指出:"夫孔之道,人道也,人类不尽,其道不变。三纲五伦,生人之初已具,能尽乎人之分所当为,乃可无憾。圣贤之学,需自此基。"② 因此,他认为"富强之道,必当仿效西法,则其效易于速见"③,而"孔孟之道,自垂天壤,所谓人道也。有人此有道,固阅万世而不变者也"④。王韬进一步将其明确的"形而上者谓之道,形而下者谓之器"的"道""器"哲学观,对应于中学与西学,并从哲学角度对二者进行"本末"、高下的评判,谓:"形而上者,中国也,以道胜;形而下者,西人也,以器胜,如徒颂西人,而贬己所守,未窥为治之本原者也。中国立治之极者,必推三代,文质得中,风醇民朴,人皆耻机心而贱机事,而西国所行者,皆凿破其

---

① (清)魏源:《魏源全集·古微堂内外集》第12册,夏剑钦点校,岳麓书社2004年版,第9页。
② 王韬:《弢园文录外编》,上海书店出版社2002年版,第10页。
③ 王韬:《弢园文录外编》,上海书店出版社2002年版,第110页。
④ 王韬:《弢园文录外编》,上海书店出版社2002年版,第110页。

天，近于杂霸之术，非纯王之政。"① 他将中华"道统"视为永恒不变之真理，"当与天地同尽"。此时，王韬和魏源等经世派一样，虽倡导效法西技乃富国、强国的必然选择，却强调政治制度与"孔孟之道"的不变地位，将可变之内容仅限制于器物、技艺的层面。故而他主张"器则取诸西国，道则备自当躬"②。他进而以撰述《弢园经学辑存六种》和注释经学典籍等方式致力于经学的阐发与推广，为维系中华之"道统"而做出了努力。这些思想和学术实践显现出他对中学之道的持守，也明确表达了他早期的中国中心主义世界观。1870年旅欧归来后的王韬思想渐趋成熟，对直观西方形而下之"器"所带来的富强局面深有感触，此时，虽然他仍坚守"变器不变道"的主张，但他的"道""器"内涵发生了重要转变，其"不变之道"乃限于作为文化根本的"观念大义"，即坚持儒学的不变地位；而其"变"的部分，则不仅止于"器物"层面，还包括了政治制度，他提出了变革专制帝制为立宪君主制度的要求。同时，他倡导"道""器"俱变，"本""末"皆学，将二者置于同等重要的位置，这是他超越魏源一代的地方，与魏源所坚守的"势变道不变"，以及后来洋务派的"中体西用"观，仅限于具体制度和技艺、器物变革的观点已判若霄壤，是继承基础上的革新与发展，就当时社会而言，乃是一种巨大的历史进步。

3. 对中国传统民本观念的继承

中国古代的民本思想源远流长，它滥觞于夏商周时期的"民为邦本"之论，成熟于春秋战国时期孟子的总结与提升，孟子"民为贵，社稷次之，君为轻"和"得乎丘民而为天子"的论点，强调了民众之于国家社稷的重要性。虽然自秦朝所奠定并延续了千年的专制君主制度和君权至上观念一直处于统治地位，但民本思想之星火从未熄灭，时而作为约束君权的辅助，时而成为反对暴政和专制统治的利器，促动着朝代的更迭与社会的转型。至明清之际的黄宗羲和唐甄等

---

① 王韬：《弢园尺牍》，新北：文海出版社1984年版，第156页。
② 王韬：《弢园文录外编》，上海书店出版社2002年版，第266页。

第一章 王韬政治变革思想的渊源

人所提出的"天下为主君为客",又将传统的民本思想提升到了一个新的高度。

王韬继承了中国传统文化之精髓的民本思想,他既视儒家思孟之民本主张为圭臬,亦十分佩服黄宗羲的《明夷待访录》之"新民本"观念,他的民本观念正是以这些古代思想家的进步学说为根基的申发,"民本"也成为其讨论君民关系,进而提出君主立宪主张的重要起点。王韬在《重民上》的开篇便提出:"天下之治,以民为先,所谓'民为邦本,本固邦宁'也。"①开宗明义地表明其民本的立场。他承继了孟子的民本思想,强调浩繁之众乃国家兴衰之根基,指出"今中国之民,生齿日繁,几不下三千余兆。诚使善为维持而联络之,实可无敌于天下"②。这是其重民思想的出发点。基于民众之重要性,王韬继承了思孟儒学对于得"民心"——这一民本思想的实质问题的重视。孟子曾深刻地揭示了"民心"得失之于国家兴亡的重要作用,他说:"桀纣之失天下也,失其民也;失其民者,失其心也。得天下有道:得其民,斯得天下矣;得其民有道:得其心,斯得民矣;得其心有道:所欲与之聚之,所恶勿施尔也。"(《孟子·离娄上》)因此,君主欲达天下之长治久安,必须在施政中以民心向背为指针,聚其所欲,去其所恶。王韬继承并发展了这一思想,他指出:"天下何以为治?得民心而已。天下何以乱?失民心而已。民心之得失,在为上者使之尔。民心既得,虽危而亦安;民心既失,虽盛而亦蹶。欲得民心,是在有以维持而联络之。"③ 他以当时的农民起义为例进一步论证此观点:"今之弄兵者,非异民也,即前日之民子若孙也。奚为昔顺而今逆?民盖久有以疑我矣,积疑而生乱。"④ 在阐述民心决定国家治乱的同时,王韬深刻揭示了统治阶级长期践踏民意所产生的"积疑"后果,是骤生天下大乱之根本动因。既然民为国家之本,那么本固不仅邦宁,且为国家富强之重要基础。"今夫富国强兵之本,系于

---

① 王韬:《弢园文录外编》,上海书店出版社2002年版,第15页。
② 王韬:《弢园文录外编》,上海书店出版社2002年版,第15页。
③ 王韬:《弢园文录外编》,上海书店出版社2002年版,第17页。
④ 王韬:《弢园文录外编》,上海书店出版社2002年版,第145页。

民而已矣。"① 而"民之富藏于公，家之丰通于国"，"民生即足，国势自张"②。因此，民富则国富，民强乃国强。至于如何使民强、民富，则需要国家的政策给予支持和保障，"商出于远，工勤于市，各操其业，各尽其分，开矿筑路，行轮车，设机器，均与民共其利而代为之经营，是则上既有余而下无不足"③。更为重要的是，这种保障作用的有效发挥还有赖于上下情通，王韬指出："国之大患，莫若民情壅于上闻。比之一人之身，元气不通，则耳目失其聪明，手足艰于行动。国之有民，亦犹人身之有元气也。"④ 唯有建立起这种上下相通的格局，才能处理好君民之关系，保障民众之利益，进而实现民富，并最终达到国富、国强的目标。

王韬的民本思想提携时代之处，不仅在于他对古代民本学说的发展与提升，更在于他的民本理念中引入了西方资产阶级的民主元素，这在他所身处的时代具有重要的启蒙意义。这些具有特殊价值的思想内容，主要体现在其具体的富民措施和强调君民上下通和的观点之中。他非常重视发展近代资本主义的民间工商业，而"为生民辟财源"。如"若开掘煤铁五金诸矿，皆许民间自立公司，视其所出繁旺与否，计分征抽，而不使官吏得掣其肘。又如制造机器，兴筑铁路，建置大小轮船，其利皆公之于民，要令富民出其赀，贫民殚其力，利益均沾，贤愚同奋"⑤。"诚如是也，有不国治民安，上下相同，内外交悦，以臻于无为之化者，未之有也。"⑥ 这些带有鲜明西方商业文明印记的措施，唯有经过西方工商经济思想和政治文化洗礼之人方可提出。王韬曾明确提出其民本主张的目标在于使"苟得君主于上，而民主于下，则上下之交固，君民之分亲矣。内可以无乱，外可以无侮，而国本有若苞桑磐石焉"⑦，而这正是他旅欧期间对英国政治的

---

① 王韬：《弢园文录外编》，上海书店出版社2002年版，第16页。
② 王韬：《弢园文录外编》，上海书店出版社2002年版，第163页。
③ 王韬：《弢园文录外编》，上海书店出版社2002年版，第16页。
④ 王韬：《循环日报》，1874年2月4日。
⑤ 王韬：《弢园文录外编》，上海书店出版社2002年版，第18页。
⑥ 王韬：《弢园文录外编》，上海书店出版社2002年版，第18页。
⑦ 王韬：《弢园文录外编》，上海书店出版社2002年版，第18页。

切身感受,"泰西诸国,以英为巨擘,而英国政治之美,实为泰西诸国所闻风向慕,则以君民上下互相联络之效也"①。

以中国传统的民本学说为理论基础,辅以英国政治中的民主观念为材料,中西两种思想源流共同构筑了王韬中西合璧的重民主张,从而成为其政治思想的重要起点和内容。就其民本思想成型之路径而言,王韬自幼扎实的中学功底使其熟读古代各类经典,并十分熟悉有关民本的思想成果,而正是他对西方近代资产阶级民主制度的亲身体验,才促发了他对这一思想的关注,转而复归于中国古代民本学说中爬梳、总结其思想精华,并吸纳了西方近代的民主思想成分,从而形成其独具特色又引领时代的重民主张,为其批判君主专制制度,进而达到变革政治之目的服务。

(三)哺西学器物政制之精

王韬思想的独特性和深刻性在于,他对中西学术的协调糅合与左右逢源的阐扬发挥,得益于他扎实的中学功底和直接而深入的西学体验,在他思想演变、成熟的阶段,清晰显露出中、西学术的共同影响。正如王尔敏所言,晚清的知识分子多是"依据传统思想作基础,而以西方知识的不同刺激作媒介,从而酝酿出他们自己的理论观点"②。王韬自是其中一员。只是西学对他的影响却不止于刺激的"媒介",而更是其政治思想诸多要素的直接来源。

王韬接触西学的过程可分为前后两个阶段。第一阶段王韬对西学的体认发生于他蛰居上海从事译书工作的时期,此时国内思想启蒙者有关西学介绍的著作,以及西方传教士翻译、出版的各类书籍是他西学知识的直接来源。如早期徐继畬的《瀛环志略》、魏源的《海国图志》,西洋玛吉士的《地理备考》、慕维廉的《地理全志》、裨治文的《联邦志略》、合信的《医学》、玛高温的《电气学》,以及他参与翻译的《格致新学提纲》《重学浅说》《西国天学源流》《华英通商事略》《光学图说》和《圣经》等。这一阶段,王韬既接触到西学之

---

① 王韬:《弢园文录外编》,上海书店出版社2002年版,第18页。
② 王尔敏:《晚清政治思想史论》,台北:华世出版社1969年版,第8页。

"原道"的内容,更初步领略了西方的"器具"之精妙,从哲学、神学思想,到自然科学、社会科学知识都有所触及。对于前者他曾明确表示过排斥和厌弃的态度,谓其"支离曲学,非特覆瓿糊窗,直可投之溷厕"①。而对于后者,王韬则甚为赞叹,并承认西人在诸多方面"精于中士十倍"。上海译书阶段是王韬思想开始发生变化的时期,最主要的体现便是他对西方格致之学态度的转变,以及对格致内容的选择性领受。首先,通过助译和编辑一批自然科学著作,王韬对西方国家在地学、算学、光学、医学、矿学、电学、机械等方面的学术和实践成就得以遍览,并在《格致新学提纲》中了解到当时领先于世界的科学技术成果,这些都令他大为震撼,也直接成为其"师夷"主张得以形成的催化剂;其次,西学中有关经济和对外贸易的内容,为王韬早期的经济思想注入了一股新流。如在伟烈亚力翻译的《华英通商事略》中,详述了英国东印度公司在东半球发展贸易的历史过程,并对中英两国的通商情况进行了梳理,这对王韬的对外贸易观念产生了重要影响。他提出,中国也应效法英国,在国外设立贸易公司,以此作为发展本国对外经济的重要途径,以达富国、强国之目的。应该说,这一时期王韬对于西学与西技见识的增长,成为它原有思想结构发生变化的外在动力,他固守的"中学为本""西学为末"的传统观念开始发生动摇。该阶段西学对王韬思想的影响效果,及其态度的改变,可从他此时撰写的几部介绍西学的书籍中体现出来:如《西学原始考》,这是一部向国人普及西方国家科学技术发展历史的著述,该书全面而系统地向国人展示了西方国家历史上在天文、地理、哲学、法律、建筑、艺术等方面的发明与成就,意在开启时人对外部世界的正确认知;再如1853年,王韬参与编定了《中西通书》年鉴,书中重点记载了西方宗教发展、各国大事记、科学发明、中西历法,以及天文等方面的知识,王韬特别对中西历法进行了比较,并分析了当时中国在历法、算学等方面落后于西方的原因,对西学进入中国的现实意义与价值给予了积极的肯定。王韬主动介绍西学与西事

---

① 王韬:《弢园尺牍》,新北:文海出版社1984年版,第139页。

第一章　王韬政治变革思想的渊源

的举动充分说明他此时已于内心深处接受了西方先进的科学技术，并视其为改变中国孱弱现状的凭借。这些有关西方"器物"与格致之学的初步认知，为后来王韬变法思想的成熟奠定了重要基础。

虽然西方的格致之学开启了王韬思想中西学成分的渗入，并规定了某些基础性的方面，但就总体而言，此时他的思想体系尚处于充实、完善阶段，对西学"器物"的认知水平决定了其思想意识高度与影响力并未超越魏源一代。真正提升王韬思想的近代价值并使其思想体系归于完善和超越前辈的动因，则源于他1867年游走欧洲的经历，这是他接受西学影响的第二个阶段。这一阶段，王韬对西方社会繁荣、兴旺的切身感受与体味，深化了他对"西人之器"的认知。在唏嘘赞叹这些文明成就之余，更激发出了他探究这一富强局面得以形成之原因的思想动力。基于此，他不仅游历了多座城市，去各地进行实地考察，更广泛阅读了介绍英国、法国、美国、德国、俄罗斯、日本等国家的各种通史和新志，对其中系统介绍的各国历史沿革、地理风俗、政治制度、经济状况、宗教信仰以及文化风貌等内容作了深入探察。此行，王韬对西学的接触无论是深度上还是广度上都比之前大为拓展，就其态度而言，如果说前一阶段的西学影响更多地体现为被动领受，那么欧洲之行的西学知识则来自他的主动寻求，西学对王韬的思想影响在这一阶段完成了由"器"至"道"的转变。此次游历欧洲和饱览西书的经历，进一步完善了王韬经世实学的思想体系。根据王韬本人所留下的著述所载，他对"西儒实学"倍加推崇，尤其赞赏英国实证主义哲学大师培根的哲学观。培根的哲学思想体系与方法对王韬的影响较为直接，王韬曾对培根给予很高的评价："其为学也，不敢以古人之言为尽善，而务在自有发明。其立言也，不欲取法于古人，而务极乎一己所独创。其言古来载籍乃糟粕耳，深信胶守则聪明为其所囿，于是澄思渺虑，独察事物以极其理，务期于世有实济、于人有厚益。盖明泰昌元年，培根初著《格物穷理新法》，前此无有人言之者。其言务在实事求是，必考物以合理，不造理以合物。"① 王韬将培根的《格物穷理新法》视为欧洲科学 250 年之《洪范》,并认为,"培根之前,专心于学者如磨旋之牛徒费力,行莫出跬步;自培根辟其机械、启其汇钥之后,欧洲诸学参悟而出,蒸蒸日上,无不勤察实物,讲求实学之理"②。王韬准确地把握了培根哲学的精髓所在,抓住了其思想中归纳、实验、实用的基本特色。从王韬后来思想中的经世实学特征及其对实学的提倡,以及晚年在格致书院所进行的实学教学实验等思想和实践活动中,都可感受到培根思想的影响痕迹。

在遍览西人的各类鸿篇巨帙,亲自对西方物质文明进行考察、感受,以及对民间生活走访、体验之后,王韬将这一盛世局面形成之根本原因归结于政治的进步。旅欧过程中,最让王韬振奋的便是英国的君主立宪制与司法制度所带给他的全新感受和认知。他参观了英国的议院、国会,尤为赞赏英国众议院每当"国中遇有大政重务,宰辅公侯、荐绅士庶,群集而建议于斯,参酌可否,剖析是非"③。他对英国"君民共主"政制极为推崇,这成为他后来欲以君主立宪制取代专制君主制来改革中国政体的思想源泉。同时,他盛赞西方国家的国会制度及其所体现的民主原则,该制度对他的思想影响可从他对法国国会的评价中得到体现:"国会之设,惟其有公而无私,故民无不服也。欧洲诸国,类无不如是。即是雄才大略之主崛起于其间,亦不能少有所更易新制,亦乱旧章也。偶或强行于一时,亦必反正于后日。拿破仑一朝即可援为殷鉴。夫如是则上下相安,君臣共治,用克垂之于久远,而不至于苛虐殃民,贪暴失众。盖上下两院议员悉由公举,其进身之始,非出乎公正则不能得。若一旦举事不当,大拂乎舆情,不洽于群论,则众人得推择之,亦得而黜陟之。彼即欲不恤人言,亦必有所顾忌而不敢也。"④ 对西方议会民主制度的认识,成为王韬西方政体思想的直接来源,也是其处在萌芽中的民主思想之源泉所在。

---

① 王韬:《弢园尺牍》,新北:文海出版社 1984 年版,第 156 页。
② 王韬:《弢园尺牍》,新北:文海出版社 1984 年版,第 112 页。
③ 王韬:《瓮牖馀谈》卷 2,大达图书供应社刊行。
④ 王韬:《重订法国志略》卷 16,铅印本,清光绪十六年(1890 年)版,第 28 页。

第一章 王韬政治变革思想的渊源

西方议会制度既是王韬用以批判君主专制的武器和参考,也是他日后政治思想中对政体设计的理想目标。此外,西方的法律制度也为其政治思想的成型提供了重要的西方元素,如他曾参观爱丁堡的法院,亲见"其审事狱",深深折服于其审判的公正与公开,并对英国的刑法与诉讼制度十分欣赏,"其犯法者,但赴案录供,如得其情,则定罪系狱,从无敲扑笞杖,血肉狼藉之惨。国中所定死罪,岁不过二三人,刑止于绞而从无枭示。叛逆重罪,止及一身,父子、兄弟、妻孥皆不相累"①,这是他后来提倡学习英国的法律制度,废除清朝严刑峻法的思想基础;他对法国的民主共和制赖以依托的"国保宪章"基础也有着较为清晰的体认,他指出"所有法律皆成于国会所定,故其法以维护人民权利为主,人民权利日益增加而国家元气日愈充厚矣"。"欲其国之永安久治,以制定国宪定君民权限为第一义也。"西方的宪法原则所体现的是法治与主权在民的理念,迥异于中国传统的人治与君权至上的原则,这些显著的差异不仅触动了王韬的传统观念,更影响到他对民众权利与君主权威关系问题的重新审视与思考,为他日后渐趋成熟的政治改良思想中初露端倪的立宪与民权意识提供了思想素材。此外,欧洲国家诸多具体的制度措施亦对王韬产生了强大的吸引力,如他对欧洲国家财政税收制度和税收观念的全新认识。有关西方税收制度最直接的感受来自他游历英国时对该国税法严明的亲身体验,"伦敦都外建立税馆,高敞堂皇,规模华焕。凡各国商舶载货抵其处者,查阅殊严。循例,须取舶中货物,尽胪列于税馆,权其轻重而估征之。其法周详,绝无蛮漏之弊,其严明公正如此"。再如"英例,辑查严于入口,而宽于出口,且出口并无税饷,其加惠于商贾也如此。故纳税虽繁重,而无人怨焉"②。王韬认为英国的财税制度优越之处在于"其所抽虽若繁琐,而每岁量出为入,一切善堂经费以及桥梁道路,悉皆拨自官库,藉以养民而便民,故取诸民而民不

---

① 王韬:《重订法国志略》卷16,铅印本,清光绪十六年(1890年)版,第28页。
② 王韬:《漫游随录·扶桑游记》,湖南人民出版社1982年版,第112页。

怨，奉诸君而君无私焉"①。这些具有鲜明资产阶级民主色彩的财税原则，构成了其后王韬政治改良思想中财税服务于民的观点。再者，英国鼓励和保护发明创造的专利制度也令王韬眼界大开，他曾毫不掩饰地表达了对这一制度的赞赏之情："英人心思慧巧，于制造一切器物，务探奥窍，穷极精微，多有因此而致奇富者。此固见其用心之精，亦由国家有以鼓励而裁成之，而官隐为之助也。按英俗，凡人创造一物不欲他人摹仿，即至保制公司，言明某物，纳金令保，年限由五六年至二十年。他人如有摹仿者，例所弗许。违例，准其控官而罚款焉。"如若"其有奉明仿效者，则纳资于创造之人。又恐他国私摹，于是遍告邻封，官为主持"。因此，"人有一得之技，虽朝廷不能以势相抑，故人勇于从事也"②。

王韬思想发展、演变过程中，能够突破"严夷夏之大防"和"华尊夷卑"等传统观念的束缚，积极汲取西学中的精华，尤其是对西方政治文化与制度的理性认识与借鉴，在那个时代是难能可贵的。柯文曾言："王韬和郑观应这些人受过内陆传统的哺育，青年时代就受到经典孔学遗产的熏陶，但是与那些成千上万受过传统教育的中国人不同，他们没有受这一遗产的束缚，眼光也没有仅仅停留在这些狭隘的传统文化上面。相反，在西方文化的刺激和西方政治的影响下，他们开始了对自身文化的再认识。"③ 王韬的这种再认识则成就了"代表中国背景中的某些非常新的东西"，因此，"他对西方和西方人的较深了解，尽管不能将他完全改变，但却给了他一个新的图景，而对较早与他同时代的大多数中国人来说，这都是不可能的"④。中学决定了王韬思想的基础和框架，而西学则构成了王韬思想中非常重要的诸多内容，也是其思想开始从传统向近现代社会演进的推动力。对

---

① 王韬：《弢园文录外编》，上海书店出版社2002年版，第90页。
② 王韬：《弢园文录外编》，上海书店出版社2002年版，第120—121页。
③ [美] 柯文：《在传统与现代性之间——王韬与晚清改革》，雷颐、罗检秋译，江苏人民出版社1994年版，第81页。
④ [美] 柯文：《在传统与现代性之间——王韬与晚清改革》，雷颐、罗检秋译，江苏人民出版社1994年版，第81页。

第一章　王韬政治变革思想的渊源

于王韬政治思想中西学与中学的来源与他形塑后的思想之关系，可借用王尔敏先生的一个图示来显现，如下图所示：①

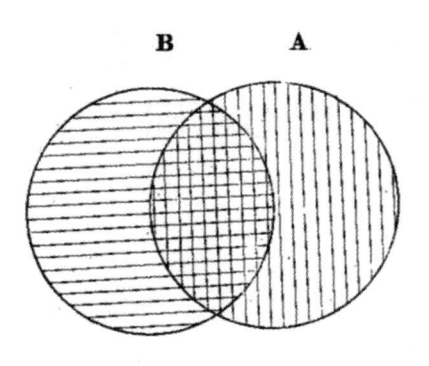

A 图表示中国固有的传统思想
B 图表示自西方传入的新观念
中间部分则为两者融汇创新的思想

因此，王韬的政治变革思想就其历史坐标而言，可将其定位于中国传统思想渐入末世，而向近现代转变的历史过渡阶段，是带有鲜明中西融合特征的新思想的开启性阶段。中国传统政治思想中西方成分的渗入是以此时为源头，相比这一时期，其后的新文化运动所提供的则更多的是文化转变的契机。

---

① 王尔敏：《晚清政治思想史论》，台北：华世出版社1969年版，第20页。

第二章　王韬政治变革思想的理论基础

晚清时代，外侮侵凌、内患日深。当世朝野上下有识之士在探索因应之方的过程中皆意识到，处今日之世，不思求变已万不可行，并提出"富强"这一治方，认为非此则无有解决之道。于是，"求变"之大纛深入人心，"倡富强"亦成为此时思想界之主流。而对于如何求变致富，则大有百家争鸣之势，自魏源首创"事易而道同""势变而道不变"之论，到冯桂芬"以中国之伦常名教为原本，辅以诸国富强之术，不更善之善者哉"之说，大抵形成了"中学为体，西学为用"的格局。王韬承续此一思想脉络，其政治变革思想紧紧围绕"富强"这一主轴展开，并在继承传统"道器观"与"变易"思想的基础上，进一步提出"道中有器"的观念，将以往作为"道"之内涵的专制制度纳入了可变之"器"的范畴，从而为变革政治制度提供了理论根据。

第一节　中国传统的道器观

道、器是中国传统思想中一对重要的哲学范畴，影响亦十分深远。就中国传统思想中的道器观而言，主要包含有四个方面的内涵：其一，指事物的规律和事物本身；其二，指本质和现象；其三，指本体和客体的表现；其四，指政治原则、伦理道德规范与社会制度、社

第二章 王韬政治变革思想的理论基础

会关系。①

道器以对举的范畴形式出现最早见于《周易·系辞上》中的"形而上者谓之道,形而下者谓之器"。与此句相关的是《系辞》中的"一阴一阳之谓道"和"形乃谓之器"。此处所谓之道,乃指乾坤、阴阳变易的法则,因之法则是无形的,故而称其为"形而上";而所谓"器",乃为有形之物的统称,与形而上之"道"相对应,则称其为"形而下"。在《系辞》中,"道"与"器"是以有形、无形来区分的,"道"都是针对存在于物象和卦爻象中的无形法则而言的,如"一阴一阳之谓道""三极之道""变化之道";而有形有象可以致用之物都为"器",如"见乃谓之象,形乃谓之器""备物致用,立成器以为天下利"等。至此,"道""器"始成为一对重要的哲学概念,在中国哲学发展史中占据着重要的位置,不同历史时期的学者围绕着这一对范畴展开了道器之辩的争论。

汉唐之际,对道器关系进行系统论述的当首推孔颖达。他从"有无"的角度对道器进行了阐释。《周易注疏》中有言:"道是无体之名,形是有质之称。几有从无而生,形由道而立。是先道而后形,是道在形之上,形在道之下。故自形外已上者谓之道也,自形内而下者谓之器也。形虽处道器两畔之际,形在器,不在道也。既有形质,可为器用"②,故云"形而下者谓之器"。孔颖达的道器观,"道"是"无形"的领域,即"形而上";"器"是"有形"的领域,即"形而下"。"无形"而生"有形",即是道生器。与之不尽相同,李鼎祚所撰《周易集解纂疏》引崔憬之说,认为"凡天地万物,皆有形质,就形质之中,有体有用。体者,即形质也;用者,即形而上之妙用也。言有妙理之用以扶其体,则是道也。其体比用,若器之于物,则是体为形之下,谓之为器也"③。"体形用道","器体道用",以体用释道器。以形质为体,以形质的妙用为用,即以器为体,以道为用。

---

① 张立文:《中国哲学逻辑结构论》,中国社会科学出版社2002年版,第199—200页。
② 《周易注疏·周易兼议》卷7。
③ 《周易集解纂疏》卷8。

显然，崔憬对《系辞》中以道为形而上（即体）、器为形而下（即用）的道器说做了改造。

两宋以来，有关道器关系的争论颇多。在道、器先后问题上互有异论，但在将"道"视为根据、本体，将"器"视为具体事物这点上，理学家基本上是一致的。张载抛弃了汉唐流行的"以老解易"传统，认为"道"与"器"不是"有"与"无"关系，也不是"无形"生"有形"的关系。他以"气本论"观点为基础，提出"道"与"器"是气化流行中的两种表现，即"道"为气化流行中无形迹的形而上，而"器"为气化流行中有形迹者的形而下。二程则提出了"理本论"的观点，认为"理"是万物的根本，是终极性、根本性、普遍性、恒常性的存在，一切事物都依赖"理"而得以存在。程颐说："离了阴阳更无道，所以阴阳者是道也。阴阳，气也。气是形而下者，道是形而上者。"[①] 阴阳是气，是形而下之器。形而上之道，即理，是形而下之阴阳、气以及器之所以存在的依据或根源。以"理本论"为基础，程颐用"体用一源，显微无间"来说明道器关系，《二程遗书》提出："形而上为道，形而下为器，须著如此说。器亦道，道亦器，但得道在，不系今与后，己与人"[②]。及至朱熹，成理学之大成，道器关系在其哲学体系中表现为本原论上的理气关系和禀赋论上的物理关系。"若论本原，即是有理然后有气，故理不可以偏全论。若论禀赋，则有是气而后理随以具，故有是气则有是理。"[③] "本原"是指终极性的根源，推本溯源的说，是理先气后。这种先后是理论逻辑上的位次，而非时间上的先后，旨在凸显理气的不杂。"禀赋"是针对具体的器物而言，则是理随气具，有什么样的器物就必具其当然之理，凸显在具体器物上则理气不离。朱熹将描述"道器"关系的形上形下之分用于区分"理气"，便有"形而上者谓之理，形而下者谓之气"之说。在其理论中，"理"为形而上之

---

① 《二程遗书·入关语录》卷15。
② 《二程遗书·瑞伯传师说》卷1。
③ （宋）朱熹：《晦庵先生朱文公文集》，载《朱子全书》第23册，上海古籍出版社2002年版，第2863页。

第二章 王韬政治变革思想的理论基础

"道",为万物的根本;气为形而下之"器",指事物的存在。朱子的"理气不离""理先气后"之说,表明他的道器观既包涵着"道器合一"的思想,也有着"道本器末"的倾向。

明清之际,儒学家们对传统"道器观"从哲学上进行了深刻反思和重新论述,其代表性人物首推王夫之。王夫之以"气"的实有性来统摄理、太极、道,认为"气"是宇宙万物的本体实在,主张理在气中、道在器中,肯定"气"自身的运动变化和天地万物"变化日新",提出"道者器之道"。他赋予传统道器范畴以新的解释,认为"形而上"的"道"与"形而下"的"器"所标志的一般(共同本质、普遍规律)和个别(具体事物及其特殊规律),两者是"统此一物"的两个方面,是不能分离的。他提出"天下惟器而已矣",肯定了宇宙间一切事物都是具体的存在,任何具体事物都具有特殊本质,又具有同类事物的共同本质。王夫之是从统一的角度来研究道器关系的,认为宇宙间存在的只有一个个具体的"器","道"只是"器"之"道",存在于"器"中,"道"不是单独的实存,而是通过实有之"器"体现的。为此,他提出"天下唯器而已矣。道者器之道,器者不可谓之道之器也。无其道,则无其器,人类能言之。无其器,则无其道,人鲜能言之,而固其诚然者也。"① 这样王夫之把道、器问题定格在存在论意义上,认为"道与器非异体""据器而道存,离器而道毁""道器相须"。"器"是唯一的实存,"道"是依据"器"而存在的,"道"则是"器"这个实存的存在方式、法则、规律等。"道生万物"应该被表述为"道生于万物"。据此,王夫之指出,在器之外、器之先预置一个"无形之上"的精神本体,乃是一种谬说。他通过论证"道"对于"器"的依存性,得出了"据器而道存,离器而道毁"的结论,驳斥了"理在事先""道本器末"的观点,具有指导人们从事价值创造活动的方法论意义。在道器关系论证中,王夫之采取的是一种"归纳"式的分析路径,体现出其"由器求道"的价值取向。"洪荒无揖让之道,唐、虞无吊伐之道,汉、唐

---

① 《周易外传》卷5。

无今日之道,则今日无他年之道者多矣"①,否定了"天不变,道亦不变"的传统观念,新的道器观为"变法"奠定了哲学基础。

在道器关系的立场上,王韬虽总体上承袭了王夫之的观点,但他对道器关系的辨析却经历了一个认识转变的过程。早年的王韬持守道器以有形与无形为划分依据的观念,将"无形"之道视为完全脱离于器的独立存在,且为永恒不变之"天道"。及至后期,王韬为将西方君民共主的政体纳入政治变革的范畴,在道器观的认识上发生了根本转变,开始转向接受王夫之的学说,认为"道"只有"假器"方能通之,不存在脱离"器"而单独存在的"道",这样就为他把原本属于传统"道"之范畴的政治制度纳入可变之器提供了依据。

第二节　假器以通道

王韬所论之道与器,从最初以"形上""形下"界分,到最后混合融通、内含界限模糊,经历了一个转变的过程。在他的观念里,道亦有可变与不可变之别。王韬继承了中国传统的变易观,非常强调变化是事物发展、演化的永恒法则,"求变"以自强是其政治变革思想的主旨所在。但对于所变的内容,他给出了自己的界定和解读:一方面,他在继承王夫之的"道器相须"论的基础上,提出了"道中有器"的观念,并进一步对传统"道""器"的内涵做出了新的阐释,把作为传统"道"之内涵的政治制度,纳入了可变之"器"的范畴,并强调"假器以通道",从而为中西交融的政治变革主张提供了理论根据。另一方面,他亦坚守作为中国传统文化大义的儒家"道统"的永恒价值,并将其视为高居于西方器物、制度文明之上的最高法则。但他所言之道,重在"人道",将"人道"视为"道"之核心与根本,认为离开人伦而论道皆非正途,因此,其思想不仅总体上仍未超出儒家的纲常道统、伦理规范的框架,且因忽视了儒家道统与君主专制制度之间内在的天然联系,而不可避免地带有自相矛盾与理想化的特征。

---

① 《周易外传》卷5。

第二章　王韬政治变革思想的理论基础

一　"自古无不变之局"

古代中国有着十分发达的变易理论，自《周易》始，积于数代，皆有言变之论，其核心要旨在于强调世间万物皆处于变动不居的状态，此乃不以人的主观意志为转移的客观规律，且具有普遍性和永恒性，而人的认识也应随之不断地变化和演进，以推动社会向前发展的进程。这一具有哲理性，且内涵丰富的观念与理论，成为历代倡言改革的思想家实施变革的哲学根据。王韬亦不例外，为建构其政治变革主张的合理性依据，他从历史中的变易观和实践出发来论证晚清变法之势在必行。

王韬将变视为世间万物自然运行之规律，他说："上下四方谓之六合，是统地球言之。虽同在覆载之中，而地则有山河之险，人则有良顽之异，言语不通，嗜欲不同，各安其政，悦其俗，固不能混而同之者也。然道有盈亏，势有分合，所谓物穷则变，变则通，通则久者，此也。今者中外和好，几若合为一家。凡有所为，必准万国公法，似乎可以长治久安，同享太平之庆矣。而不知此乃分离之象，天将以此而变千古之局，大一统之尊也。盖纲常则恒古而不变，制度则递积而愈详，若听其各域一隅，各长一方，不复知有圣教，三纲沦而五常散，甚非天心之所忍出也。故草昧之世，民性睢睢盱盱，民情浑浑噩噩，似可以长此终古矣。乃未几而变为中天文明之世，未几而变为忠质异尚之世，且未几而变为郁郁彬彬之世。可知从古无不变之局，而其致之也必有其渐，其称之也必有所由。"①

首先，王韬从中外历史发展规律的角度来阐述"变"之必然。他曾多次在其论说中使用《易》之"穷则变，变则通，通则久"，此为其论"变"之起点。他指出，由此语可知，天下事未有久而不变者。"试观我中国，于古今来凡三变矣，至今日而变之甚者也。茹毛饮血、污尊抔服之天下，一变而为文明之天下。唐虞之治，轶于隆古，号曰中天，此一变也。自此以后，揖让变而为征诛，然三代治法，犹宗尧

---

① 王韬：《循环日报》，1877 年 1 月 18 日。

舜，不过因革之间微有不同，迨至始皇，变封建之天下而为郡县之天下，周末文胜，诸子百家言百出，始皇乃举之而尽焚之，此亦气运使然。"①"中国自三代以还，其间不无陵替之端，其治不无舛谬之迹，然未及百余年必有圣君贤相出整顿之，以挽回气运而旋转乾坤。"②而"汉承秦弊，不能尽改，自是以后，去三代渐远，三代之法不能行于今日，如其泥古以为治，此孔子所谓生今之世而反古之道者也"③。由此可见，自古无不变之局。而"天下自开关以来，至于今不过五千年而耳。此五千年中，凡经数变，至今日之变局，乃天之所特创也"④。从上古之天下，而一变为中古，到中古之天下，再一变而为三代，其间各种制度典章皆经历了以新承旧的过程，而这一由"气运"所致的历史之变，是人事所不能控制的，不仅不能控制，且必然随之而发生变化，此即王韬所说的"天心变于上，则人事不得不变于下"。王韬将"变"与"天心""人事"相关联，认为天"变"则人事亦"变"，他所言之"天"或"天心"，亦即"天道"，二者实为一物，皆属万事万物运动变化之规律，他认为，"变"是历史发展的根本属性，不仅中国自古以来皆循此道，世界万国亦然，这是宇宙间万物颠扑不破之永恒法则。他以日本因维新变法而取得国家强盛之效来佐证其观点，他说："夫风会既有不同，即时事贵知所变。日本，海东之一小国耳，一旦勃然有志振兴，顿革平昔因循之弊，其国中一切制度，概法乎泰西，仿效取则，惟恐其入之不深。数年之间，竟能自造船舶，自制枪炮，练兵、训士、开矿、铸钱，并其冠裳、文字、屋宇之制，无不改而从之。民间如有不愿从者，亦听焉。彼以为此非独厚于泰西也，师其所长而掩其缩短，亦欲求立乎泰西诸大国之间，而与之较长短，而无所馁也。"正因为这样，"日本乃亟思变计也"⑤。除此之外，欧洲今日之强盛，亦为其思变、革新之结果。可见，古今

---

① 王韬：《循环日报》，1881年8月12日。
② 王韬：《循环日报》，1877年1月18日。
③ 王韬：《弢园文录外编》，上海书店出版社2002年版，第9页。
④ 王韬：《循环日报》，1881年8月12日。
⑤ 王韬：《弢园文录外编》，上海书店出版社2002年版，第33页。

第二章　王韬政治变革思想的理论基础

中外的历史发展皆循此"变"道，且唯有一"变"方能保存自身并推动社会发展进程。故而，以"我中国之地大物博，幅员广阔，财赋之裕，才智之众，薄海内外皆莫与京。溯乎立国规模，根深蒂固，但时异事殊，今昔不同，则因地制宜，固不可不思变通之道焉"①。既然"变"为古制、常态，那么中国今日之"变"则亦属必然。

其次，王韬亦从"变"乃"势"之所趋的角度对其必然性进行论证。他认为今日世界由分而合的变化趋势乃为"势"所推动，他说"故凡今之由分而强为合，与合而仍若分者，乃上天之默牖其衷，使之悉其情伪。尽其机变，齐其强弱，极其智能，俾一旦圣人出而四海一也。盖天下之不能不分者，地限之也，而天下之不能不合者，势为之也。道无平而不陂，世无衰而不盛，屈久必伸，否极必泰，此理之自然也"②。他曾开宗明义地指出，"适足以贻笑于豪杰之士而自玷耳。不知时之所尚，势之所趋，终贵因事制宜，以权达变。天时人事，皆由西北以至东南，故水必以轮舟，陆必以火车，捷必以电线，然后全地球可合为一家。中国一变之道，盖有不得不然者焉。不信吾言，请验诸百年之后"③。古今之变，亦为势不可免。而处今日之世，中国所面对的外部世局，乃千年所未有，"至今日，而泰西大小各国无不通和立约，叩关而求互市，举海外数十国，悉聚于一中国也，见所未见，闻所未闻，几于六合为一国，四海为一家"④。同时，"泰西诸国之群集而环伺我者，有迫之以不得不然之势也，且此之所变者，特其迹焉而已。治国之道，固无容异于往昔者也。如是，谓之战胜于朝廷，况乎当今之时，处今之势，固非闭关自大时也"⑤。中国今日所遭遇之创事，天地之变局，实属出乎意料。而西方各国齐聚中国，强制清廷与之立约通商，叩关互市，外侮凌逼已日迫，若仍抱持闭关自守之态，循古守旧而不知应变，则不仅亡国在即，实亦无维持之可

---

① 王韬：《弢园文录外编》，上海书店出版社 2002 年版，第 33 页。
② 王韬：《循环日报》，1877 年 1 月 18 日。
③ 王韬：《弢园文录外编》，上海书店出版社 2002 年版，第 34 页。
④ 王韬：《弢园文录外编》，上海书店出版社 2002 年版，第 11 页。
⑤ 王韬：《弢园文录外编》，上海书店出版社 2002 年版，第 29 页。

能，时"势"之所趋，则必将迫使中国为之一变。而"动遵故例，苟守成法，因循苟且，不知变迁，则我中国当自承其弊"。故而，"至此时不得不变古通今者，势也"①。在王韬看来，时异势殊，今昔不同，处今之世，当因时、因地制其宜。而如今变势已成，变法条件已具备，故而，一变之道不可不讲求。如若此势之下仍不知变迁，则外侮凌逼之下，中朝当自承其弊。而对此"势"变，王韬则并不尽视其为祸端，他亦认为此乃"福"中国之机，他说："盖善变者天心也，天之聚数十西国于一中国，非欲弱中国，正欲强中国；非欲祸中国，正欲福中国。故善为用者，可以转祸为福，变弱而为强。不患彼西人之日来，而但患我中国之自域。无他，在一变而已矣。"② 在他看来，正是由于外侮打破了清廷之闭关自守之局，而为中国未来之发展提供了前所未有的机遇，故此势对于中国而言亦为时机，决定其"福""祸"者，则在于当局能否应变得当。

二 变局中的不变之道

王韬之论"变"与"道"，亦坚守作为中国传统文化大义的"道统"之永久价值，以及此"道统"必能假西洋之"器物"文明而彰显之理。首先，他对中国"道统"之内涵的体认是，"天下之道，一而已矣，夫岂有二哉！道者，人人所以立命，人外无道，道外无人。故曰：圣人，人伦之至也。盖以伦圣而非以圣圣也。于此可见，道不外乎人伦。苟舍人伦以言道，皆其歧趋而异途者也，不得谓之正道也。是以儒之为言，析之则为需人，言人不可以须臾离者也"③。王韬将"人道"视为"道"之核心与根本，认为离开人伦而论道皆非正途。因此，他的"道"论，实以"天道"为楔子，而重点则在于论"人道"。而他所讲之人道，亦即中国传统之儒道，也即孔子之道，乃圣圣相承之道。他视"孔道"与"人道"互为表里，内涵同

---

① 王韬：《弢园文录外编》，上海书店出版社2002年版，第29页。
② 王韬：《弢园文录外编》，上海书店出版社2002年版，第167—168页。
③ 王韬：《弢园文录外编》，上海书店出版社2002年版，第1页。

第二章　王韬政治变革思想的理论基础

一，皆为万世不变之中华文化命脉，"我国所奉者孔子，儒教之宗也。道不自孔子始，而孔子其明道者也"①。"盖万世不变者，孔子之道也，儒道也，亦人道也。"② 他在《变法上》一文中，进一步阐明人道即孔子之道，二者亘古不变，以及此道之要在乎伦常之道的观点，他说："夫孔子之道，人道也。人类不尽，其道不变。三纲五伦，生人之初已具，能尽乎人之分所当为，乃可无憾。圣贤之学，需自此基。"王韬所论之人道、孔道，既为不可变之道，又是以儒家三纲五常的人伦之道为其核心内容，在此基础上给以阐发扩充，囊括了所有生人所具之事，且认为此乃中国立命之基。

从"孔道""人道"的万古不变出发，王韬渐次展开其"道"论之重点。他指出，纵观中国未通于外时，皆以孔子之道治国平天下，然而今日所处之世，中西交通、西学东渐、外国侵凌、彼强我弱、万物齐入我中华大地，凡此种种变局已非尧舜禹汤文武周孔之道足以应之，故"变法"于今日乃势在必行，非"变法"而无以"自强"。虽言变，但对于所变之内容，王韬则明确指出"变器不变道"，所变者非孔子之道、人道，而是西人所长之器，即"器则取诸西国，道则备自当躬"。对于道器的体认，王韬以为，"形而上者，道也；形而下者，器也"，而"道"之所指主要为中学之"纲常名教"的孔孟之道，"器"之所指则为西方的物质文明成就。故而王韬得出"形而上者中国也，以道胜；形而下者西人也，以器胜"③。故而，他反对"徒颂美西人，而贬己所守"，认为此乃未窥见为治之本原之舍本逐末之举。王韬更在中外教理的对比中，肯定中国"道统"之价值，并视之为西方诸教之源头。他将佛教、回教、天主耶稣教视为三大文明体系，而于此三大文明体系之外而屹立于世的，便是中华文明之"道统"。他认为，此"道统"不仅可以自立于天壤，更是其他各教之源头。在印度，自佛教未出之前，皆为婆罗门教，其以事天治人为

---

① 王韬：《弢园文录外编》，上海书店出版社2002年版，第1页。
② 王韬：《弢园文录外编》，上海书店出版社2002年版，第266页。
③ 王韬：《弢园尺牍》，新北：文海出版社1984年版，第156页。

根本，亦即彼方之儒。而佛教兴起后婆罗门教衰落，佛教衰落而后婆罗门教又复兴，一盛为耶稣之天主教，而再盛为穆罕默德之天方教，此皆为婆罗门教之支变。故此，欧洲之学，其始皆源于印度，由渐而西，而皆不出儒教之宗旨。因此，他强调"我国所奉者孔子，儒教之宗也。道不自孔子始，而孔子其明道者也。今天下教亦多术矣，儒之外有道，变乎儒者也；有释，叛乎儒者也。推而广之，则有挑筋、景教、袄教、回教、希腊教、天主教、耶稣教，纷然角立，各自为门户而互争如水火。耶稣教则近乎儒者也，天主教则近乎佛者也，自余参儒佛而杂出者也"①。这里既显示出王韬对于中华文明之"道统"的优越性充满了信心，同时也暴露出刚刚接触西方文明的传统士人，对西方宗教的错误认知，类似表述在其早期的言论中尤其突出。他曾于游历日本后的日记中再次重申了中华"道统"之永恒性："席间论中西诸法，余曰：法苟择其善者，而去其所不可者，则合之道矣。道也者，人道也，不外乎人情者也。苟外乎人情，断不能行之久远。故佛教、道教、天方教、天主教，有盛必有衰。而儒教之所谓人道者，当与天地同尽。"因此，王韬认为孔子之道，亦即儒道为可久可大之教，而佛、道、天主诸教则无以"行之久远"，足可见其对于中国"道统"之持守。即使后来王韬对"道"之内涵做出了调整，将其所倡之变法内容从"器物西化"演进至"制度西化"，但他对"观念"之本与"文化"之本的中华道统的持守信念始终未易。

三 混同中西与天下一统

王韬在目睹、体验过西方世界发达的物质文明和进步的思想制度之后，眼界大开，通过深入考察和研究西国的强盛之方，其思想亦发生了重大转变。在坚守儒家道统的同时，王韬对"道""器"的认识自此为之一新，其混同中西的道器观和大同思想由此肇始。王韬从儒道为西方诸教之源头说，也即"天下之道"始于"由同而异"，进而推论并预言，"天下之道"其终也必将由异而同，提出了大同世界的

---

① 王韬：《弢园尺牍》，新北：文海出版社1984年版，第156页。

第二章 王韬政治变革思想的理论基础

主张,并逐渐开始动摇其原有的"天下之道一统于儒道"的观念,模糊了原本泾渭分明的"道""器"之内涵。

王韬这种认识的转变,首先是从他对中西方之道同始而后异的发展历程的体认开始的。他将中国与泰西的差异视为"以政统教"与"以教统政",认为此区别在"术",而不在"道","天下之道,其始也,由同而异;其终也,由异而同。儒者,本无所谓教,达而在上,穷而在下,需不能出此范围。其名之曰教者,他教之徒从而强名之者也。我中国以政统教,盖皇古之帝王皆圣人而在天子之位,贵有常尊,天下习而安之。自西南洋而外,无不以教相雄长。泰西诸国皆以教统政,盖獉狉之气倦而思有所归,高识之士以义理服之,遂足以绥靖多方,而群类赖以生长,功德所及,势亦归焉。泰西立国之始,所以皆有一教以统之者也"①。虽然世界上各教林立,而"道以人而立,人以道而存。人不绝则道亦不灭,人外无道,道外无人;道者,一而已矣。数千百年后,各教合一,而道乃大同"②。在王韬这里,"道"之形态并非停滞不动的,而是变动不居、随物赋形的,其演变的过程是一个由"同"而"异",再归于"同"的过程,其所以能"同"之根本,在乎"道以人而立"的人伦之道永恒不变。而对于"天下之道"为何始于"同"却发展为"异",王韬将其归结于中西方不同的地理环境使然,"天下之人,陆阻于山,水限于海,各自为教而各争其是,其间或有盛有衰,有兴有灭,与人事世运互为消长"。正是由于这种自然的阻隔,决定了不同地域、不同国家形成并发展出迥异之道,原始的"道同"局面也因此逐渐走向分歧。而近代之世,泰西器物之发展成就,为"道同"提供了机会和条件,他说:"今日欧洲诸国日臻强盛,智慧之士造火轮舟车,以通同洲异洲诸国,东西两半球足迹几无不遍,穷岛异民几无不至,合一之机将兆于此。夫民既由分而合,则道亦将由异而同。形而上者曰道,形而下者曰器。道

---

① 王韬:《弢园文录外编》,上海书店出版社 2002 年版,第 1 页。
② 王韬:《重订法国志略》卷 17,铅印本,清光绪十六年(1890 年)版,第 15—16 页。

不能即通，则假器以通之。火轮舟车皆所以载道而行者也。东方有圣人焉，此心同此理同；西方有圣人焉，此心同此理同也。盖人心之所向，即天理之所示，必有人焉，融会贯通而使之同。"① 王韬此处将火轮舟车等"器物"视为"载道而行"之媒介，"器"通，则道随之而通，"器"乃载道之工具。因之"道"可假"器"以通之，如此一来，"道"的内涵也必然发生了改变，与中国传统的"道器观"不同，王韬所论之"道"和"器"一样具有了可变性，如此，以"器"之通中西而混同中西之"道"便具有了可能性。

其次，王韬通过"假器以通道"而提出大同世界的主张，来进一步论证混同中西之必然性。王韬将这种器物层面的相通视为中西大同之趋势的预兆，也就是他所说的"合一之机将先兆于此"。他认为，"凡今日之挟其所长以凌制我中国者，皆中国之所取法而资以混一土宇也。至于战舰失其坚，火炮失其利，财用无所行其计，器械无所擅其长，陆警水栗，奔走偕来，同我太平，然后此言验矣。若夫拘于目前之见，狃于已然之迹，成败利钝，谓可逆睹，智取术驭，谓可长守，不审倚伏之机，不明顺逆之故，是犹醯鸡处瓮，别有一天，夏虫语冰，莫知其候也。故谓六合将混而唯一者，乃其机已形，其兆已著。惟见微知著之士，上稽天道，下悉民情，按诸中外古今之事，乃足以语之，而非徒可以口舌争也"②。而天下之分与合在他看来皆为自然之理，"凡今之由分而强为合，与合而仍若分者，乃上天之默牖其衷，使之悉其情伪，尽其机变，齐其强弱，极其智能"，而"道无平而不陂，世无盛而不衰，屈久必伸，否极必泰，此理之自然也"③。而由分而合之大同世界乃是未来发展之必然趋势，对此，中国古代先哲们亦早有所言，王韬说："泰西诸国今日所挟以凌辱我中国者，皆后世圣人有作，所取以混同万国之法物也。此其理，中庸之圣人早已烛照而券操之。其言曰：'天下车同轨，书同文，行同伦。'而即继之

---

① 王韬：《弢园文录外编》，上海书店出版社2002年版，第1页。
② 王韬：《循环日报》，1877年1月18日。
③ 王韬：《循环日报》，1877年1月18日。

第二章　王韬政治变革思想的理论基础

曰：'天之所覆，地之所载，日月所照，霜露所坠，舟车所至，人力所通，凡有血气者莫不尊亲，此之谓大同。'"① 王韬意图借助古人"车同轨、书同文、形同伦"之大同世界观，说明今之学习西方之器，进而融合中西的合理性与必然性，他更借孔子为自己的这一主张提供支持，他说："孔子，圣之时者也。于四代之治，斟酌损益，各得其宜，曰：行夏之时，乘殷之辂，服周之冕，乐则韶舞。诚使孔子生于今日，其于西国舟车、枪炮、机器之制，亦必有所取焉。"② 由此便知，"道贵乎因时制宜"，即使孔子生乎今日，亦断不能拘泥于古昔而不思变通，因此，能够顺应时势，行止得宜，是任何时代都须遵循的必然规律。而此变之必然趋势，便是因中西方"器"之相通而指向的"大同之道"。王韬认为，成就这一混同格局的机会正在于当下，他一再地强调："将来天下各国，必至舟车之致远同，枪炮之利用同，兵力之战胜同，机器之制造同，一切巧术，视为常技，而后彼乃无所恃以骄人，混同之机，于是乎在。"③ 而这种"轮车铁路，将遍中国，枪炮舟车，互相制造，轮机器物，视为常技"的趋势，虽非中国之福，而"中国必以此而强，足与诸西国抗"。由此可见，王韬所言之"大同"，与中国传统儒家的大同世界之道是有所不同的。"大同"一词，原出于《礼记》中《礼运》篇，全文表达了儒家之理想社会，亦即仁爱而无私的社会，在这一社会中，财富同享，扶老助弱，选贤任能，讲信修睦。人与人之间平等而友爱，彼此无欺瞒、无压迫、无剥削、无争斗，是人人安居乐业、和睦共处的理想社会。这种大同理想的蓝图，老子、庄子、列子均有所论及。晚清社会，诸子学复兴，为变法图强和重建社会提供了理论依据，王韬之后的康有为之大同观便是在春秋公羊学之基础上而提出的。而对于王韬大同思想的阐述，虽有论者谓王韬之大同思想依据于《春秋》公羊说、《易经》和《礼记·礼运》之大同说，并糅合了其在西方接触到的空想

---

① 王韬：《弢园文录外编》，上海书店出版社2002年版，第2页。
② 王韬：《弢园文录外编》，上海书店出版社2002年版，第266页。
③ 王韬：《弢园文录外编》，上海书店出版社2002年版，第195—196页。

社会主义学说和资产阶级思想学说,以此为基础而推演出了他的大同社会理想,他的这一理想必须经过自强的阶段才能实现。① 然而,就现有资料中王韬对"大同世界"的相关阐述来看,既无明确表达,亦无暗含过他所言之"大同"为其理想之社会,更未见他对此社会做出过任何细部的勾画。而就其大同思想的来源而言,有学者认为,王韬因与公羊派学者龚自珍的儿子龚孝拱为密友,以及他赞同改革的主张,可见公羊学派对他有着强烈的吸引力。但王韬本人从未以任何方式承认过自己属于公羊学派,甚至他的大同思想主要灵感之源根本不是来自儒学,而是来自西方,尤其是受到与他过从甚密的同时期西方学者的影响,如傅兰雅曾言,伟大的普遍宗教正在逐渐发展,终将拥抱所有的人、所有的民族和所有的语言,是一种维多利亚时代式的信仰,世界文化的发展趋势必将合而为一。② 应该说,绝对地否定王韬的大同思想与儒学相关,过于武断了,王韬曾将历史分为"草昧之世、中天文明之世、中质异尚之世、郁郁彬彬之世",并使用《易经》中"穷则变,变则通,通则久"来为其求变主张立论,以及从古代圣人之论中为大同思想寻找历史根源等,如此论证在其阐述中并不少见,亦足见其思想中的儒学根基和影响。而西学对王韬此说的启迪亦十分重要,他对西方国家普及的教育文化和社会福利制度与思想的亲身体验和感受,以及他所主张的万国混一,世界大同等皆为明证,因此,很难衡量中西方的影响在其大同思想中所占的比重,但王韬认为,时势之趋势必将促成大同世界的到来,而这必须以效法西洋,通其器物,以变法自强为前提。王韬的大同观,强调一种世界主义的情怀,体现出中西融合的鲜明特色,"盖人心之所向,即天理之所示,必有人焉,融会贯通而使之同",他将中西之道融会贯通于"人心所向"之天理,在这一体现宇宙内最高法则与最为永恒之道的关怀下,东西方圣人之心、之理皆有相通之处,而未来世界的发展必

---

① 忻平:《王韬评传》,华东师范大学出版社1990年版,第122—123页。
② [美]柯文:《在传统与现代性之间——王韬与晚清改革》,雷颐、罗检秋译,江苏人民出版社1994年版,第126—127页。

第二章 王韬政治变革思想的理论基础

然是,"一旦圣人出,而四海一也"。

最后,王韬认为天下之道由异而同的趋势和大同世界的到来,自当今的"假器以通道"而始,器物变革乃实现以上目标之开端。而以这种大同思想和道归于一的主张为基础,他提出了混同中西的"道器观",这成为他倡导的变法、实施洋务,以达自强之效的哲学依据。王韬所论之"道器",已不同于中国的传统思想,他对"道""器"的内涵进行了重新阐释。首先,他认为传至中国的"一切西法西学,皆为吾人目之所未睹,耳之所未闻",而具体而论取诸西国之"器"的内容,则应包括:"同一航海也,昔以风帆,今以火轮,舟楫之制不同矣;同一行地也,昔以骡马驾车,今则火瑄风轮,顷刻千里,是车制不同矣;同一行军也,昔以刀矛,今以枪炮,而枪炮之制,又复日新月异,而岁不同;同一邮递也,昔以传驿,今以电器通标,瞬息往还,恍如亲面。车以连同洲诸国,舟以通异洲诸国,电标以联五大洲而为一,此外如舆图、象纬、医学、算学、重学、化学、光学、格致、机器,皆昔之所无,而今之所有;彼之所有,而我之所无。"[①]这些"器"之内容,既是国人识见中之一般意义上的"器",亦为洋务派所主张的"师夷长技"之"器",而王韬对"器"的理解则并未止于这些物质文明成果,而是超越了上述的内容范畴,他将"器"之内涵延伸至政治制度、社会学说等"政教刑法",这些原本属于中国传统"道"之范围的部分。他在赞赏和分析西方国家富强之缘由时,超越了对其器物精良的崇羡,认为此乃富强之末,他说:"论者徒夸张其水师之练习,营务之整顿,火气之精良,铁甲战舰之纵横无敌,为足见其强;工作之众盛,煤铁之充足,商贾之转轮,负贩及于远近,为足见其富,遂以为立国之基在此。不知此乃其富强之末,而非其富强之本也。"[②] 他因此批评洋务派,"徒袭其皮毛",而不知政治制度、社会学说等才是"治国平天下之道"。他赞扬西方国家,尤其是英国之所以富强,便在于其政治制度的优良和完善,如其君民共

---

① 王韬:《弢园文录外编》,上海书店出版社2002年版,第265页。
② 王韬:《弢园文录外编》,上海书店出版社2002年版,第89页。

主的政治制度,"国家有大事则集议于上下议院,必众论同,然后举行";而其法律制度,"狱制之善,三代以来所未有也";赋税制度,则"量出以为入,一切善堂经费以及桥梁道路,悉皆拨自官库";社会福利制度,使其"国中鳏寡孤独,废疾老弱,无不有养。凡入一境内,其地方官必来告曰:若者为何堂,若者为何院,其中一切供给无不周备。盲聋残缺者,亦能使之各事其事,罔有一夫之失所。其待民可谓厚矣!由此观之,英不独长于治兵,亦长于治民,其政治之美,骎骎乎可与中国上古比隆焉"[①]。王韬指出,所有这些才是中国所要效法的富强之本所在。

在系统阐述"道""器"之内涵及相互关系的基础上,王韬明确指出"道""器"不可分,"无其器则无其道"。对于"道"的内涵,在王韬的思想中已徒余孔孟之道的文化观念,而将儒家道统所维护与注解的君主专制制度分离出"道"的范畴,而纳入了可变之"器"中。在王韬这里,原有"道器"的内容互参其中,彼此的界限亦不再清晰可辨、泾渭分明,且"器"可载"道",离开"器"则"道"亦无存。故而,"器变则道无不变"。为此,他认为,变法图强要道器皆变、本末皆学,这就为他融合中西的政治变革主张提供了哲学依据。

第三节 天心与人事之变

王韬之言"变",旨在为其政治变革思想提供哲学依据。在他看来,面对清末以降的艰难时局,若要力挽狂澜于既倒,于清政府之颓势下实现自强以救国、强国的目标,则唯有一"变"。在游历欧洲和日本的过程中,王韬更是近距离地体验到维新变法对于一国之崛起和强大之重要作用,和同时代的有心人士一样,王韬将"变革"视为"匹夫"之使命,其一生之学术与实践,皆以此为本。王韬所变之内容多采自西法,为获取社会支持,并避免抵触与压力,其言变以循古

---

① 王韬:《弢园文录外编》,上海书店出版社2002年版,第90页。

第二章 王韬政治变革思想的理论基础

制为基，辅以喻外以求新，从中国之传统和外邦之实践中寻求"变"的根据，并将其作为求富图强之治方的理论前提与哲学基础。

一 天心变于上而人事变于下

王韬所论之"变"虽在乎"天心"之使然，而其所重，则在于人事。王韬虽言"天心"之难违与必然，但他更强调人事之主观能动性，重视人的力量和精神在"世变"中的作用。他想推论的结果是，通过"天心"之变，而得出"人事"之变的必然性，从而为其倡导和推行政治变革主张奠定思想基础。他曾在《普法战纪》代序中写道："国家之兴，虽曰天命，岂非人事哉！""有人斯有道"，"非先尽乎人事，亦不能求天将福，是则仍系乎人而已"，故"人事"是最为重要的关键所在。此变虽自"天心"始，而其要在乎"以人事度天心"，故此，所变之重心在于"人事"上。在他的观念中："有心人旷观往古，静验来今，而知天道与时消息，人事与时变通。"而"盖天道变于上，人事不得不变于下"，"此君子所以自强不息也"。从其思想体系可知，"天心"或曰"天道"，是为与"人事"相对应而论之，其作用在于使其符合中国之传统，亦为求富强的变革思想提供依据。故而王韬在言变之时，常常与人事相互参验，以求"重言"之效。此法与晚清一代"托古改制"之风实为密切相关。

王韬所重"人事"之变，既强调"人"在"变"中的能动作用，亦重视"人"自身的应时势而变。如他认为，欧洲诸国之所以能取得今日之发展成就，便在于"人事"之变与能动作用的发挥，他说："此一变也，至今日而变，五大洲相分之天下，而为五大洲相合之天下，何以知其然也，欧罗巴列国之人，心思日出，智慧日增，有轮舟以通异土之国，有火车以通同土之国，万里之遥如同衽席，电器传音捷于顷刻。自明以来，不过三百余年耳，而亚洲东南洋诸邦，蔑减尽矣！侏足迹遍于中途，凡地球有土有民之处，无不至焉。四洲之民皆受其所挟制、所欺凌而无可如何，外假以仁义，而隐行其诡诈。南北冰洋，亘古无人迹之所尚，欲历穷其境，地宝所蕴，无不发也；天时所施，无不植也；制造火器几欲竭天下之铁而为之。强兵富国，虎视鹰瞵，弱之肉，强之食。举地球中不能自立之国，无不供其横噬食。"① 他将西方诸多物质文明成就皆归结于"人事"之功，认为正是西人之智慧日增，且积极推动社会变革，而创造出了前所未有的文明成果和强盛局面，也因此使其得以挟制四洲之民，使"地球中不能自立之国"依附之。正如前所述，王韬认为中国今日之变局可为"祸"，亦可为"福"，其决定者就在乎"人事"。既然"人事"对决定"变"之作用如此重要，那么中国欲变，则首先在乎改变执守古法，拘文牵义，动援古昔等"人事"之弊，"毋因循也，毋苟且也，毋顽愒也，毋轻忽也，毋粉饰也，毋夸张也，毋蒙蔽也，毋安于无事也，毋溺于晏安也，毋狃于积习也，毋徒袭其皮毛也，毋有初而鲜终也，毋始勤而终怠也"②。唯有先由此入手，方可开中国自强之"变局"。王韬对"人"在社会发展、演变中能动作用的强调，是其"变易"思想不同于中国传统"变易"观的突出特色所在，传统学说中，将世界格局和历史发展视为上天注定和不可更易之事，将天道、天命视为高深莫测，且无限崇高之道，否定或忽视人在其中的能动作用，将人视为循道而行的被动主体，取消了作为社会主体的人对历史发展进程的影响。王韬一反传统地对"人事"力量在社会发展中作用的予以高扬，显露出其思想突破与超越传统的近代特色与启蒙价值。

二 渐变的原则

王韬论"变"的另一个重要原则在于，其主张之"变"乃在于"渐变"，而反对"突变""激变"或"速变"。他在《洋务下》中曾说："顾事求其渐精，而道无贵乎欲速。"他认为，无论是中国还是西方国家，所历经的变革、发展过程都是长期而缓慢的，欧洲诸国列强所取得今日强盛之势，亦非一朝一夕、一蹴而就而成。中国自三代至秦而一变，其间何止数百年；汉唐至清又一变，则历经千百年有余。虽然中国自古便有求变之士，而究其应变之途，则皆取"渐

---

① 王韬：《循环日报》，1881年8月12日。
② 王韬：《弢园文录外编》，上海书店出版社2002年版，第33页。

第二章 王韬政治变革思想的理论基础

变",而不求骤克其功。他引孔子答弟子之问为邦之言曰:"行夏之时,乘殷之辂,服周之冕,于三代之典章制度,斟酌得中,惟求不悖于古,以宜乎今而已矣。"而"殷因于夏礼,所损益可知也;周因于殷礼,所损益可知也。其或继周者,虽百世可知也"。由此可见,"此孔子盖言其常也,而非言其变也。言其常,则一王一继治,有革有因,势不能尽废前代之制而不用。言其变,则未及数百年而祖龙崛起,封建废而为郡县。焚诗书、坑儒士、乐坏礼崩、法律荡然,亦孔子之所未及料者也"①。而王韬所欲表达的是,"变"乃属必然,虽孔子未曾料及,然若孔子身处今日之世,亦不得不变。而欲变,则不能尽废前代之制而不用,而是"有革有因",既有承续,亦有革新,实施渐变。他从批驳洋务派徒习西方之器中再次阐述了渐变之论,他指出,今者乃一变之机,但"惟所惜者,仅袭皮毛,而即嚣然自以为足,又皆因循苟且,粉饰雍容,终不能一旦骤臻于自强。不知天时有寒暑而不能骤更,火炭有冷暖而不能立异,则变亦非一时之所能也"②。因此,王韬所倡导的是渐变式改革,而非激变之革命,他意图通过循序渐进、步步为营的改良,在稳定中逐渐推进社会的彻底变革,而避免因骤变而发生社会动荡,他将此视为一个长期的过程,需百年后方显其效。这既是他政治变革思想的基本原则,也是其思想基础。

王韬对中国传统道器观的阐释与发挥,是作为其政治变革思想的理论基础而提出的。其可取之处在于,他继承了王夫之的"道器相须"论,认识到"器"可载"道","道"亦不能脱离"器"而孤立存在,无"器"则无"道",由此突破了以往的"道本器末""重道轻器"论,把"器"放在了同"道"一样的重要位置上。尤其是他游历西方后,见识到西方物质文明的进步对社会发展、国势繁盛的推动性力量,亦更为强调"器"之于国家存亡盛衰的重要作用。由此,也为他效法西器以实现自强求富的政治变革主张提供了依据。但遗憾

---

① 王韬:《弢园文录外编》,上海书店出版社2002年版,第9页。
② 王韬:《弢园文录外编》,上海书店出版社2002年版,第10—11页。

的是，他没有从"器"可载"道"和道器不可分论中，进一步推导出"器变则道必变"的结论，或是他没能看到这种必然性，故而在仍然持守儒家道统观念的前提下，为论证其变革君主专制为君主共主政制的合理性，而对道器的内涵做出了一种极为牵强附会的解读，即提出"道中有器"，并将儒家道统所维护的君主专制制度纳入了可变之器的范畴，将其分离于传统文化的观念大义，从而试图调和学习西制与坚守儒家道统之间的矛盾，其结果必然使其道器观带有含混不清，且理想化的色彩，更未能实现理论创造或哲学观上的升华，这种局限性也直接成为他所提出的部分变革主张无法落实于彼时的实践的根本原因所在。

第三章　王韬变革内政的思想主张

　　以求变图强为思想基础，治理和变革中国之内政，既是富强之始，亦为王韬政治变革主张之核心内容。然而其变革内政之论，究其所重可归之于：从民本到民权意识的萌芽；批判并变革政治制度；革除官场积弊，选贤任能、育才择官等方面。其中，尤以民本为其思想之根基，并始终围绕君民关系来构建其施政纲领，王韬认为，如此，则天下必无不治。而王韬所强调的内政变革之法，则需遵循毋守成法、毋苛求其精，但求其新，切中要害，同时，上以此求，下以此应，则治效必现，此亦乃自强之道。王韬所论内政之变革，内容丰富、要素甚多，虽所论零散驳杂，却可归之于系统，理之于一脉。其革新主张既承之于传统，又鉴诸外邦，实具近代之特色与启蒙之价值，为其政治变革思想之重中之重。

第一节　从民本到民权

　　"以民为本"是中国古代政治学说的主要特征之一，也是古代君王统治思想的构成要件。王韬的内政变革思想以民本为基础和开端，他在继承中国传统的民本观念基础上对其进行了改造与重塑，融入了西方带有民主特色的内容，形成了具有早期民权思想特征的"新民本"观。王韬的民本主张贯穿于他的内政改革思想之始终，他将民富、民强作为国富、国强之前提与根基，将治民与治国并举，重民的观念渗透于他的政体观、人才观、吏治改革等内政思想之中。在此基础上，他初步萌发了民众参与国家管理的意识，将重民提到了前所未有的高度，这既是对前辈学者民本学说的继承，更是对后辈维新派，特别是革命派民权思想形成的启发，体现了王韬民本观承前启后的重要历史价值。

一　中国传统的民本观

中国古代的民本观念，最初渊源于古史传说中的原始人道主义、民主精神和道德观念，萌芽于殷周时期，经春秋战国时代孔子的"爱民"，孟子"民贵君轻"等论说的系统化阐发而得以成熟。此后历经西汉、唐、宋、元、明、清各朝思想家的不断发展、充实与丰富，直至清朝末年，完成了它的自我演化全过程。民本思想作为古代中国维护君主专制统治的重要政治原则和施政方略，在历代政治思想家的自我批判与自我完善中绵延了几千年。

产生于原始人道主义与神人关系基础上的民本意识，在周代真正地萌芽、发展为民本思想。在充分认识到殷周更替过程中民众力量的基础上，周公提出了"民之所欲，天必从之""天畏棐忱，民情可大见"，以及"敬天保民"等命题，将民众视为对皇权的一种制约性力量，并将天意与民生、民意融会贯通起来，提醒统治者应以敬畏天意之心来敬畏民意，通过"怀保小民"来实现稳固统治根基的目标。到了春秋战国时期，民本思想通过孔孟等人的系统化建构，得以大放光彩。孔子总结了春秋时期思想家们提出的"民实瘠矣，君安得肥"，"夫民，神之主也"等民本理念，在他以"仁"为核心的政治学说中，阐述了"为政以德""爱民""教民"之于统治的重要性，提出"为政以德，譬如北辰，居其所而众星共之"[1]，在回答冉有所问时提出了富民与教民的主张："子适卫，冉有仆。子曰：'庶矣哉？'冉有曰：'既庶矣，又何加焉？'曰：'富之。'曰：'既富之，又何加焉？'曰：'教之！'"[2] 以维护和巩固专制君主的统治为目标而提出了他的民本理论。战国中期，以孟子为代表的儒家更集西周以来的民本

---

[1]　《论语·为政》。
[2]　《论语·子路》。

第三章 王韬变革内政的思想主张

思想之大成，提出"民为贵，社稷次之，君为轻"以及"得乎丘民而为天子"等主张，将古代中国的民本理论研究推向了高峰，民本思想在理论上得以成熟和升华，也奠定了此后民本主张的思想基础。孟子的民本观其最大贡献在于思想和理论领域，但因远离政治现实而带有明显的理想色彩。对民本思想进行改造，并使之实现与现实政治接轨的人是荀子，加之道家、墨家等对民本思想的论述，形成了先秦时期内涵丰富的民本观大体系。

以先秦完整的民本论为基础，两汉经学在整理、传注儒家经典的过程中，大力宣扬民本理念。贾谊以秦亡为鉴，认为："自古至于今，与民为仇者，有迟有速，而民必胜之。"而"夫战之胜也，民欲胜也；攻之得也，民之得也"[1]"夫民，万世之本也，不可欺。"[2] 以此认识为基础，贾谊将其重民思想贯彻于他的治国之策中。汉儒从君民关系的角度宣扬民本的主张，提出："民以君为心，君以民为体。"而心、体相连，"心以体全，亦以体伤；君以民存，亦以民亡"[3]。魏晋玄学家们在批评名教与魏晋名法之治的过程中肯定了民本思想的重要性，王弼认为："离其清静，行其躁欲，弃其谦后，任其威权，则物扰而民僻，威不能复制民。民不能堪其威，则上下大溃矣，天诛将至。"[4] 郭象指出："夫民之德，小异而大同。故性之不可去者，衣食也；事之不可废者，耕织也；此天下之所同而为本者也。守斯道，无为之至也。"[5] 他们从老庄的无为哲学出发，肯定并强调"民本"之于治国的重要性。时至隋唐，民本思想得到君王的重视和践行，君王将其列入君道之中，视其为重要的治国原则和政策依据。隋炀帝曾昭告天下："民惟国本，本固邦宁。百姓足，孰与不足！"[6] 并以躬行节俭，省民力，轻徭薄赋等实际举措践行这一原则。唐太宗更是多次在

---

[1] 《新书·大政上》。
[2] 《新书·大政上》。
[3] 《礼记·缁衣》。
[4] 《老子·七十二章》。
[5] 《庄子·马蹄》。
[6] 《隋书·炀帝纪上》。

其著作中申发民本的思想主张，他的《民可畏论》《帝范》中都有关于重民与畏民的论说。其后的几代君王也非常关注民与君、民与国的相互关系，对于君民一体、共荣共损有着深刻的体认，他们将重民的理念转化为治民的具体政策与措施，贯彻于施政的纲领与君主个人的言行之中。至宋明时期，随着理学将儒学的地位提升至天理的高度，作为孔孟儒学要义的民本思想也随之被上升至天理，推之为道统，被奉为重要的统治思想。而明末黄宗羲、唐甄等人在继承孟子"民贵君轻"的民本原则的基础上，对民本观的内容进行了扩展，提出"天下为主君为客"的激进主张，并以此作为强烈批判专制制度的思想武器。黄宗羲认为，君主应为天下人谋利益，而不能仅考虑自己的私利。以"民主君客"为基础，他将君臣关系置于百姓的基础之上，认为百姓才是国家的主体，天下的主人，没有天下的百姓，则君臣名分也荡然无存。因此，君臣之间只是一种因为民众的需要而产生的合作关系，如他所说的："吾无天下之责，则吾在君为路人。"而唐甄则在反思明末农民大起义之威力，以及明末政治现实中民不聊生的现实景况的基础上，特别强调民众的重要性，他以"财用为生民之命"为基础，以养民为核心内容，以"帝王皆贼"的专制批判为重要环节，以"用贤"为"安天下之民"的重要保障，系统而全面地阐述了他的"新民本观"。黄宗羲、唐甄等人民本观的提出，将古代民本思想提升到了一个前所未有的高度，也标志着中国古代的民本观念已开始步入它自我演化进程的最后阶段，直至清朝末年，这一过程终得以完成，民本思想开始打破原有的封闭演进状态，开始了与近代西方民主思想对接、互融的新阶段。

以"民惟邦本"为基础的中国传统民本思想，虽经历了几千年的发展、演变历程，但究其实质，是以讨论与论证"君民关系"为核心内涵，民本是以治理民众、安定民生来维护国家的存在与发展，从而达到稳定君主集权政治的最终目标，民本论是为专制君主制度的存在和发展服务的。君国一体，而国以民为本，故而君民互依，才能达成专制统治的格局。因此，古代各个时期有关民本的观念，都是从不同角度对君民关系问题的探讨，它们共同构成了完整的中国传统民本思想的理论体系，就其主要内容而言可概括为以下几方面：第一，强调君以民为本，民为国之基。在古代中国，君与国具有高度的统一性，君即是国，国即是君，因此，国民关系与君民关系的讨论实为一体。《管子·君臣下》中有："故国之所以为国者，民体以为国。"将民视为国之"体"，是对民之于君的重要性最为形象的解读。《管子·霸言》也有："夫霸王之所始也，以人为本。本理则国固，本乱则国危。"以及《吕氏春秋·务本》中的"宗庙之本在于民"和《淮南子·主述训》中对君、国、民之关系的明确概括"食者民之本也，民者国之本也，国者君之本也"。这些都是对民之于君的基础性作用的清晰认识与强调。此类言论自汉唐以后，更是频频出现于帝王的论著与诏告之中，如唐太宗的"君依于国，国依于民"①，明确阐述了君之存亡决定于国之兴衰存亡，而国之存亡则决定于民之苦乐、哀怨，体现了不同时期的思想家和统治者对于民众之于国家和君主的重要性与决定性作用的认识。第二，强调民贵君轻的民本政治模式。此观念自孟子始，他从君主、社稷、民众三者的关系角度，以及对"能变置"与"不能变置"的分析中，论证了民众在国家政治生活中的重要性和基础性作用，并将民众视为国家政治的主体，他说："民为贵，社稷次之，君为轻。是故得乎丘民而为天子，得乎天子为诸侯，得乎诸侯为大夫。诸侯危社稷，则变置，牺牲既成，粢盛既絜，祭祀以时，然而旱干水溢，则变置社稷。"②孟子认为，无论社稷还是国君，若危及国家或民众的存亡，就应予以"变置"，而民众则是任何情况下都不能"变置"的，因此强调民众之于国家的主体性地位，其自身的存在价值亦非外力所能剥夺或改变的。民众因此被提到了超越君主与社稷的高度。其后的学者对孟子民本精髓的把握是比较一致的。关于"君轻于社稷，社稷轻于民"，汉赵岐注云："天下丘民皆乐其政，则为天子，殷汤、周文是也。"③此论亦曾为元代胡炳文所

---

① 《资治通鉴》卷192《唐纪八》高祖武德九年。
② 《孟子·尽心下》。
③ 《孟子注疏》卷14上《尽心章句下》。

阐发:"盖国以民为本,社稷亦为民而立,而君之尊,又系于二者之存亡,故其轻重如此。是故,得乎丘民而为天子,得乎天子为诸侯,得乎诸侯为大夫。丘民,田野之民,至微贱也。然得其心,则天下归之。天子至尊贵也,而得其心者,不过为诸侯耳,是民为重也。诸侯无道,将使社稷为人所灭,则当更立贤君,是君轻于社稷也。祭祀不失礼,而土谷之神不能为民御灾捍患,则毁其坛壝而更置之,亦年不顺成,八蜡不通之意,是社稷虽重于君而轻于民也。"①"民贵君轻"之论发展至明末黄宗羲时则更为激烈,他在继承孟子民本说以及晋鲍敬言、唐皮日休、元邓牧等人批判君主专制的基础上,创新发展出了"天下为主,君为客"的君民关系论说,将中国思想史上颠倒了的君民地位予以矫正,以充分肯定将民众之主体地位作为批判君主专制的思想武器,将"民贵君轻"的民本论推向历史的高潮。第三,强调养民、利民,富民足君。首先,养民说几与"民本"思想共始终,是民本内涵的基本方面。自西周以降,古代民本学说倡导者便以"君为民之父母"的儒家伦理观为出发点,认为"养民"为君主的责任,而这一责任的履行也关乎君位的存续。如《左传》中便有:"良君将赏善而刑淫,养民如子,盖之如天,容之如地。民奉其君,爱之如父母,仰之如日月,敬之如神明,畏之如雷霆,其可出乎?夫君,神之主也,民之望也。若困民之主,匮神乏祀,百姓绝望,社稷无主,将安用之,弗去何为?"②《管子》将养民之法归纳为"予而无取",即"天生四时,地生万财,以养万物,而无取焉。明主配天地者也,教民以时,劝之以耕织,以厚民养,而不伐其功,不私其利。故曰:能予而无取者,天地之配也"③。这是从道家的无为而治出发,讲求勿扰于民,因势利导,教民以时,顺应自然而取得统治的成功。养民所体现的不止于君民关系的维系,更包含有治民、教民、安民等实践内容。"故善者势利之在,而民自美安;不推而往,不引而来,不烦不

---

① 《四书通·孟子通》卷14。
② 《左传·襄公十四年》。
③ 《管子·形势解》。

第三章 王韬变革内政的思想主张

扰，而民自富；如鸟之覆卵，无形无声，而唯见其成。"① 古代儒宗所论述的养民之说皆建立于君为民父的宗法伦理关系之上，故而为多数君主所承认。养民说确有规范君主之意味，但其主旨皆是"君为民主"。无论是"抚育黎元，陶均庶类"②还是"非慈厚无以怀民"③，其最终归宿都在于"人君于天所子，布德惠之教，为民之父母，以是之故为天下所归往"④。其次，利民为利君之前提，也是历代民本学说所强调的重要方面。在承认君民利害关系与冲突的基础上，民本思想倡导者们主张以重民、养民为前提，在处理君民利害冲突时，优先考虑民之利益，唯有此，才能真正维护君主之根本利益。早在春秋战国之时，已产生了对君主让利于民而获得统治成功的普遍认识，此时利民以利君的思想已成型。《左传》中有："苟利于民，孤之利也。天生民而树之君，以利之也。民既利矣，孤必与焉"，明确表达了民利与君利之先后、轻重，以及二者的密切联系。以此为基础，先秦诸子继承并发展了这一主张，孔子曾言，"尊五美"，"斯可以从政矣"，而首要之美便是"君子惠而不费"，也即"因民之所利而利之"⑤，在孔子看来，利民为从政所具备的首要条件。墨子也将其利民思想贯穿于他的政治主张的各个方面，他提出通过"节用""节葬""非乐"等措施以减民之负担，改变"其使民劳，具籍敛厚，民财不足，冻饿死者，不可胜数也"⑥，以及"饥者不得食，寒者不得衣，劳者不得息"的现实景况，认为天子之责在于"务求兴天下之利，除天下之害"⑦。而法家则力图通过推行法制，以达"利民萌，便民庶"之目的，其视之为利民之要，并将立法，以及法不曲从的公正性，作为实现"为民兴利除害，正民之德"⑧ 的重要途径。最后，富民足君，视

---

① 《管子·禁藏》。
② （唐）李世民《帝范·序》。
③ （唐）李世民《帝范·君体》。
④ 《尚书正义·洪范疏》。
⑤ 《论语·尧曰》。
⑥ 《墨子·非乐上》。
⑦ 《墨子·兼爱下》。
⑧ 《管子·君臣下》。

民富为君富、国富之前提，这是古代民本学说的重要内容之一。春秋时期的管子是最早提出民富主张的思想家之一，其治国经验可总结为"富而治，此王之道也"。他将民富国强作为称霸的第一要件，管子曾说："凡治国之道，必先富民，民富则易治也。民贫则难治也。奚以知其然也？民富则安乡重家，安乡重家则敬上畏罪，敬上畏罪则易治也。民贫则危乡轻家，危乡轻家则敢凌上犯禁，凌上犯禁则难治也。故治国常富，乱国常贫。是以善为国者，必先富民，然后治之。"① 管仲管理治理齐国的成功，也是他"治国必先富民"思想的成功。孔子承续了管仲的主张，也认为："百姓足，君孰与不足；百姓不足，君孰与足。"② 所以，他将民富视为国富和君富的前提，认为唯有先使百姓富足，君足才有保障。对于富民足君的具体方法，孔子主张"节用"和"使民以时"。一方面，孔子提倡统治阶级的成员应奉行"俭不违礼"和"用不伤义"的原则，不逾越各自等级范围内的享受规格，从而不伤民力，以维系稳定的统治秩序。另一方面，孔子继承了管仲的"勿夺民时，则百姓富"，要求国君应珍惜民力，不违农时，并在此基础上进一步提出以义使民，先惠而后使民，"择可劳而劳之"，根据百姓个体的劳动能力来安排劳作，使民有喘息的机会，才不会招致民怨。荀子继承并发展了孔子的富民说，认为"下贫则上贫，下富则上富"，富国与富民是一致的，君主若"伐其本，竭其源"，则会导致"将以求富而丧其国，将以求利而危其身"的结果。荀子认为足国富民是统治者的责任，在具体的富民之法中，他也十分强调君主"节用"的重要性，提出"足国之道，节用裕民，而善臧其余。节用以礼，裕民以政"③。通过节用和调节人的物欲而使民富足，是富国足君的基础，以此为基础，再辅之以重农抑商和薄赋敛等措施，便可达到民富国强的效果。明末唐甄在批判君主专制的过程中提出了他的富民主张，他首先将国富作为立国之目标，指出"立

---

① 《管子·治国》。
② 《论语·颜渊》。
③ 《荀子·富国》。

第三章　王韬变革内政的思想主张

国之道无他，惟在于富。自古未有国贫而可以为国者"，进而论证民富为国富之前提："夫富在编户，不在府库。若编户空虚，虽府库之财积如丘山，实为贫国，不可以为国矣。"而作为统治者，要认识到"为治者不以富民为功，而欲幸致太平，是适（去）燕而马首南指者也，虽有皋陶、稷、契之才，去治愈远矣"[①]。

古代民本思想中的这些主要方面和特点，成为后世民本主张者们重要的思想资源。但历经千年发展、演变的民本观念，无论是重民，还是利民、富民，或是民贵君轻，其最终目的都是君主专制制度的存续与发展，最终归宿仍未脱离"君为民主"的范畴。同时，中国古代政治理论模式所具有的模糊性，使其缺乏统一而清晰的标准，这决定了其实施效率的低下，甚至无效。民本学说固然丰富，但其价值却更多地体现在思想、理论上，与实践关联甚微。这一情况一直延续到清朝末年，随着对西方世界以及西方文化认识的不断加深，中国传统的民本观在完成他封闭、自演的全过程之后，得以与近代民主、民权理念接续、冲突和延展，从而进入了一个全新的发展阶段。王韬正是处于这样一个转折当口的人物，他的民本观不可避免地带有转折、过渡的色彩。古代的民本思想构成了王韬重民理念与政治改革主张的基座和框架，西方的民主、民权学说却为其注入了前所未有的全新内涵。他吸收并继承了古代民本思想中的精髓，对民众之于国家和君主的重要性地位有着清晰的体认，他将富民作为国强的前提条件，并使之渗透于内政改革的具体方案之中。他将西方民主、民权的精髓融入具体的"重民"举措之中，以及对"君民共主"政体形式的提倡，这些都显现出他的民本思想中更具实践性的方面，以及更接近西方平等观的重民理念。王韬以传统民本观为根基，融入了西方近代民主观念的重民思想，既是对濒临亡国的晚清政局的呼告、警醒之语，也体现了他对未来理想政治的阐释与构筑。

---

① 《潜书·考功》。

二 重民思想与民权萌芽

重民的民本观是王韬政治思想的起点，他和古代先哲一样，以"民为邦本"为其思想的立论之基。首先，王韬非常强调民众之于国家治乱的决定性作用。面对晚清混乱的政局，以及统治者对于民生和民情的无视，对民力予取予求和随心所欲地消耗，王韬重申了古代的民本理念，"天下之治，以民为先，所谓'民为邦本，本固邦宁'也"①。他认为清廷所面临的内忧外患之危局，其重要原因之一便是对民贵君轻的本末颠倒，以及对民心向背的失察与忽视。"天下何以治，得民心而已，天下何以乱，失民心而已。"对于当下各地继起的农民起义，王韬认为"国家宽厚待民二百余年，今之弄兵者，非异民也，即前日之民子若孙也。奚为昔顺而今逆，民盖久有以疑我矣，积疑则乱生"②。而"今之民，疑官而轻上也久矣。疑则不能孚之以信，轻则不能聊之以情。官之所以谕民者，率皆具文，而无实意；其人告也，亦尽虚词，而非实事；民习闻其然，安得不疑？贼来则谋遁逃，贼去则言克复；大员则诿曰退守，小员则诿曰出外；官不能保民，而民亦不能恃官。民习见其然，安得而不轻？积疑且轻之心，而事不可为矣"③。他将农民起义所引发的社会动荡，归之于统治者长期蹂躏民意，对民众敲骨吸髓令其生计难以维系，加之官场虚文遍行，素无实事，每遇贼犯，而官不保民，从而使民众对朝廷产生不信任，也不畏惧的心理，这种脆弱的君民关系一遇风吹草动，便会如星火燎原之势瞬间形成激烈的反抗与暴动，天下大乱也骤然而至。至于民心关乎社稷的存亡是王韬对"得民心者得天下，失民心者失天下"的历史经验的继承和阐发。面对近代西方侵略者以强力攻开清帝国的大门，以武力涤荡中华民族的国土，欺凌我国民的现实，王韬不仅和早期洋务派一样，意识到中西器物之悬殊差距是造成清廷战争失利的主要原

---

① 王韬：《弢园文录外编》，上海书店出版社2002年版，第15页。
② 王韬：《弢园文录外编》，上海书店出版社2002年版，第145页。
③ 王韬：《弢园文录外编》，上海书店出版社2002年版，第156页。

第三章 王韬变革内政的思想主张

因,更认识到造成这一危局的根本则在于"民心尽失",民心是建立统治的合法性与合理性依据,也是国家治乱的决定性因素。因此,王韬认为,当今中国之急务在乎"固结民心","从来国势之安危,在乎民心之涣萃,未有民心离散而国家可以长治久安者也"。其次,王韬也非常重视和强调"民"之于国家强弱的基础性作用,他通过列举中国从古至晚清史籍所载的历代人口数,并将其比之于西方国家,指出:"说者谓民数之众,至今日而极盛,向来所未有也。"[①] "至今约略计之,可得户口三万万。泰西诸邦,安能及其什一哉?"王韬认为,虽然西人之数目与中国悬殊,但其国力之强盛却胜中国几倍。"泰西之民,内则御侮,外则宣威,越数万里而至中国,率意逞意而行,莫敢谁何。与华民一有龃龉,则问罪者至矣。"中国人数虽多,却处处受外人欺凌,以至于"至我民之佣贩外洋者,外洋之人待之如犬马,刲之如羊豕,货之如牲畜,其谁敢代之一问者?"而造成这种"西国民寡而如此,中国民众而如彼"[②]的悬殊实力差距之原因,王韬认为在于中国"不善自用其民也"。正是对民众的轻视与"不妥用",造成了当下国势日衰,如果中国能向西方国家一样"善用其民",那么以当今中国之民数之众,"生齿日繁,几不下三千余兆。诚实善为维持而联络之,实可无敌于天下"[③]。既然"民"决定着国家的治乱兴衰,那么如何待民和用民便是王韬重点要解决的问题。

以"民"为国家存亡盛衰的根本为出发点,王韬提出了他的重民主张。首先,他认为要获得民心和做到善用其民,首要之举则在于一改"轻民"之观念为"重民"。王韬认为,既然百姓是决定国家治乱兴衰的根本性力量,那么唯有"重民"才能使国家的根本得到稳固,才能谈及"使民"和"用民"。王韬用先秦荀子的"舟水"关系论提醒统治者,"勿以民为弱,民盖至弱而不可犯也;勿以民为贱,民盖

---

① 王韬:《弢园文录外编》,上海书店出版社 2002 年版,第 15 页。
② 王韬:《弢园文录外编》,上海书店出版社 2002 年版,第 16 页。
③ 王韬:《弢园文录外编》,上海书店出版社 2002 年版,第 15 页。

至贱而不可虐也；勿以民为愚，民盖至愚而不可欺也"①。应从主观认识上改变以往轻民的思想观念，要意识到民众是不可侵犯、不可凌虐，不可欺骗的。如果统治者能重视其民，善待其民，便可获得民心，得到民众的支持。"夫能与民同其利者，民必与上同其害；与民共其乐者，民必与上共其忧。"相反，如若统治者以贱民、虐民之态度对待百姓，则必不得善终。而践行"重民"之理念，则应以熟知民情为先。王韬将民情视为国家的元气之所在，认为民情的掌握与否，关系到国家上下情的通畅与阻隔，"国之大患，莫若民情壅于上闻。比之一人之身，元气不通，则耳目失其聪明，手足艰于行动。国之有民，亦犹人身之有元气也"②。元气不畅，必然会损害到整个机体。他认为，正是由于统治者对下情的壅蔽，导致了君民阻隔，并实施了诸多违背重民、民本原则的害民之策，才造成了普遍性的"下贫"，长此以往则必然导致"上弱"，从而为外力的入侵提供可乘之机。王韬认为，上下情不通使统治者失去了民心，而国家实力的增强，以及国家之间的对抗，既是军事力量的抗衡，更是民心民力的较量。他以此立论，对洋务派徒重视武器之精良，器物之繁盛的观点进行了批驳，"论者徒夸张其水师之练习，营务之整顿，火器之精良，铁甲战舰之纵横无敌，为足见其强；工作之众盛，煤铁之充足，商贾之转输负贩及于远近，为足见其富，遂以为立国之基在此。不知此乃其富强之末而非其富强之本也。英国之所恃者，在上下情通，君民之分亲，本固邦宁，虽久不变"③。因此，王韬呼吁当局应知民情，达民隐，了解民众的疾苦与需求，做到与其同利害、共忧乐。同时，不仅要做到下情上传，也要保证上情下达的顺畅。王韬在这里提出了"政事公开"的主张，认为政府应对民众开诚布公，"国有大政宣示中外，布告遐迩，使民间咸得预闻"，以保障民众对于国家事务的获知权利，也使政策措施的落实更为顺畅。同时，他认为对百姓"皆得

---

① 王韬：《弢园文录外编》，上海书店出版社2002年版，第18页。
② 王韬：《循环日报》，1874年3月5日。
③ 王韬：《弢园尺牍续钞·拟上当事书》，中州古籍出版社1998年版，第324页。

第三章 王韬变革内政的思想主张

而言之"的言论自由权利也应给予保障，当局应在施政中充分尊重和听取民众的意愿，若"民以为不便者不必行，民以为不可者不必强"①，唯有当局"察其疴痒而煦其疾痛，民之与官有如子弟之于父兄，则境无不治矣"②。值得赞赏的是，王韬不仅积极呼吁上下情通，以及保证百姓对政事的知情权等落实重民理念的政策，他更进一步提出了带有近代西方民权色彩的基层选举主张，他提议由百姓"乡举里选"地方官，"复古者采取舆评之法，灼见众人之真好恶，而用舍黜陟之权寓于此"③。而对于荐举权的问题，王韬认为其因权在上峰，而弊端多出，人情泛滥，"窃以为荐举之权，当自下以达至之上，采之舆论，参之公论，令一乡一邑，得以公举其所优，以所举最多者，呈之于官，然后择用焉，则其荐举公矣"。王韬此说对于民众权利，尤其是选举权的主张，以及对民意、舆情的充分考虑，虽不甚完备，却可明显看出受西方思想影响的痕迹，对于当时的中国社会而言，这些说法不仅在思想史上迈出了重要的一大步，更成为近代舆论思想的先声。此外，王韬的重民内涵首开先河地将"民"之范畴扩展到了海外侨民，他非常反对清廷视海外华人为"天外之民"的态度，他指出，"凡兹远旅东南洋海岛之人，何莫非圣代之苍生，盛朝之赤子"。他们虽然远离故土，却也心系父母之邦，"其人虽久旅不归，而犹奉正朔，守法制，语言文字不改其常，服御衣冠无殊其素。虽在遐裔，而犹翊戴王灵，眷怀故土"④。因此，这些外邦之华民也理应受到统治者的重视与爱护，不仅要改变仅视其为"远方之黎庶"的态度，更要通过切身的措施怀保外民，以达收天下"华民"之心的目的。

其次，重民不仅体现在思想观念上，更要以利民、富民为现实依托，重民之要在于改善民生，这既是民本思想的重要内涵，也是君富国强的前提条件。因此，王韬进一步提出了他的富民主张，他认为

---

① 王韬：《弢园文录外编》，上海书店出版社2002年版，第19—20页。
② 王韬：《弢园文录外编》，上海书店出版社2002年版，第19—20页。
③ 王韬：《弢园文录外编》，上海书店出版社2002年版，第297页。
④ 王韬：《弢园文录外编》，上海书店出版社2002年版，第57页。

"今夫富国强兵之本，系于民而已矣"①。而要改变清廷的衰弱局面，实现国富而兵强以重振国威、抵御外辱，皆取决于"民"的生存状态以及实施何种利民、富民的举措，这些决定着民心的向归。王韬之富民主张是以"民富"与"国富"的关系为主轴展开的，他对当世百姓生活之贫困与国力衰弱之关系有着清晰的体认，"民贫"必然导致"国贫"，而"民之富藏于公，家之丰通于国"，"欲富国者，莫如足民"，"民生既足，国势自张，而后一切乃可以有为"②，国与民之间是一荣俱荣，一损俱损的密切关系。而"今天下民穷财尽矣，军无半岁之赢，民无一月之蓄。已复者，流离未归，田里不治；被陷者，父子交失，兄弟相悲。夫财出于民，民穷如此，诚捐之无可捐，助之无能助，而理财者方且汲汲乎此，苟可以有利者，无不兼收并榷。然知取而不知用，知奢而不知俭，知开源而不知节流，知兴利而不知除弊"③。对于这种因百姓的极度贫困而导致的清廷财政源头枯竭的现实，王韬的认识是深刻的，更重要的是，他看到了造成这种局面的主要原因在于当局对"予与求""奢与俭"以及节流和除弊等问题处理的严重失当，而只有解决了这些问题，才有可能从根本上解决清廷的财政危机。对于如何通过民富而达到国富的目标，王韬则主要从发展民间工商业，为"生民辟财源"的方式入手，希图模仿近代西方资本主义国家的经济发展模式来改变小农经济的基础，及以此为依托而形成的普遍贫困的现状。他的工商思想体现在富民措施中，便是提倡通过"造轮船，制机器，设银肆，开煤、铁、五金诸矿，出洋行贾，轮舶行驶于内河，许民间设立公司，听其自为，而官常保助之，毋遏抑之"。同时他特别强调，对于"煤铁五金诸矿，皆许民间自立公司，而不使官吏得掣其肘，又如制造机器，兴筑铁路，建置大小轮船，其利皆公之于民，要令富民出其资，贫民殚其力，利益溥沾，贤愚同奋"④。这些发展工商业的举措，一方面，为民众提供了诸多可

---

① 王韬：《弢园文录外编》，上海书店出版社2002年版，第14页。
② 王韬：《弢园文录外编》，上海书店出版社2002年版，第163页。
③ 王韬：《弢园文录外编》，上海书店出版社2002年版，第146页。
④ 王韬：《弢园文录外编》，上海书店出版社2002年版，第18页。

第三章 王韬变革内政的思想主张

维持和改善生计的工作岗位，可使其改变并摆脱依附于土地的被动局面；另一方面，更要通过国家政策直接支持和鼓励个人设立公司，发展民营商业，从而为其开辟生财之道。王韬的工商富民思想是其重商经济思想的一部分，他的富民策略便是将原本属于人民的潜在之"利"变为实在之"利"，而后再还之于民，正所谓"天施地生，山蕴川怀，此自然之利也；制造操作，佐以机器，此人工之利也；舟车致远，贩有易无，此商贾之利也。是在上之人教导而鼓舞之耳。上行而下自效，行之十年，当有可观。此非与泰西诸国争利也，亦欲使我固有之利仍归诸于民耳"①。王韬的民富先于国富的认识和对兴利富民的强调，体现了他对传统民本、富民思想的传承，而他所主张的利归于民，以及由民间自办公司并独立运行，取消官方的干涉与限制，实为希望以资本主义自由竞争的市场规律来取代官办工商业，并结束政府垄断社会经济资源的局面，这些思想内容已带有鲜明的资产阶级经济理论特色。同时，他的"富民出其资，贫民殚其力，利益浦沾，贤愚同奋"见解，则表明王韬思想中对于资本主义商业的属性和原则，以及资本所有者以有偿方式使用劳力出卖者的劳动，并从中获利的权利已有初步的认识和认可，这充分显现出王韬已逐步摆脱中国传统经济思想的束缚，并初步转变为一个近代民族资产阶级的代言人。他的民本思想开始具有从传统向近代资产阶级民权思想过渡的特征，而由此也可窥见其超越洋务派思想，并开始向资产阶级改良主义思想转变的发展方向与上升路径。

王韬的重民思想以民之于国家治乱兴衰的基础作用为起点，以富民而最终富国、强国为最终归宿，其重民理念虽为内政思想的基线，却始终未脱离服务于国富民强的目标。在王韬这里，国富与民富，国强与民强是同等重要，相辅相成的，然而二者也有先有后，有所侧重。民富与民强必然先于国富与国强，但其终极目标则是为了国力强盛，恢复并巩固清王朝的统治根基与帝国雄威。王韬的民本主张传承于中国传统的民本观，却受到近代西方民权论的影响。就其思想的内

---

① 王韬：《弢园文录外编》，上海书店出版社2002年版，第163页。

容而言，虽然他对民为国本和民富先于国富的认识是深刻而准确的，对晚清国力致贫致弱的原因分析也触及了一些核心问题，但他通过中西人口与国力的反比来说明二者"用民"的差异，则是肤浅的。此外，王韬仍旧没有摆脱古代民本学说中理想化色彩偏重的局限，千年人治社会和君权至上的文化、社会基因，并不会因为少数人的倡导和呼吁而发生根本性的改变，即使在危急时刻统治者迫于形势而做出一些让利于民的举动，也不会使民本学说成为占据统治地位的主导理论，中国传统的专制政治与民本学说的内在性矛盾决定了，在不改变根本制度的前提下，民本永远只能是专制政局在危急关头或朝代更替时用以自救或斗争的思想武器，永远只能扮演专制政治的调节器角色。当然，这种局限性是王韬那个时代的人所不能改变的，但是他比前人更具革新性的贡献在于，以民本学说为出发点，他开始将矛头指向了专制政治，其思想中对西方民权学说营养的汲取为其提供了批判专制政治的重要武器，这也使他的民权思想带有了中西合璧的突出特色，而这一特色亦贯穿于其政治思想之始终。王韬的重民思想犹如一棵枝繁叶茂的参天大树，其根基虽然仍立于传统思想的土壤，然而其枝叶却已延伸、触及近代西方思想的新天地，它既汲取了传统民本学说的营养，又沐浴着西方民权思想的雨露和阳光，这使他的新民本观不可避免地带有明显的过渡性色彩。

第二节　变君主专制为君民共治

以民本思想为基础，加之旅欧经历对王韬思想的重塑与完善，他已认识到造成中国社会贫穷，国力孱弱、民生凋敝的根本原因在于君主专制制度本身，正是这一制度，及其自身所无法克服的弊端，影响并决定了当世危机的其他诸多方面。因此，王韬体悟到，要实现富国、强国的政治改革目标，不触及变革政治制度这一带有根本性的问题，其他的一切改革则必然是隔靴搔痒、无的放矢，既不能缓解危局，更无法实现致富致强的目标。王韬以君民关系为主轴，从批判专制政治的各项弊端入手，逐渐清晰地显露出他对西方君主立宪制度的

第三章 王韬变革内政的思想主张

推崇，以及试图效仿西制变革清廷政治制度的主张。无论就其批判思想本身而言，还是他提出效法西方君主立宪的主张，都体现出其思想内涵与范畴超越林则徐、魏源等前辈思想家的中体西用框架的卓越之处，这也正是其政治思想最为核心和关键的内容所在。

一 批判君主专制制度

> 我生早知有此日，祸福倚伏如相因。寇灾即由吏治始，积弱生玩多因循。朝廷粉饰讳兵事，保疆一切等具文。往谈经济何慷慨，迎合主旨原非真。眼看四郡成白骨，偷活局外置弗闻。[①]

此诗作于王韬蛰居上海之时。一方面有感于自己的科场失利经历，另一方面亲身感受、目睹了上海滩华洋杂处，外夷船只往来穿梭于黄浦江之景象，遂发感慨，借诗寄托愤懑之情，诗中饱含着王韬对清廷统治的强烈不满与深刻控诉。而在王韬经历了上书太平天国一事，以及因此而逃亡香港，游历欧洲之后，更促发了其与君主专制政治的彻底决裂，其政治批判思想也在此时得以成型和成熟。就这一时期王韬对君主专制制度的批判内容而言，既延续了明末清初的政治批判思路，也体现出超越以往的时代新内涵与特色，他将批判之矛头直指君主专制制度本身，取消国界之分，针对所有曾经或正在施行君主专制制度的国家。同时，他将批判的内容与他所设想的君民无隔、君民共治的理想政治制度相对应，一切都是围绕着君民关系这一核心而展开。

首先，王韬认为，君主专制制度的最大弊端便在于君权过隆、民权甚卑，以及由此而产生的君民阻隔、上下情塞，此为国势衰微、人心涣散之重要原因。他曾在《重订法国志略》中指出："西国当百余年前，国皆世传，至君尊民卑，上下否隔，国势愈卑，人心愈散"[②]，

[①] 王韬：《蘅华馆诗录》，台北：文镜文化出版社1997年版，第232页。
[②] 王韬：《重订法国志略》卷16，铅印本，清光绪十六年（1890年）版，第28页。

而无论是"波旁也,阿良也,拿破仑也,斯三族皆王族也,而百姓鲜爱戴之忱,大臣无拥立之志,天之所抛,谁能兴之?"① 同样,曾经的君主专制国家英国,其"昔日之政,王揽事权,国多变乱"。他指出,正是君主专制制度本身所给予君王的过度集权,以及此制度自身难以克服的弊端而造成了种种恶果,这些带有根本性的制度缺陷必然与国家的衰落动乱密切相连,无论是东方国家还是西方世界,举凡实施此制度的国家必难免其扰。值得注意的是,王韬在论及此问题时非常强调君民之"上下情通"于一国政治的重要性,并以此作为批判君主专制制度的切入口。具体而言,王韬认为,造成当世"猝遇凶荒,则哀鸿载道,迁徙流离,莫保朝夕,此非上天之不仁爱也,窃尝究其得失,揆其由来,即委穷原,参观互证,盖以为上下之情,不能相通而已矣"②。而在他看来,君民情通,上下无隔,是国家致治的重要条件和保障,他指出,"三代以上,君与民近而世治;三代以下,君与民日远而治道遂不古若。至于尊君卑臣,则自秦制始,于是堂廉高深,舆情隔阂,民之视君如仰天然,九阍之远,谁得而叩之?虽疾痛惨怛,不得而知也;虽哀号呼吁,不得而闻也。灾歉频仍,赈施诏下,或蠲免租,或拨帑抚恤,官府徒视为具文,吏胥又从而侵蚀,其得以实惠均沾者,十不逮一。天高听远,果孰得而告之?即使一二台谏,风闻言事,而各省督抚或徇情袒庇,回护模棱,卒至含糊了事而已"③。然而,天下之事的治理,犹如治疗人身之疾病,善于治疗疾病的人,便知任何痼疾乃人之神气、血脉不通所致,故而欲去深疴,则必先探寻造成这种不通畅之原因所在,究其根本,方可"使一身之神气充足,血脉流通",疾病亦自然可去。治国亦同此理,善治国者,必重上下之情不相扞格,且呼吁必闻,忧戚与共。故而,欲兴国去弊,必先探究造成上下阻隔之根本原因所在,而当今之世上下情塞的直接原因便在于君隆民卑的君民关系格局,究其根本,则在于君主专

---

① 王韬:《普法战纪》,香港:中华印务总局清同治十二年(1873年)版,第29页。
② 王韬:《弢园文录外编》,上海书店出版社2002年版,第55页。
③ 王韬:《弢园文录外编》,上海书店出版社2002年版,第19页。

第三章　王韬变革内政的思想主张

制制度本身，唯有改革此制度，方可达弊无不革，利无不兴之效。他进一步指出，正是君主专制制度造成了君尊民卑的过度化两极发展，这种极端化君民关系的两极演化，产生了层层相隔的制度性、层级式环节，由此而产生的必然结果便是君民阻隔、舆情不通。而此制度所赋予君王的无上权力与浩繁国事的处理现实之间所产生的矛盾，凸显出信息相通之重要性，亦使得诸多中间环节实际上拥有了职权之外的特殊权力，而此特殊权力即使是在国有明君的情形下亦难避免产生同国家权力相悖的需求，如此，由这种体制性的弊端而产生的权力博弈必然使得君主政治的两极渐趋疏远，就现实的政治运行过程而言，在君主专制的政体下，层层递进的等级化结构将君民的关系隔离为遥远的两极，而在这两极之间承载各种信息交流职能的通道则完全由官僚系统所垄断，这些信息中转环节便拥有了前述之特殊权力，控制并加工、过滤着上下流动的各类信息。即使君主拥有着无上的决策权力，但他决策所需之依据则在很大程度上取决于信息的获取程度，信息之于政治决策的过程，犹如血脉流通之于人体，血脉不通必引起厥病日积，若不早疏通、求治，则必致疾病日深、欲治乏术的结果。同理，国家的治与不治亦在很大程度上取决于上下之情的通滞与君民关系的亲疏。君与民之间判若霄壤的隔阂之局，为掌握着信息的官僚系统提供了权力膨胀，进而产生各种欺上瞒下、以权谋私的贪腐行为的机会与空间。王韬对这一后果有着清醒的认识，他指出，"君既端拱于朝，尊无二上，而趋承之百执事出而莅民，亦无不尊，辄自以为朝廷之命官，尔曹当奉令承教，一或不尊，即可置之死地，尔其奈我何？惟知耗民财，殚民力，敲骨吸髓，无所不至，囊橐既饱，飞而扬去，其能实心为民者，无有也"[①]。此外，君主专制制度的体制结构本身决定了它自身缺乏实施良政以治国、治民的机制，因为无论是君主，还是等级结构中的各级官吏，他们治世的效果皆取决于"人"的因素，个人的德行与能力直接影响到政策的执行，以及民生的保障，这就产生了现实中"设官本义治民，今则徒以殃民，不知立官以卫民，徒知

---

① 王韬：《弢园文录外编》，上海书店出版社2002年版，第19页。

剥民以奉官，其能心乎为民，而使之各得其所、各顺其情者，千百种或一二而已"①的局面。可见，这种过度依赖个人德行修养的治世体制，在现实操作中难免因权力主体的个人差异而带有不确定性，也使得任贤使能，使能者在其位的概率大大降低了。王韬不同于黄宗羲等前辈学人从君主个人出发批判君主专制，而是将批判之矛头直指君主专制制度本身，认为它自身的结构性缺陷必然使得君民关系疏远，并逐渐发展至极端化的程度。在王韬看来，制度性的缺陷是导致君民阻隔，进而吏治败坏、社会动乱频仍的原始动因所在。因此，此制度不变，即使是明君治世，亦无法扭转和改变这种社会发展颓势的内在运行逻辑，而这也正是几千年来中央集权政治体制的突出特征与顽疾所在。

其次，与这种自上而下的权力等级结构和君尊民卑的局面相适应的便是君臣关系的对立与疏隔，以及由此而产生的各种官场弊病，这构成了君主专制制度的又一重大缺陷。对于君主而言，臣子亦为其民，君臣关系亦属君民关系的范畴，但又有其特殊性。表面上"圣君垂拱于上"，而"群贤翼襄于下"，作为无上之尊的君主位居等级金字塔的最顶端，受世人膜拜、敬仰，然而无论是皇族内部，抑或是君臣之间，皆存有阴谋权斗的各种内部危机，居上位之君时时提防来自各方面的权力攘夺之可能性，身居下位之臣亦不乏试图篡夺王位之野心者，这是由"一家一姓之天下"所构筑的"成王败寇"逻辑，以及建立于此基础之上的统治合法性与合理性原则所产生的不可避免的结果，君臣关系由此变得敏感而紧张。而为了巩固王权，避免臣下有逆心或逆行，统治者除了在中央设置制度化的监督、弹劾机构之外，更对各级地方官吏的任期给予了限制，有清一代，此规定已成定制。其意图在于避免官员久任地方而蓄积和扩充势力，形成一方独大、尾大不掉之势而威胁到王权的存续。依照清朝官制，官员任职需为本籍以外之地，且三年一调整。这样一来，官员每到一地，尚未谙熟当地情势，或未能完成振兴地方之举便被调离。久而久之，最可能产生的

---

① 王韬：《弢园文录外编》，上海书店出版社2002年版，第19页。

第三章 王韬变革内政的思想主张

结果便是敷衍推诿、肥一己之私囊者渐多，而专心己任、为民谋利者即使有，也因任期过短而不能长期为治一方。王韬对此进行了批判，他认为，"今世之无循吏也久矣，盖由久任之法坏也"①。正是这种地方官短任的规定，不仅阻隔了官民之联系，更使得贪官污吏层出不穷，为害一方，更为各种腐败、恶政提供了滋生的土壤。其结果造成了"吏无固志，视廨宇为传舍，量肥瘠为戚愉，循资计日以冀迁改。其所设施，因循苟简，曾无终岁之计，而所有一切因革利弊，曾不稔知，旋已调任。令方行而遽寝，政未成而旋罢。下则无复法守，而胥吏得并缘为奸。不特此也，疏通太甚则吏不习民"。这是不能够久任情况下所出现的问题，"即使其任职在位，隐有五日京兆之心，身家念重，其余则不复措意，上下苟且，惟日望于禄秩之崇卑厚薄，而不计民生之休戚利害，弊可胜言哉"②。王韬认为，而正是这种原本试图限制官员权力的制度，反而成为助长官僚体系中趋炎附势、贪饕牟利、卖官鬻爵之风的源泉。"今日之财，上不在国，下不在民，而一归诸墨吏。官为言利之门，衙署中有市道焉。苞苴肆行，簠簋弗饬，其显焉者也，不足为病也。巧取豪夺，穷搜极访，贪索万端，不饱其囊橐不魇其溪壑而弗止。"③ 同时，王韬指出，吏之所以贪在于俸禄的严重不足，因冗员过多而致使俸禄微薄而不足以养廉。针对这些问题，他主张"内而天子之权寄于宰相，宰相分之于六部。外而天子之权寄于督抚，督抚分之于牧令。皆必究其任，专其任，虽在远而信之不疑"，而对于吏俸之不足的问题，他提出将冗员"尽加沙汰"，"如裁河工、罢漕运，所有员弁概行撤去"④。从王韬对君臣关系的批判中可以清晰地看到，他所针对的正是专制制度本身，在他看来，所有问题的根源皆系于此。

围绕着君民关系这一主轴，王韬对专制帝国的制度性弊端给予了揭露和批判，比较准确地找到了造成这些弊端的原因，并对其后果有

---

① 王韬：《弢园文录外编》，上海书店出版社2002年版，第308页。
② 王韬：《弢园文录外编》，上海书店出版社2002年版，第309页。
③ 王韬：《弢园文录外编》，上海书店出版社2002年版，第308页。
④ 王韬：《弢园文录外编》，上海书店出版社2002年版，第308页。

着清晰的体认。然而，他的批判思想的卓越之处并不在于这些具体的批判内容，而是他超越前代思想家，如黄宗羲的君主"为天下之大害"，以及唐甄的"帝王皆贼"等，将批判矛头直指君主专制制度本身，从制度而非仅从"人"的角度分析和揭示造成乱世的根源，这就从根本上动摇了自秦以来施行了千年的专制统治根基，对于后来的思想家而言，这种识见成为启发他们改良与革命思想的源头所在。

二 倡导君民共治

将君主专制制度视为造成当世乱局的最深刻根源，并清晰表露出对西方君主立宪制度的倾心与向往，试图让中国效法此制进行变革，是王韬的思想超越前代和当时的洋务派之处。对于此问题，现通过对学界不同主张的驳论来阐明。有学者提出，王韬的政治思想并未超出洋务派"中体西用"的器物变革范畴，因为他"未曾体察出君主政制之弊，以及民主政治之善，故于变法图强主张中，境界始终停留于器物阶段，而少言及意识形态以及政治不同之优劣长短。此点与当世知识分子观点，实相吻合，故于船坚炮利之器物，寄望过高，而未曾思及变法及政治发展过程之环节。苟仅局变，而非全变，则将引发出更繁多、更紊乱之问题与弊端。如此仍将堕入其所言'徒变'与'皮毛之变'之窠臼中，而难以自拔"[1]。应该说早年的王韬，在未受到西方的影响之时，对专制政治的批判确实未曾脱离龚自珍、魏源，以及后来的曾国藩、冯桂芬等的框架范畴，但在其游历欧洲后的思想成熟期，这些内容却有了质的突破。从前面王韬对专制政治批判主张可看出，其批判思想已主要涉及制度层面，将制度本身视为造成各种社会弊端的根源，其批判的内容皆为针对君主政治之弊而发。更需注意的是，他对"民"的问题的重视，亦逐渐超出了古代传统的民本思想的范畴，并使其成为批判专制政治的逻辑起点，尤其是特别强调君民、君臣以及臣民之间的沟通问题，强调通民情、顺民意，以及给予民意表达的途径，更在其重民思想中提出了民众参与选举自己官长的

---

[1] 姚海奇：《王韬的政治思想》，台北：文镜文化事业有限公司1981年版，第56页。

第三章 王韬变革内政的思想主张

主张,"窃以为荐举之权,当自下以达于上,采之舆论,参之公论,令一乡一邑,得以公举其所优,以所举最多者,呈之于官,然后择用焉,则其荐举公矣"①。而且,"官之贤否黜陟,须以舆论之美恶是非为断",这些都是中国传统思想中从未有过的内容,受西方影响的印迹毕露,已体现出向西方民权思想靠近的趋势。

而对于西方民主政治之善,王韬不仅深有体会,更是给予了极高的评价,尤其是对西方国家的君主立宪制度甚为推崇,试图以此作为中国政治制度的改革模版之意在其论说中亦显露无遗。首先,王韬认为西方国家的政治制度主要有三种形式,"一曰君主之国,一曰民主之国,一曰君民共主之国。如俄、如奥、如普、如土等,则为君主之国,其称尊号曰恩伯腊,即中国之所谓帝也。如法、如瑞、如美等,则为民主之国,其称尊号曰伯理玺天德,即中国之所谓统领也。如英、如意、如西等,则为君民共主之国,其称尊号曰京,即中国之所谓王也"②。三种类型的区别在于政令不同,而非大小、强弱、尊卑的差异。王韬对西方国家政体的这种划分方式遵循了他以重民和君民关系为依归的政治思想逻辑。就他本人所渴望的政治制度而言,则为君民关系和谐、融洽,既能满足和实现民众的利益,又能使民众对君主和国家政治产生影响,并实施一定的监督和约束权力的制度。因此,他对君民共主的政体形式极为推崇,他认为欧洲各国之所以能在土地、人民都不及中国广大和众多的情况下如此强大,盛极一时,皆因其"上下一心,君民共治"③的政治制度。他说:"我中国民人,为四大洲最,乃独欺藐于强邻悍敌,则由上下之交不通,君民之分不亲,一手秉权于上,而百姓不得参议于下也。诚如西国之法,行之于天下,天下之民其孰不起而环卫我中国。"在这种情况下,"今我朝廷诚能与众民共政事,同忧乐,并治天下,开诚布公,相见以天,撤堂帘之高远,忘殿陛之尊严,除无谓之忌讳"。则"我中国自强之

---

① 王韬:《弢园尺牍续钞》卷2,中州古籍出版社1998年版,第7页。
② 王韬:《弢园文录外编》,上海书店出版社2002年版,第18—19页。
③ 王韬:《弢园尺牍》,新北:文海出版社1984年版,第349—350页。

道，亦不外乎是耳"①。这里明确提出了他对中国施行君民共主政体的企望，认为中国富强之本亦在于此。

其次，王韬对西方的议会制度亦十分赞赏。他描述了法国的议会制度，"国会之设，惟其有公而无私，故民无不服也。欧洲诸国，类无不如是。即是雄才大略之主崛起于其间，亦不能少有所更易新制，亦乱旧章也。偶或强行于一时，亦必反正于后日。拿破仑一朝即可援为殷鉴。夫如是则上下相安，君臣共治，用克垂之于久远。而不至于苛虐殃民，贪暴失众。盖上下两院议员悉由公举，其进身之始，非出乎公正则不能得。若一旦举事不当，大拂乎舆情，不洽于群论，则众人得推择之，亦得而黜陟之。彼即欲不恤人言，亦必有所顾忌而不敢也"②。虽然王韬所述为法国国会的运行规则，但他针对的重点则显然是议会制度本身，而不限于一国一地。议会制度对他的吸引之处便在于对民众地位的提升，君民之间有着更为平等的地位，以及民众所拥有的参与国事的权利，王韬因此而深刻体认到了西方的民主制度的优越性所在，"一人主治于上而百执事万姓奔走于下，令出而必行，言出而莫违，此君主也。国家有事，下之议院，众以为可行则行，不可则止，统领但总其大成而已，此民主也。朝廷有兵刑礼乐赏罚诸大政，必集众于上下议院，君可而民否，不能行，民可而君否亦不能行也，必君民意见相同，而后可颁之于远近，此君民共主也"③。王韬认为，这是最理想的制度，无论是君为主，还是民为主的制度，都有其弊端：君为主，则惟有尧舜之君方可实现国家的长治久安；民为主，则国家难有定法，人心难以统一，流弊丛生实难避免，稳定之局便难以维系。而惟有君民共主、君民共治的政治制度，才能"上下相通，民隐得以上达，君惠亦得以下逮，都俞吁咈，犹有中国三代以上之遗意焉"④。王韬对西式议会民主政治的倾羡之情可谓溢于言表，其对政治制度改革的方向也甚为明确。这里需要注意的是，王韬曾不

---

① 王韬：《弢园尺牍》，新北：文海出版社1984年版，第349—350页。
② 王韬：《重订法国志略》卷16，铅印本，清光绪十六年（1890年）版，第28页。
③ 王韬：《弢园文录外编》，上海书店出版社2002年版，第19页。
④ 王韬：《弢园文录外编》，上海书店出版社2002年版，第19页。

· 120 ·

第三章 王韬变革内政的思想主张

止一次在赞叹西方民主政治制度时,以中国的三代为参照,并毫不掩饰他对三代以上政治的向往之情。如他在评述法国议会制度的时候,也曾针对其君民平等共治的政体发表感慨:"中国三代以上,其立法命意,未尝不如是,每读欧史至此,辄不禁然高望于黄农虞夏之世,而窃叹其去古犹未远也。"① 对此,有学者认为,王韬表面上赞叹西方资产阶级的民主政治,而其思想实未脱离中国传统思想的窠臼,尤其是对三代政治的崇尚,赞美西制的同时,却并不主张中国切实效法。② 对此问题,应结合当时的历史背景和人物处境来给以综合的考查,需注意,言必称三代,未必就是复古,就王韬所处的历史情境而言,这未尝不是其宣扬新思想的权宜之计。"三代"作为中国古代社会对美好政治的追求,其对"善政"的概念化意义更为突出,借用此说来表达对美好政治的希求和赞美,既能避免国人的抗拒心理,又能体现出这种古代中国人所追求的理想政治在近代的西方世界得以实现。张海林、柯文等学者指出,虽然现存资料中尚未发现有关王韬明确提倡在中国施行议会制度的记载,但其对君主立宪制度的思想指向是明白无误的。③ 而王韬在《与方铭山观察》一文中所提到的与众民共政事的开诚布公,已经具有君民平等的朦胧意识,也表达出王韬对君主立宪的议会民主政治的初步认知,绝未止于推崇和赞美,且明确提出了希望中国能效法西制推行君民共主的政治制度主张。

因此,王韬的政治改革思想绝非仅局限于器物变法的限度,而是明确深入地触及政治体制的变革。相反,他对洋务派仅限于器物之变的改革主张持激烈批判的态度。王韬确曾极力倡导洋务活动,以效法西方之长来补我之短,他从自设局厂,制造枪炮,建置舟舶,以及修铁路、开矿藏等几乎所有可效仿西法的方面,详细阐述过其洋务思想。但是,他更明确地指出,此皆为富强之末,这些器物层面的学习与变革实为"仅袭皮毛,而即嚣然自以为足,又皆因循苟且,粉饰雍

---

① 王韬:《重订法国志略》卷16,铅印本,清光绪十六年(1890年)版,第28页。
② 姚海奇:《王韬的政治思想》,台北:文镜文化事业有限公司1981年版,第68页。
③ 张海林:《王韬评传》,南京大学出版社2002年版,第212页。

容,终不能一旦骤臻于自强"①。在王韬看来,这些表面上的设海防、重边备,讲火器、制轮船等洋务活动,看似应有较为显著的富强之效,但因其未触及一些更为本质问题的变革,如军政、吏治、选才、民心等,这些与制度息息相关的方面,其结果必然是"虽袭西法之皮毛,而犹如附肉于骨,剪裁为花,其血脉终不能流通,色泽终不能焕发"。在《纪英国政治》中,他明确批判了洋务派所主张的英国的船坚炮利和工商富足是其"立国之基"的肤浅认识,特意强调:"论者徒夸张其水师之练习,营务之整顿,火器之精良,铁甲战舰之纵横无敌,为足见其强;工作之众盛,煤铁之充足,商贾之转输负贩及于远近,为足见其富,遂以为立国之基在此,不知此乃富强之末而非富强之本也。"而"英国所恃者,在上下之情通,君民之分亲"的君主立宪政体,此乃立国之本所在。② 因此,"今欲与泰西并驾齐驱,则莫如以自治为先",而论自治之要,必然以政治制度的变革为鹄的。

第三节 革陋规以除弊政

吏治改革是王韬政治改革思想中更具本质意义的具体改革方案之一。上节已讨论过王韬对君主专制制度的批判和改革政治制度的方向,而针对官僚吏治的批判和改革思想是其建立符合早期资产阶级要求的君主立宪制政府的具体方面,吏治的腐败也是君主专制制度弊端的现实表现,因此,必以详论之方可呈现其思想的全貌。在古代中国官僚体系的运作之中,官场上的各种陋习、恶相是政治败坏的最主要体现。历代思想家在批判现实、倡言改革的时候,几无不涉及对官场丑恶生态的揭露与批判,以及据此而提出改革的举措,王韬亦不例外。对于清廷政治的腐败,官员的文恬武嬉、贪利求荣,以及颛顸守旧、迂腐僵化,王韬都给予了激烈的批判,并据此提出了他的吏治改革主张。

---

① 王韬:《弢园文录外编》,上海书店出版社2002年版,第10页。
② 王韬:《弢园文录外编》,上海书店出版社2002年版,第89页。

第三章 王韬变革内政的思想主张

一 对官场积弊的批判

对于清朝吏治的各种恶浊昏黑之态，王韬可谓深恶痛绝。因此，他首先对官场贪腐趋利的各种恶相进行了强烈的批判。在他看来，清廷的官场腐败"其弊之极"已为"今日之可忧而宜急者"。其一，体现为，为上者对下属之人的评价与拔擢所依据的标准并非看重其才干和政绩，而是"见其便僻侧媚，结纳逢迎，误以为能；趋承奔走，攀附夤缘，误以为勤"[①]。这种官方风气和"标准"成为培育和滋长腐败的温床，"于是避瘠趋肥，舍难就易，乞恩私室，植党权门，视廨宇为传舍，利膏血为钓饵，请托公行，货贿昼入，谄谀成风，钻刺得志，势焰可炙，廉耻尽丧"[②]，官僚体系的上下等级构架成为利益的角逐场，上下级官僚或同级官僚之间以各种权力交易为获利途径，互相盘剥，层层压榨，使贪腐之风随之无限蔓延至整个官僚系统。作为链接君主与民众纽带的官僚体系，因之缺少上下相接的有效约束机制，而成为专制国家的实际操控者，自明中期以后对宰相之权的恢复与强化，使这一趋势有所加强。由此，官场的这种利来利往与权力交易之营生，终将国家之财利集中于官僚阶层，正如王韬所言："今日之财，上不在国，下不在民，而一归诸墨吏。"[③] 使得官衙成为言利之所，各级官吏"彼此交征无非牟利也，宾朋详接无非谈利也。内自部员，外自上宪，利不至则官不显，上下蒙蔽，刑不加，罚弗及，肆染无忌，而日取盈焉"。内外官员的所作所为"惟知有利而已矣"[④]。一时间，"苞苴肆行，簠簋弗饬，其显焉者也，不足为病也。巧取豪夺，穷搜极访，贪索万端，不饱其囊橐不餍其溪壑而弗止"[⑤]。趋利逐利之风盛行不偃，并直接导致了少数位高权重大员富可敌国现象的出现。

[①] 王韬：《弢园文录外编》，上海书店出版社2002年版，第307页。
[②] 王韬：《弢园文录外编》，上海书店出版社2002年版，第307页。
[③] 王韬：《弢园文录外编》，上海书店出版社2002年版，第308页。
[④] 王韬：《弢园文录外编》，上海书店出版社2002年版，第308页。
[⑤] 王韬：《弢园文录外编》，上海书店出版社2002年版，第308页。

其二，漕政、捐纳等具体制度为腐败大开方便之门。有清一代的漕运制度，从州县征粮到通州交仓，可谓体系完整，环节亦颇为复杂。至嘉道时期，漕运中弊端丛生，道光时的御史朱昌颐曾言："州县取之于民，弁丁取之于州县，部书仓役又取之于弁丁，层层需索。"① 而在这些环节中，究竟孰为祸端，时人已是各执一说，但"层层需索"已有共识。王韬对此亦深有体悟，他认为，晚清漕运主要有四个方面的陋规弊端：第一，州县在征收漕粮的时候会在原有基础上附加多项费用；第二，漕船出运时，运丁会向州县加收除漕粮以外的多项费用；第三，运丁出运沿途中，向各管漕衙门官员及至通仓纳漕时加收的各种额外费用；第四，官府之间的种种规礼所需要的费用。而嘉道之际的漕政弊端尤为突出，各种陋规彼此交错、繁复，纠葛不清，这也造成了其中的各种腐败现象层出不穷，从漕总到一般官员，再到基层官吏，都可从中分得利益，王韬曾经说过以前的江南地区的弊端，"其最大者曰漕政"，对于一邑之粮，握其权者为漕总，官员往往掌控"十之六七"，京师得"十之四五"，而"一郡之胥吏，大邑数千，小邑亦数百"②。而其管班，常常"出入裘马，僭侈无度"，王韬对此颇为愤慨："非朘诸民，何以为生？"③ 漕政陋规的最终受害者必然是普通农户，官吏贪婪，置粮户生存于不顾，极易形成普遍的不满情绪，故此，清朝的闹漕事件亦屡见不鲜，是民心思乱的重要诱因之一。再如捐纳，作为清朝选才入仕的途径之一，虽曾为解决清廷的经济危机而发挥过一定的作用，但此制犹如饮鸩止渴，就实际效用而言，它所产生的金钱交易、卖官鬻爵更成为清廷官场腐败的重灾区。王韬对此制度极为反对，是其力言撤销的制度之一。他曾深刻而详细地揭露道："天下自捐纳之开，朝廷之上，几有市道焉。内官自郎中始，外官自道员始，以次递下，一切皆有价值，而更复减价折值以广招徕。从此守财之虏、纨绔之子，只须操数百金、数千金、

---

① 朱昌颐：《奏陈清除漕务积弊折》，转引李文治、江太新著《清代漕运》，中华书局1993年版，第345页。
② 王韬：《弢园尺牍》，新北：文海出版社1984年版，第281页。
③ 王韬：《弢园尺牍》，新北：文海出版社1984年版，第281页。

第三章 王韬变革内政的思想主张

数万金,以输之部,立可致荣显,朝犹等于负贩,夕已列于缙绅矣。其用赀尤多者,即可领凭赴任。其指省分发,需次省垣者,亦复随行逐队,听鼓应官,公然以为民上自居矣。但得与上游相识,或有世交旧谊,立可得优差,或分派之厘税各厂,月取数十金或百余金。而问其果皆实心办事否,则月至不过数日,余皆委之司事而已。各厂事简而人众,不过上游以此为调剂而已,其所以靡费朝廷之府库者,不知凡几,是挟数百金、数千金,而月收其利至于无算。但在厂当差数年,而捐纳之赀早已全偿,及其挨班得缺,取盈于民,尚忍言哉。"① 而位居上游的取官者们,并非以才取士,更非以德、贤选官,而是仅以"情面为瞻徇,请托为引援,钻营为阶进,财贿为升擢,逢迎结纳为与界,惟便其一己之私而已"②。王韬认为,这种金钱交易的选官方式,是官场贪腐之态的赤裸裸表现,此制自始便以利为其开端,其弊可谓"大者病国殃民,小者空糜廪禄",而所选拔之官员,必皆以贪利、求利为要旨,多不能居官莅民,整躬率物,履行自己的职责,乃一群榨吸民众膏血之辈。因此,王韬指出,这种以剥民、害民为前提的取财之法,无异于饮鸩止渴,此制不废,则"天下终不得治"。另外,王韬所批判的弊政还包括捐妄费、厘金、赋税等制度,并提出了他的改革主张。

在君主专制的等级金字塔结构中,民众处于最底层,他们是社会财富的创造者,却不是享用者,以各种制度弊端为根源的官场腐败陋习使他们成为了最大的牺牲品。王韬从其民本思想出发,严厉指出,这些官僚体系中的蝇营狗苟、利益交换,以及官吏阶层根深蒂固的贪奢本性和腐败作风,是蚕食和摧毁国家基础的蠹虫,更是民乱叠起、社会纷争的重要原因,他们在不断加大人民负担和摧残百姓生计的同时,终将自己推上了被反抗和推翻的不归路。

王韬对清廷官场的陈腐守旧、不思进取的风气,以及固守繁文缛节与拘牵于繁复律例的低效行政运作方式亦进行过批驳,并将其归入

---

① 王韬:《弢园尺牍》,新北:文海出版社1984年版,第40—41页。
② 王韬:《弢园尺牍》,新北:文海出版社1984年版,第40—41页。

到"乱世之所以日及"的"三大病"之一,即"拘牵义例,厥病日痼"①,而此病不治,则"终将至于不可救"。他十分反对清廷的"内事动持于部议"和外事皆"由于吏手"的做法,以及与此相应的对各种陈规条例的迂守,认为这样一来,极大地限制了官员们创新意识和能力的发挥,使得诸多有益的"新法美意"因偶不合于常例,而"为部议所格",从而永远无法施之于实政,以裨于政治的进步与发展。在这种陈腐的观念主导下,"老成持重者"被视为精能,"阘冗畏事者"被认为历练,而对于"英敏不羁、畸异不群之士概无由进"②。而朝廷以外民间事务的处理,则皆操纵于吏手,"官一切不能问",由此给了此阶层人士以"上下其手,颠倒是非"的空间和机会。在王韬看来,这种"持身自顾,蒙蔽日深",必然造成清廷的官僚阶层安于现状、不思进取,以及所用非人的结果,而对于厥病日尪的晚清社会而言,是为"药痼者宜急"之病。同时,清朝官场的这种迂腐之弊,还体现在各级官吏对泛滥的律例繁文和礼仪人情的固守上。王韬指出,历史上"周末文胜,卮言日出,诸子百家各鸣异说,而朝聘宴享往来酬酢之间,其言词之繁、礼仪之费,徒尚虚文而无实用,其弊至于不可胜言。至祖龙崛起,悉举而付之一炬,此亦势之不得不然者也。盖天下为治无常,质胜则饰之以文,繁极则御之以简"③。而自汉代以来历经两千多年的发展,人情之诈伪极矣,风俗之浇漓至矣。律例繁多、刑狱琐碎。文法严密,逾于网罗;辞牍之多,繁于沙砾。动援成法,辄引旧章,令人几无所措其手足。具体体现于行政过程中,则如各直省禀报之案,虚词缘饰,几乎百无一真,而更易之以六部之律例纷纭,互相牵制,从而给吏胥从中舞文弄法提供了方便,而索贿行私,以上下其手,非特不能为治,且足以坏政体,而于经国治民则毫无裨补。即其下,繁文缛节亦指不胜屈,徒乱人意而于实务毫无益处。这些烦琐的礼节条例,虚文泛滥的文法规

---

① 王韬:《循环日报》,1874年3月17日。
② 王韬:《循环日报》,1874年3月17日。
③ 王韬:《弢园文录外编》,上海书店出版社2002年版,第38页。

第三章　王韬变革内政的思想主张

制,以及人情参之其间的行政运行程序,不仅极大地限制和降低了办事效率,更为各种徇私舞弊、权钱交易提供了渠道和机会,长此以往,势必造成政治的僵化保守、停滞不前,官吏的锐气消磨,人浮于事,更加重了专制政治系统内的拥塞不通、上下阻隔。王韬甚为赞赏明太祖朱元璋的约法三章之简洁明快、感人于心,赞其"已至于浃肌肤、沦骨髓"①,反讽当世刑律之多,文法之繁,却难以杜奸止恶,深入人心。故此,他提出了尚简的改革主张。

二　改革弊政的主张

针对上述清朝官场的诸多弊端,王韬提出了他的改革主张。首先,他指出,立抑燥竞,惩贪墨,去奢崇俭,改革弊制。对于清朝官僚系统"便僻则媚,结纳逢迎"之风气和严重的趋利贪腐现实,王韬认为,去除此弊,应双管齐下:一方面要注重"厚风俗,端教化,励名节,懋廉耻"②,也就是着重道德、伦理意识的培养和教化,端正官民的思想和精神追求,营造良好的社会风尚和舆论环境以纠正并改善官场中的不正之风;另一方面,除了道德教化,王韬认为,去除官场之弊的根本更在乎制度,他所说的制度,既指国家的根本制度,即政体,更包含官僚制度和诸多具体的制度措施。在他看来,对于腐败这一官僚政治所普遍具有的现象而言,后者是更为直接的原因,他认为,从制度入手进行改革,去奢崇俭,自上而下缩减开支,配合道德教养实施相应的廉政措施,同时革除部分弊政,可从源头上减少腐败滋生的机会,这部分内容是王韬弊政改革主张的主要方向。对于去奢崇俭,王韬建议为达上行下效之目的,应自减少宫廷开支为始,对宫中的各项费用支出给予规定,严禁任意挥霍。他特别提到了学习英国议会对于王宫每年进项的限额制度,建议效法他们施行事前预算制和事后结算制,以及美国对总统收入的规定,"岁俸以银二万五千

---

① 王韬:《弢园文录外编》,上海书店出版社2002年版,第38页。
② 王韬:《弢园文录外编》,上海书店出版社2002年版,第307页。

◇◇◇ 王韬政治变革思想研究

圆"①，此数额相当于英国设于香港的总督之年俸。而对于地方的财政管理，王韬也十分推崇美国之法，"其通国中所用，以一年计之，仅支银七千五百三十五万四千六百三十圆，此一千八百五十二年之数也。计爱伦一省，年中所进十三万六千一百五十圆，年中所支十一万六千二百四十八圆，所余者几二万圆"。通过统计，可以看出"一省如此，他省可以类推矣。更以旧金山一区论之，其幅员辽阔，即以香港百数十比之，犹不及其大；每岁一切所费，文自衙门官吏，武自兵船弁勇，举凡修葺废堕，无所不包，而仅支出五十万圆。旧金山为商贾所荟萃，货物所辐辏，华人往其地者，不下十数万；每年诸邦往来船舰，计一千二百余艘，可谓通商之大埠矣。而其出仅如此数，非节用爱民，能如是乎？"② 王韬对美国"花旗善法"③的崇尚之情可谓溢于言表。因此，他主张清廷亦应效仿之，于每年织造中有可减者则减之，有可罢者则罢之，不必尽为辄循常例。官僚阶层也应去奢崇俭，将各项不必要的支出和名录全然撤除，而基层官吏亦应学习西法，每一村落设置四位绅士，一位书吏，而绅士从不受稍禄，书吏亦仅月受数金，而其下则设差役三人，以供奔走。若遇民间有冠婚丧葬钱债争竞事，则告知绅士，绅士为之理断；事大案巨者，则由官解之。村中设有公田，收其租息，用以养鳏寡孤独废疾者。由于田税所纳甚微，除了自给地方官廉俸外，仅以为修筑巨路，建立书塾之用。惟海关货税，则归诸官，其余则悉以一省所出，以供一省之用。若如此，则民无所苦，而君亦无所私。如此，则贪腐之风便可得以遏制，官廉民朴的图景也有望达成。此外，王韬亦十分强调在实施以上措施的同时，给予贪墨者以严厉的惩罚，以肃官箴，清仕途，伸国法。而对于革除弊制，王韬的改革主张主要涉及废除和撤销漕政、捐纳、河工、厘金等几个方面。对于漕运中的腐败问题，王韬明确指出，海运既开，则"漕运可废"。④ 他指出，此制施行过程中有太多难以掌控的环节，其

---

① 王韬：《瓮牖余谈》，大达图书供应社1935年版，第45页。
② 王韬：《瓮牖余谈》，大达图书供应社1935年版，第45页。
③ 这是王韬对美国立法与制度之善的价值判断之语，是相对于"俄国弊政"而言的。
④ 王韬：《弢园文录外编》，上海书店出版社2002年版，第35页。

第三章 王韬变革内政的思想主张

间费用浩大、历时靡长,历来为腐败滋生之温床,唯有废除此制,方可彻底斩断诸多的利益链条。对于河工,王韬亦主张废除,他说:"治河从古无善法,而其实不外子舆氏所云,曰疏、曰瀹、曰决、曰排而已。盖水顺其性则流,逆其性则溃。今筑堤防,设闸闭,专事壅遏,河身日高,河岸日下,一有溃决,濒河数十万生灵为鱼鳖。"因此,他提出"何不因其势而利导之,使之北行,开通沟洫,西北得水利,可种稻田。如是,庶不至旱则赤地千里,水则汪洋泽国"。他认为,西北的供应几乎全部来自东南,既然开运已开,就不必再筑闸以蓄水,同水争道,现行的"夫每岁竭数千万于河工,毫无成效,无异乎辇金填海,病国瘠民,莫此为甚"。按照他的主张,因势利导、废除河工,那么与此相关的各种弊端亦可得到抑制。关于厘金的制度,因其设于"军需孔亟"之时,为不得已而为之的权宜之计,但其后长期施行此制的结果是各处关卡林立,"厘厂、税厂征榷烦苛,商民交病,行旅怨咨"[1],他认为,此制必废方可使民安。他强调不应仅着重于眼前的"厘金一废则一省度支将无所出",而不知"绌于彼者赢于此,鸦片之税可以加重,而洋酒、吕宋烟皆可榷税,以入维正之供"[2]。同时,他提议恢复古代的丁税之法,毋使其扰民,作为"补苴之道"。捐纳之制的改革,王韬亦明确不废捐纳,则"天下终不得治"的主张。他认为,"捐员之自拔于寻常者,千百中之二三而已,其足以坏国家之大体,为盛德之深累者,实无穷也"。因此,"蒙故以为捐纳一途,万不可不停"。但他同时也特别指出,对于今日各省所有的捐员,并非将其"尽沙汰",而是"另试之以别是",由为上者对其所有捐员进行查核,"汰其不肖、不才、不能者,而擢其贤者、才者、能者"[3],对于沿海地区的捐员,亦考察其洋务,其他地方则"先以理财各事试之",对于不竞不贪者委之以民事。如此,人尽其用,捐纳之弊亦除。

---

[1] 王韬:《弢园文录外编》,上海书店出版社2002年版,第35页。
[2] 王韬:《弢园文录外编》,上海书店出版社2002年版,第36页。
[3] 王韬:《弢园文录外编》,上海书店出版社2002年版,第41页。

其次，裁撤冗员，久任其官。对于清朝官场上严重的闲员冗吏现实，王韬认为，这些在其位而不谋其政的各级闲员杂吏，他们的存在不仅无益于国事、民事，更成为国家的沉重负担，白白耗费着国家的财力，却不创造任何价值，亦无任何贡献。更麻烦的是，这些空食国俸者，彼此之间常常出现意见相左、滋生龃龉之情况，这样一来，"而事权不能归一，往往至于误国偾事"①。因此，应效法明代设立总督之制，当地方无事之时，即行裁撤，并将此立为定制，"是则各省总督一缺皆可裁也"②。他进一步指出："今天下之所谓吏者，必尽行裁撤而后可。内自京师，外至直省，大自六部，小至州县，举二百余年来牢不可破之积习，悉一扫而空之。而以为士这明习律例者，以充其任，甄别其勤惰，考校其优劣，三年无过，授以一官，以鼓励之。凡昔日之拘文牵义，以一字为重轻，借片言为轩轾，得意上下其手者，悉付之于一炬而后大快。"③ 对于所任非所用的众多冗员进行大刀阔斧地撤除，无用的职位一并撤销，而将有用之职留与怀有真才的新人就任，这样一来，既减轻了国家沉重的冗员俸禄之负担，更能使各级官位所任皆得其人，发挥其应有的实际效用。在清裁冗员的基础上，王韬进一步提出久任其官的主张。他说："汉时去古未远，吏咸久于其治，有以官为氏者，其立政化民，动多可观，皆为远大恒久之计，无见小欲速之心，此文、景之代所以比隆于成、康也。"④ 而此法在后世没有得到延续，自科举，及其后鬻爵之例渐开，当局者"虞其停壅，遂务为疏通"，于是三年一换，经年一调，甚至不数月而去者的现象也频频出现，这样一来，就造成了吏无固志，仕若辕圜的情形。因此，王韬提出应变革此情状，当局者应"斟酌科目之制，减额而远期"，再配以停止捐纳和投闲置散的措施，恢复古代的"舆评之法"，参酌民众的好恶，"而用舍黜陟之权寓于此"。这样一来，通过"爵人于朝，与众共之，刑人于市，与众弃之"。不要小看"愚民"，

---

① 王韬：《弢园文录外编》，上海书店出版社2002年版，第34页。
② 王韬：《弢园文录外编》，上海书店出版社2002年版，第34页。
③ 王韬：《弢园文录外编》，上海书店出版社2002年版，第32页。
④ 王韬：《弢园文录外编》，上海书店出版社2002年版，第309页。

第三章　王韬变革内政的思想主张

"盖至愚民者，而至公者亦惟民，苟治之善，入其镜未有不知者也"。自此，"专责成，课报最，民便于官，吏习于治，而政不古若者，未之有也。"① 通过官员之久任制度的确立，官民之联系便自然得到加强，民众的意愿、喜好也有了实现的途径和保障，而这正是王韬所期望的官民共治的理想图景。

最后，改革律例，简御繁文。"律例之繁文宜变也"是王韬的明确主张，他说："六部之吏胥，所守曰：例而已矣。每举一端，每行一事，必曰：此祖宗之成法不可更，历代之旧历不可废也。其实上下其手，因缘为奸而已矣！吾意六部之例，择其简而可行者存之，其余悉可投之烈焰之中。凡有吏胥不遇令其奉行瞪骂而已，毋得以挠。吾之权有舞文弄法者必杀无赦，京师如此，推而至于各省，亦犹是也。"② 具体而言，他强调"废律例之繁文，而用律例之精意"③ 的原则。中国古代的律例繁多、刑狱也颇为烦琐，在清朝表现得更为突出。这种情形的最大问题在于，为官吏的"舞文弄弊"提供了方便，成为他们虐民、害民的武器；同时，也促成了官场人浮于事、虚妄浮躁的政治风气的形成。王韬的律例"尚简"思想，既受到中国历史上一些典型做法的启示，亦受到了西方资产阶级国家的影响。他既推崇明太祖的约法三章和教民榜文等做法，也提倡学习西方资产阶级国家的"法治"方式，而无论是中国，还是西方，简约直接的律法内容，及其推行均获得了政治清明，国家稳定的良好统治效果，比起繁杂冗长的律例制度，其实效性优劣显而易见。因此，针对当时"拘牵文义，厥弊日滋，动曰成例难为，旧法当守，而一切之事都为其所束缚驰骤"的现状，他坚决主张完全销毁现行的"部例"与"时文"，代之以西方国家"取律例之精义"的做法，"减条数，省号令，开诚布公，而与民相见于天"④，用简单易记、易行的条文，取代繁复、空洞的律例，对全国现行的法律进行重新厘定，大范围地宣传和广施

---

① 王韬：《弢园文录外编》，上海书店出版社2002年版，第311页。
② 王韬：《循环日报》，1881年8月12日。
③ 王韬：《循环日报》，1881年8月12日。
④ 王韬：《弢园文录外编》，上海书店出版社2002年版，第13页。

于民间，供民间百姓、士子学习、熟记。而国家选官任贤时，也将"明习新律之人"作为优先选择的对象，让其发挥宣传、教化民间的作用。至此，不仅降低了律例通行的难度，扩大了它的传播范围，更加强了民众理解、记忆的深度，有益于提高其施行的现实效果。

就王韬对官场积弊的批判而言，其所涉及的问题很有针对性，也较为准确到位。对这些弊端的认识，一方面来自他对中国传统社会千年延续之陋习成规的反思，另一方面来自他对西方政治的感悟和体会，因此，既有身处其中的切身感受，又有来自中西比较的理性探察。这种中西兼具的特点也体现在他所提出的改革主张之中。就其改革的方案而言，其体现出梁启超所说的"不中不西即中即西之新学派"[①]之特色，明显有别于洋务派和早期的地主阶级改革派思想家，带有诸多开创性的内容。但是，囿于其所处的时代背景和个人处境，王韬的一些改革主张也体现出鲜明的理想主义色彩，虽表达出了他所期望的改革目标和方向，却难免缺少现实推行的具体指针。而他所推崇并提议清廷效仿西方对皇宫实施财政预算，并以崇羡之词表达对美国施行规定总统年薪的制度，这些在当时的中国都是绝无可能实现的，只能作为个人感受的一种宣泄，或开拓国人视野，启迪国人思想，而对近代中国的政治变革几无意义可言。同时，应当看到，王韬的这些改革思想，作为其实现富国、强国目标的重要思想构成，仍然代表了一个时代的特定阶级的要求，要看到"他们的动机不是来自琐碎的个人愿望中，而正是来源于他们所处的历史潮流之中"[②]。这也正是西方学者将王韬称为"具有时代精神的沿海改革家"的缘由所在。

第四节　去育才选才积弊以倡新型的教育选才观

在王韬的政治思想中，有关人才和教育的问题是其论述最多，最具系统性的部分，也是他唯一亲身实践过的改革内容。王韬的人才观

---

① 梁启超：《饮冰室合集》第3册，中华书局1941年版，第39页。
② 《马克思恩格斯全集》第4卷，人民出版社1979年版，第343页。

第三章　王韬变革内政的思想主张

和教育思想萌发、形成于他佣书上海的时期，成熟完善于旅欧归国之后，系统践行于其晚年主持格致书院之际。从他对清廷育才、选才制度批判，到提出带有鲜明的中西融合特色的人才培养与选拔主张，以及用西方格致之学与中国传统学术相结合的方式提出其全新的人才观，以及教育改革思想，不仅从理论上解决了实现富强目标之基础的"人"的问题，更以其平等而全面的人才培养模式，为中国近代化进程中民众的民权、民主意识和能力的培育提供了指针，这些思想内容通过上书清廷大员和刊诸报端，在当时社会产生了重大影响，王韬遂因此而成为开启近代教育改革的发起人之一。

一　不拘一格降人才

王韬认为，"人才为国家之元气，朝廷之命脉"[1]，是决定国家存亡盛衰的重要基础。在王韬看来，"人"的问题是决定其他政治、社会问题的基本方面。他说："国之强弱何由哉？为土地有大小欤，为士卒有多寡欤，抑为器械有利钝欤，蓄积有虚实欤？余以为皆非也。然则何由？人材之盛衰为之也。今夫工师之为宫室，伐木于山，相其大小短长，度材而用之，及其功之成，崇台广榭，万户千门，轮焉奂焉，莫不备极工巧，国之于人材亦然，量能而授事，度材而任职，百事由以举，众务由以成。"[2] 在王韬看来，治国之要，在乎人才得否。他认为，天下之所患，莫大于浮慕富强之虚名，而根本之地未立，而这一根本就在于得"人"。因此，他主张"治国之要，曰举人才，曰固民心"。这二者应并行不悖。对于治国者来说"得一真才，则国虽弱而不亡，世虽乱而易治。故古之圣君贤相，必于人才之本而致详焉，旁求而拔擢之，教育而培植之，以期才皆用需，缓急足恃也"[3]。王韬的人才观继承了中国古代传统的重才思想，认为人才的多寡与优

---

[1] 王韬：《循环日报》，1881年10月19日。
[2] 王韬：《去学校积弊以兴人材论》，载（清）陈忠倚辑《皇朝经世文三编》卷43，浙江书局1898年石印本，第23页。
[3] 王韬：《去学校积弊以兴人材论》，载（清）陈忠倚辑《皇朝经世文三编》卷43，浙江书局1898年石印本，第23页。

劣与国家的兴衰息息相关，要实现求强、求富的治国目标，必须重视人才的培养与选拔问题。

而对于如何培养和选拔人才的问题，王韬则更多地借鉴了西方的思想主张，这使王韬的人才思想中出现了完全不同于历史传统的新内涵，也即包含有近代资产阶级思想的全新内容。首先，王韬的人才观摒弃了历史传统中"君子不器"的观念。王韬突破了历史传统中对于人才知识结构的限制，认为所谓人才，不能仅以四书五经、辞章考据的功底为评判标准，而应具有多元化的知识构架和专业化的知识、能力。王韬所重视和强调的多元化知识，已远远超出了传统人才培养模式的范畴，不仅包含着传统经史子集等教育内容，更囊括了算学、电学、力学、天文、地理、生物、科技等为传统学者所鄙夷不屑的新知识。而他所说的专业化，则是强调应培育精通某一方面的专才，即"才有数等，有吏才、有将才、有匠才、有出使之才、有折冲御辱之才、有明体达用之才、有应急济变之才"。这些人才各有标准，"折冲行阵，则有将帅之才；教习火器，命中及远，则有战斗之才；统率艨艟，乘风破浪，则有驾驶之才；长于战具，巧思独绝，致胜出奇，精益求精，则有制造之才"①。王韬的这些思想，主要来源于对时局痛心疾首的体悟，他对内外交困的清政府所面临的经济、军事、科技等诸多方面的困境和掣肘深为痛心和不满，他不仅和洋务派一样看到了中国器物不如人的现实，更深刻地认识到器物之落后的根本在于不得其人的现实，而中国传统的教育理念和教育体系，是无法培养出能改变中国落后局面的人才的。因此，王韬认为，对精通某一方面的专门人才的培养，不仅对于当下自强御侮运动十分重要，更将大有裨益于今后实现国家快速发展与繁荣昌盛的目标。因此，他彻底抛弃了中国古代传统的人才观之狭隘偏见，高举新人才观的大纛，为培养适应新的世界格局和国家发展趋势的新人才而大声疾呼。

其次，与抛弃传统"君子不器"教育理念相适应的是王韬对传统人才观伦理至上的道德主义的远离，而对实用功利的看重和追求。近

---

① 王韬：《弢园尺牍续钞·拟上当事书》，中州古籍出版社1998年版，第234页。

第三章 王韬变革内政的思想主张

代政治思想中的功利主义倾向,在王韬这里也得到了清晰的体现。在晚清经世思潮的影响下,王韬等崇尚实学、实用的思想家,为实现富强的目标,可谓将功利主义的思想发挥到了极致,这也成为西学东渐和完成中国社会从传统向近代过渡、演变的重要助推力。王韬将"以有用之心思,施之于有用之地,日事讲求富强之效"①作为评价人才的重要标准。一方面,王韬甚为反对晚清保守主义思想家一味强调道德的主张,"不知兵甲修,而后道德尊;师旅雄,而后礼仪盛。设险所以守国,奋武所以安邦,非执其要则不足以抚中,非师所长,则不足以辑外"②,认为这种务虚的道德讲求"非所以为治也"。另一方面,他从自古迄今,中国社会中人才的名实不符现象入手,对真才匮乏、伪才辈出的原因进行了实用主义的解读。他指出,在中国古代社会,受道德主义影响和熏陶而培养起来的一代又一代的所谓人才,究其实质,则皆为一群怀抱"圣贤之经籍,上下三千年之史册",却几近百无一用,对现实的社会发展贡献甚微的"伪才"。他尤以当世学人的"无知"为例,来论证仅以所谓道德伪学为宗旨的伦理主义人才培养模式之可笑与荒谬之处。"中国人士,无论于泰西之国政民情、山川风土,茫乎未有所闻,即舆图之向背、道里之远近,亦多有未明者。此固无足深怪,独不解其于中国之事,如河槽、兵刑、财赋诸大端,亦问之而瞠未逮焉。"③王韬更将此等"人才"列之于"游民"之一,他指出,"今之所谓士者,皆有士之名而无士之实者也"④。他批驳这些所谓的士人,字义不明,句读未知,仅熟诵四子,即读八比,列于名试籍,便嚣然自称为士。而其实质皆为筋力脆弱,才智凡庸之辈,且既不能负贩,又不懂实际操作,只不过是借助士之名而掩盖其所短,借此得以置身于教读、训导学童,从而每岁取束脩养其生而已。⑤王韬将这等"游民"归入其改革思想所驱除尽净之列。在对

---

① 《万国公报》,1893 年 10 月 7 日。
② 王韬:《弢园尺牍》,新北:文海出版社 1984 年版,第 344 页。
③ 王韬:《弢园文录外编》,上海书店出版社 2002 年版,第 68 页。
④ 王韬:《弢园文录外编》,上海书店出版社 2002 年版,第 68 页。
⑤ 王韬:《弢园文录外编》,上海书店出版社 2002 年版,第 59 页。

中国传统"人才"之名实不符进行批驳的同时，王韬亦表达了对拥有实技的各类工商人才长期被忽视、轻蔑的现实之不满。他对这类拥有真才实学的"真才"得不到应有的社会和政治地位表示同情，对他们空有报国之心，却无报国之门的生存现状深为感慨。王韬根据自己的遭遇，深有体会亦不无自嘲地说："天下事大抵言之易，而行之难，所见能及之，而所行或不能赴之。事为创见之事，法为创行之法，而亟亟于进言者又只此草茅新进之人，即使一时能动当轴者之听，亦不过如异文奇论，聊备一说而已。岂真欲采择而行之哉？坐令良法美意，日消磨于因循苟且之中。言之谆谆，听之藐藐，从未闻有起而整顿之也。"① 正是这种错置的人才观，才导致了近代中国的贫穷落后与频遭外侮而无力还击，以及中国社会由传统向近现代过渡的进程如此缓慢和艰难。

最后，王韬的人才观突破了"严夷夏之大防"的思想禁锢，是具有近代理性精神和世界主义视野的人才思想。在中国中心主义的世界观和传统的华尊夷卑理念的主导下，中国以外之人民向来被视为"夷"民、贱民，而有关他们的学术与社会、科技发展成就，也为中国传统士子文人所不齿与不屑。受传统华夷观的影响，不仅国人对西方文化与西方人才持鄙夷的态度，而且对于国内早期接触西学、通晓外情的中国学人，也同样备受国人鄙弃。王韬早年因为生计而佣书上海，寄身于西舍从事翻译工作时就备受指责和批评，这种思想影响，可谓在中国传统知识分子的心中根深蒂固，虽然早年的王韬因译书工作，本人也经受过这种非难，但其当时仍是一位华尊夷卑论者，只是在经历了西方文化的洗礼后，才成为了中国最早突破传统夷夏观的先导人物之一。这种转变体现在人才观上，便是用世界主义的视野来看待中西人才，这从他于19世纪七八十年代，利用他与丁日昌、潘霨等在朝官员过从甚密的私交，向当局举荐的陈蔼廷、张芝轩，祁翰苏等"西学之才"中的佼佼者便可证明。王韬曾在《上丰顺丁中丞》一文中，为"应诏复出"的丁日昌建言献策，并阐述了他对时局的

---

① 王韬：《格致书院课艺》，上海书局1897年版，第385页。

第三章 王韬变革内政的思想主张

分析和应对策略，其中就涉及对当下人才选拔的建议，并推荐了几位他所看重的西学人才。此时他的人才观已然转向了"非西学和西学之人不足为功"的方向，他说："羁旅香港，十有四年矣。所识能于西国语言文字而具有深识远虑者，未尝无人，如陈蔼廷、张芝轩，皆其佼佼者也。张君明于欧洲情势，能见其大，著有《驭外刍言》，略加删润，敬陈左右，以备采择。陈君之学，不名一家，弱冠即在英国衙署，律例尤所深知。近为西字日报，以华人而作西报，向所未有。非其西学稍有可观，西人安肯倾倒若是？伍君秩庸，不惮久远，学津应京，固一时有志之士也。迩来肄习西学者虽众，而出类拔萃者甚少。如二君者，皆出西人之门，而为其所用。韬是以深惜天下之才，尽为西人牢笼搜括耳。如能用之，而使得奏其效，断在阁下而已。伏冀少留意焉。"① 从这里可以看出，王韬对陈、张二人的鼎力举荐全然出于对他们西学之深厚功底的赞赏，认为他们所学可为中国社会摆脱困境建功立业，是朝廷现时所急需的人才。在王韬眼里，无论是中学还是西学，抑或是中西方的人才，皆无差别，而在当时的时代环境下，他甚至更为强调西学胜于中学的突出优势，也更为重视西学人才对于近代中国存亡、发展的重要性。他曾明确提出，中国社会若不学西法、不聘西方人才指教或暂时管理，则断难实现摆脱困境和变革发展的目标，② 由此便可清晰窥见他对西学和西方人才的重视，以及多中心主义的人才观。由此可见王韬的人才观已完全摆脱了华尊夷卑观念的束缚，具有了多元化和世界主义的某些特征。

二 提封万里无人才

（一）对清廷育才不得其道的批判

既然人才决定国家的强弱盛衰，那么人才从何而来，国家又如何获得真才，便是求富强所首要解决的问题。然而，人才并非生而即成，皆由培育而塑造，正如"地之于草木，何地不生？国之于人材，

---

① 钱钟书主编：《弢园文新编》，生活·读书·新知三联书店1998年版，第284页。
② 王韬：《弢园尺牍》，新北：文海出版社1984年版，第253页。

何国蔑有？然则盛衰有不同者，无他，由乎养与不养焉耳"①。王韬认为，育才之道乃决定人材养成之根本。由此，对于当世"天下大矣，四海广矣，中国提封数万里，版籍数百兆，几无人才"②的状况，反思清廷的育才之道必然是解决人才匮乏问题的重要途径之一，而所谓的育才之道也即教育问题。

王韬对清朝教育的批判主要从以下几个方面着手：

其一，对时文的批判。王韬曾在应试科举之后就对八股时文育才、选才的制度进行过批判，他指出，今日变局已成，而"吾中国仍执守古法，举行旧例，拘文牵义，动援古昔，积习相沿，牢不可破。此则吾之所未解也！儒生则古昔称先生，非圣人之法，言不敢言；非圣人之法，行不敢行。稍有转移，则曰悖古。使其惟能守圣人之道，岂不甚善？无奈所言所行者，伪而已矣！究其所长，不过曰：时文也。以为此时王之制度，一朝之典，则断不可废者，而问其所用，则于治国驭世，毫无所裨，罔有所济，其名曰：代圣立言。夫圣贤之言，存于六经，又何烦邹孟之衣冠，腐儒之刻画？况乎，名如是，实则非也。陈陈相因，空谈无补，驱天下之儒生，尽为无用之学。儒生殚精粹神于此，毕世则不能穷豪杰之流，非此，莫由进身而，于是天下之选贤多矣，吾意必尽付之祖龙一炬而后快"③。正是国家以时文取士，才产生了"敝天下之人才"的结果。他批评清廷"终以此为抡才大典而惮于更张"，"而世之人才且群趋乎此，甚有髫年就学，而皓首无成者，迂谬坚僻，比之弃物。以有限之精神，有用之居，诸率驱之，而殚力于无用之时文，败坏人才至于此极，此贾生之必当为之痛哭流涕，而长太息者也"④。王韬对八股时文之徒求形式、虚妄无用可谓深恶痛绝，他批之为"非内圣外王之学也，非治国经野之道也，非强兵富民之略也，率天下之人才而出于无用者，正坐此耳"⑤。

---

① 王韬：《弢园尺牍续钞·拟上当事书》，中州古籍出版社 1998 年版，第 234 页。
② 王韬：《循环日报》，1880 年 4 月 3 日。
③ 王韬：《循环日报》，1881 年 8 月 12 日。
④ 王韬：《循环日报》，1881 年 8 月 12 日。
⑤ 王韬：《弢园文录外编》，上海书店出版社 2002 年版，第 6 页。

第三章 王韬变革内政的思想主张

对于如此败坏人才、斫丧人才的教育制度,而举朝之人,如瞶如聋,使其"累数百年而不悟",其结果必然导致"无真才,以至人才不能古若",对此,王韬甚为感慨和悲愤:"每一念之,未尝不痛哭流涕而长太息者也。"① 因此,他明确给出了"不废时文则人才终不出"的结论②。

其二,对清朝学校教育内容的批判。王韬认为清朝对教学内容的严格限制是造成实用之才不出的重要原因。他非常反对学校仅以四书五经、辞章考据的狭窄范畴为教学内容,认为这种让大批士子皓首穷经,浪费光阴的教育,培养了一代又一代仅务虚文而薄实行的庸才、伪才,遍布天下的士子文人中,"其能通当世之务者百不一二",尽为虚妄无用之辈。王韬特以三代的教育为参照,指出,"古者三代之时,自王畿至于诸侯之国莫不有学,其制甚备,其设甚广,人心既正,而风俗自驯,教化既洽,而材俊自出,是后世所以不及也"③。而当今社会,虽多设博士、增置生徒,学校之盛百倍曩时,却才俊不出,究其原因,并非今之人才不若古,而是教学内容的差别。相比当世局限、狭隘的教育内容,三代之教育内容则甚为广泛,"一曰六德:智仁圣义忠和,二曰六行:孝友睦任恤,三曰六艺:礼乐射御书数"④,可谓从"德""行""艺"全方位进行人才的培养,并以此作为人才选拔的标准。因此,当时社会所培育出的人才,皆悉六德、六行、六艺,且德行足以为人之师,才能足以应当世之务,教其所用,而用其所教,这是今世以习诵章句传注、崇尚文逞浮辞为内容的教育所培育的士人无法企及的,这也是造成古今治化之隆盛、衰败差异的基础性因素之一。因此,王韬认为,今世学校虽多,生员虽众,却"徒为粉饰太平之具而已"。

其三,对于教育理念的批判。对此,王韬依然是从古今的对比中

---

① 王韬:《弢园文录外编》,上海书店出版社2002年版,第6页。
② 王韬:《循环日报》,1880年4月3日。
③ 王韬:《去学校积弊以兴人材论》,载(清)陈忠倚辑《皇朝经世文三编》卷43,浙江书局1898年石印本,第23页。
④ 王韬:《循环日报》,1880年4月3日。

来阐述清朝教育的弊端。他强调"古之教学，不惟其书，惟其行；不惟其理，惟其事"，他认为此乃孔子所奉行与倡导的原则，"孔子曰：吾欲无言；又曰：吾无行而不与二三子者；又曰：行有余力，则以学文。盖以教人以德行为先，而不专以读书为事也"。孔子的弟子子贡曰："夫子之文章可得而闻也，夫子之言性与天道不可得而闻也，夫教之以实事程之以实功，于是乎实材出矣，可以通当世之务，可以供国家之用"①。王韬所倡导的教育理念是十分明确的，正如古代先贤们所奉行与主张的那样，教育应以培养实用之才为其目标，而不是为了读书而读书，同时，对于德行修养的培育，技能的训练等，也都应为教育之题中应有之义。教育应培养的是道德高尚、行为操守可行表率之效，并具备解决实际问题能力的真才。以此为标准，王韬批评今世学者"不惟其行，惟其事；不惟其事，惟其理"的教育理念，必定产生实才难出的结果。

其四，对于治教、仕学分离的批判。王韬曾言："古者治教出于一，上自人主，下至比长闾胥，莫非师也。而无所谓掌教之官者，盖吏乃师也，非有德行道艺者不能为吏；其为吏者，必其足为人师者。及至后世，治教分，而儒吏判。掌钱谷刑狱之事，名之曰吏；掌学校教授之任，名之曰儒吏。自为吏儒，自为儒，二者不相谋，而互相訾嗷。为吏者，不知先王之治道，而专以法令从事。为儒者不知经世之务，而专以浮文，是故学校之盛衰，不关于治化之隆替。"② 其实，王韬这里所批评的并非治教分离的制度，而是针对官吏个人的能力素养，着重于强调为吏者与为儒吏者的培养和选拔皆缺乏对综合能力和个人修养的重视。他认为，无论是为吏者，还是为儒吏者，都应既通先王治道，又谙熟经世之务，具备良好的道德修养和行政能力，二者不可偏废。唯有兼具这些品质，方才具备为官的资格。同样，"仕"与"学"也不能分离。他说："古者仕学为一，子夏曰：仕而优则学，学而优则仕。子产曰：吾闻学而后入政，未闻以政学者也。古者

---

① 王韬：《循环日报》，1880年4月3日。
② 王韬：《循环日报》，1880年4月3日。

学校所教者，莫非实事，故士之入学者，大而礼乐刑法，细而钱谷算数，莫不晓畅而谙历，故虽未入仕，而其所以可任之故，固已了然。"① 如此，当他日受封官职，便可用其所学而行之所仕，其施政的成效也易于获得。而反观今日，入仕之人所学者为章句，所业者则为文辞，且以科名为其志，而对于事关国家利害的时事，以及钱谷兵刑等实务，则既不知晓，亦漠然置之度外，若使其为学、为博士或为童子师则无甚大碍，但若出仕从事于簿书案牍，或其他从仕的实际事务，则概不能胜任。这种所学非所用，将"仕"与"学"相分离的情形，必然造成所育之才多为迂腐无用之流，虽然天下之人尽读书，但"尚虚文而饰太平，则可矣，望其治化之隆，则未也"②。

其五，批判文武殊途。王韬认为，当今文、武之才培养路径相异，造成了武人皆不知礼让为何物，儒者亦藐视武事的结果，这种文、武异途的培养模式，使得士气之颓靡愈不可救，而文士对于用武之事茫然不知。所以，他推崇古代的文武出于一途之法，认为"有文事者，必有武备，文以治国，武以捍难，犹之水火之性异，而相为用，故古者射御并于六艺，而教之于学，所以使其娴于武事，一有征战，人皆知兵，可以据鞍而从戎"③。这样，可以最大限度地激发、培养和利用人才。

其六，王韬批判当世教育的学而不专。这与他前面所倡导的全面培育人才的主张并不矛盾，是对培育人才的不同阶段所提出的要求。他认为，在学校教育的初级阶段，应注重全方位的知识习得与道德修养，但到了一定的时期，应注重专学一事，深入研习，正如三代之人，专于一学后出仕，则终身不改易其任，"故陶作士，益作虞，夔典乐，伯夷典礼，终始一官，不迁他职，其为事专，而功莫不成"。他特以汉儒为例，指出其"治专门之学，伏生于书，申公于诗，二戴于礼，皆以毕生之力，专治一经，故其为说深微，非后世所及"。而

---

① 王韬：《循环日报》，1880年4月3日。
② 王韬：《循环日报》，1880年4月3日。
③ 王韬：《循环日报》，1880年4月3日。

当世的治学，以四书五经、辞章考据为主体，且兼习诸经，涉猎杂书，散漫无纪，或搜抉异闻，徒供谈柄，多为无用而肤浅之学，虽然为学数十年，却鲜见识见、议论之长进。从事具体职事之吏员，朝秦暮楚，"今日治吏曹，明日移刑曹，未及熟其职事，则又转而之他，夫今日典礼，而明日典刑，虽伯夷陶胡能底其绩；今日治诗，而明日治书，虽伏生申公不能通其义"①。当今人才之坏正在于此。

除了直接的批评，王韬更以比照国外人才培育的优良经验与传统的方式，来反讽清朝育才之道的落后与积弊。他曾在《英德法俄美日六国学校数目》一文中，借林乐知之口，道出了造成近代社会，中日悬殊差距的教育根源所在，其中提到了日本学习西方教育兼重女子的传统，以振兴本国的女学育才之道，及其效法西制，进行教育改革，从而以培养人才入手，奠定了国家强盛焕新的基石。王韬描述日本的教育时写道："日本幼孩自少学习西法，出自平日父母之教训，所谓少成若天性，习惯如自然，已与泰西不甚相悬，其教习之法仿照英国北省章程，最为讲究。男女皆分塾督教，房屋均高大通风，并令学徒谙晓保养身体藏腑方法，虽伦敦巴黎无以加此。古时学塾墨守旧法，但读中国书，全不明格致要理，饱餐糟粕，以误终身。今皆读国外有用之书，测绘地图，认真不苟，论欧罗巴各国疆域甚详且尽"。正是因为如此，"谓通商泰西历年无多，而已能如此，国政人心效应如响，岂偶然哉？"② 王韬在对日本教育较为详尽的描述中间接批评了中国教育之陈腐的弊端，并由此提出了"自强之道以作育人才为本，求才之道以设学堂为先"的理念，认为中国应"仿西法立博文书院，拟设头等二等学堂各一所，以资造就人才"。此外，王韬也对欧美国家学校设立的数目，以及国家办学的财政支出，和给予学生的学费补偿政策等进行了详尽介绍，他对西方国家重视教育和教育投入，以及育才的方式和路径甚为赞叹和推崇，③ 这些都对他的人才观与教育改革

---

① 王韬：《循环日报》，1880年4月3日。
② 王韬：《重订法国志略》卷10，铅印本，清光绪十六年（1890年）版，第37页。
③ 王韬：《英德法俄美日六国学校数目》，载（清）陈忠倚辑《皇朝经世文三编》卷43，浙江书局1898年石印本，第24页。

第三章 王韬变革内政的思想主张

思想产生了重大影响。

王韬通过对清朝学校教育体制弊端的分析，找到了国之不强、人才不出的根本原因，认为"国儒者犹欲据古昔以为言，吾不知其是何心肝矣！此无他，胸襟不大，眼孔不高，未能智周乎八荒轶穷于六合也。今日之治，天下必如医家行倒仓之法而后可。废时文，弃部例，改官人之法，立取士之方，驱天下之人才尽归于有用，而后人才乃日出，天下乃可治也，是在变古以通今而已！"① 他虽常以三代的教育为对照来批判当世的教育机制，但并非复古或以其为改革的理想目标，他所看重的是古代人才培养机制中的具有普世性、合理性的因素。从他的批判思想中，可明显看到诸多西方元素渗入的印记，如对专才的培养和强调全面教育等，而他对西方及日本教育的推崇，更显现出他的教育改革方向。对清廷育才之道的批判，是其政治思想中呼唤改革人才培养机制的起点。

（二）对清廷选才未善其法的批判

以育才之道的批判为基础，王韬进一步揭露和批驳了清朝的取才之法，认为这二者逻辑关系紧密，都直接影响到清政府欲行王霸之略，讲富强之术，以达治中而驭外之目的的实现。王韬曾言："天下非无人才，患在取才之法未善，用才之志不专，又患在上之人不能灼知真才。"② 他认为，虽然清政府明白人才之于国家的重要性，尤其是面对中外之事无不动兹棘手的时局，朝廷对举贤的诉求也甚为迫切，"欲其出而相辅，遍验各直省督抚，博采旁踏，不遗余力"③，然而，对现行选才制度弊端的无知或无视，决定了这种求贤若渴的愿望终难以达成。王韬指出，"夫求才不外乎两端，曰考选，曰保举"。因此，他认为清廷选才之法的弊端之一，便在于其所施行的八股取士的科举制度。王韬对科举制度的批判可谓历时弥久，亦甚为激烈，自他科举失利之后，直至其晚年，一直未曾停止过对此制积弊的口诛笔

---

① 王韬：《循环日报》，1881 年 8 月 12 日。
② 王韬：《弢园文录外编》，上海书店出版社 2002 年版，第 5 页。
③ 王韬：《循环日报》，1880 年 4 月 3 日。

伐。他说："今国家取士，三年而登之贤书，升之大廷，称之曰进士，重之曰翰林，以为天下人才在是矣。"① 却不知"帖括一道，至今日而趋益下，庸腐恶劣，不可向迩。乃犹以之取士，曰制科，岁取数千百贸然无知之人，而号之曰士。将来委之以治民，民其治乎？"② 王韬认为，国家通过僵化、迂腐的科举制度，将大批士子文人束缚在八股帖括的研习中，而以此标准和途径不仅所甄选出来的士子难有真才，更将有用之才扼杀、阻滞于仕门之外，正所谓："天地生才，而国家非惟不能用，又从而摧残屈抑之，以自斫其元气。"③ 这种扼杀灵性、泯灭智慧的取士之制，使天下之士皆受其愚，且因其徒以功名富贵鼓舞人心，而使贪慕求荣之人辈出，不仅有悖于国之求贤的目标，实乃百害而无一利的弊政，王韬更将其视为造成近代中国衰败、落后、黑暗的万恶之源。王韬所批判的清朝选才之法弊端之二，则为保举制度。他说："近日保举一门，亦仅奉行故事耳。上则殷勤以求之，而下则淡漠以应之，遂令朝廷侧席求贤之意匿于乌有，视作其文非惟不能感动士庶，鼓舞人才，徒以为老生常谈耳。此有志之士所以一思及之，而不胜愤懑者也。至于各直省督抚保举人才，尤不可问，非其私人，即其朋党，狗情面，受赂遗，从请托，门生子弟、亲戚故旧，盘踞固结。"④ 王韬认为，现行的保举制并非取才之正道，实为官僚体系索贿行私、徇私舞弊提供了路径，更成为各级官僚培养同僚、排斥异己的重要手段。清朝的腐败体现在保举制上便是通过保举之途所选拔之官吏，其个人能力与德行几无保障，能否进身，皆全赖于背景、门第和人脉联络，"此自好之士所以远，而人才莫进"之原因所在。保举制度，用资格条件将众多有识之士杜绝于此途，布衣韦素之士，即使才干超群，亦难获进身之机。而各种善于阿谀逢迎、揣度上司之喜好之徒，更容易通过各种背后运作和交易获得职位。王韬批驳此制所产生的结果必然是，"伪才进，真才退，常才来，奇才去。

---

① 王韬：《弢园文录外编》，上海书店出版社2002年版，第6页。
② 王韬：《弢园文录外编》，上海书店出版社2002年版，第12页。
③ 王韬：《弢园文录外编》，上海书店出版社2002年版，第6页。
④ 王韬：《循环日报》，1880年4月3日。

以今日保举之法言之，只能得伪才，而不能得真才，只能得常才，而不能得奇才"①。因此，王韬主张应对保举一途尽行改革，除其弊，显其利，使其发挥选拔真才的效用。

三 育才在学与选才在专

通过对清廷育才、选才弊端的批判，王韬提出了他全新的人才培育和选拔主张，这成为他政治变革思想中的亮点部分。王韬教育改革的构想是以建立带有西方资产阶级性质和特色的教育体系为核心内容的，他看到了西方的人才培养机制在实现国家富强、繁盛目标中的基础性作用。因此，教育改革和建立全新的教育制度体系是其人才思想的重要构成部分。同时，在教育改革的基础上，王韬亦十分强调和重视选才的问题，认为培养人才之目的终在于使所育之才能得妥用，而清廷现有的人才选拔格局和制度却弊端百出，几无益于选拔真才。因此，他视改革现有的选才制度和政策为当务之急，并提出了较为完善的并带有西方选举特色的改革主张。

（一）废时文、重实学、育专才的育才改革思想

王韬对旧教育的批判是为了建立起他所期望的新教育体系。而他所要建构的新教育体系既有对传统教育的延续，更体现出诸多带有西方资产阶级教育观念和内容的新特色。他认为，只有这种全新的教育理念和制度，才能真正体现出民本的原则，才能真正沟通君民、改变民众的生存现状，并培养出有助于实现富国、强国目标的真才，这种教育体制和内容才真正适应教育自身的规律和要求，并符合近代社会发展的总趋势。王韬的教育改革主张可主要概括为废时文、尚实学、重专才、普及化等几个方面。

王韬认为，改革育才之道的首要任务，便是废除八股时文，将这一壅闭天下人才的毒瘤彻底切除。因着以八股取士为官方的标准，故而时文成为各级学校教学和育才的主要内容，天下学人也皓首穷经于

---

① 王韬:《循环日报》，1880年4月3日。

此，"夫人幼而学，壮而行，出其家修"①，只为能够通过这种完全应试型的教育和培养，获得有朝一日登科中第的机会。然而，"以无用之时文，为进身之阶"，其结果便是培养了一批又一批的虽"名之曰士，而其实则一物不知"的庸才、伪才，他们所学非所用，所用亦非所长，即使入仕，也根本无力完成察吏、治民等任务，不过空耗国家赀财罢了。因此他认为，改变中国目前的人才培养格局，其首要之举便是废除八股时文，他说："不废时文，人才终不能古若，而西法终不能行，洋务终不能明，国家富强之效终不能几。"② 废时文，取而代之以讲求有用之学。王韬认为，既然人才培育以登科进士为目标，那么就应首先改革当下科举取士的科目内容，以此来影响育才内容的更易，具体方案为："考试者，曰经学，曰史学，曰掌故之学，曰词章之学，曰舆图，曰格致，曰天算，曰律例，曰辩论时事，曰直言极谏，凡区十科"③，这样，教育和人才培养的内容也应以此为主导，如此便能达到以有用之学育有用之才的目标。需要注意的是，王韬虽提倡废除时文，但重点是针对八股时文的文体形式和相应的培养内容，并不是完全废除传统教育的经史内容，对中学的传统内容是他所要保留的部分。因此，他特别强调，虽废时文，却非全然照搬和仿效西法，而是"经以裕其学，史以博其识，考舆图，明象纬，然后能知古而通今"。在掌握通博的知识以后，才能够顾及根本，"而本根所系，则在乎孝弟忠信、礼义廉耻，必先以士始"④。可见，王韬所主张的废除时文，并未动摇其中学根基，儒家的伦理道德和学说体系并不在他所要改革的范围之内。

重视实学教育是王韬育才思想和教育改革思想的重点所在。王韬对实学的看重，既受到游历欧洲所历所感的影响，也与当时中国社会经世实学之风的兴起和蔓延不无相关，实为借中国经世实学之思想源泉，汇入西方格致之学的支流而形成的近代新式教育思想体系。具体

---

① 王韬：《弢园文录外编》，上海书店出版社2002年版，第30页。
② 王韬：《弢园文录外编》，上海书店出版社2002年版，第28页。
③ 王韬：《弢园文录外编》，上海书店出版社2002年版，第31页。
④ 王韬：《弢园文录外编》，上海书店出版社2002年版，第31页。

第三章 王韬变革内政的思想主张

而言，王韬所主张的教育内容，首先以通古明今为前提和基础，"古则通经术，谙史事；今则明经济，娴掌故"。同时，应具备"舆图、算术、胥统"等基础知识，注重"实事、治民、鞫狱、理财、察吏，才为文章词令、策论诗赋"等能力的培养，且育才"尤在乎立品为先，用以表率闾，所谓瑞士习者，此也"①。王韬认为，唯有以此为育才之道，方能培育出具有实际才能的真才，以俾于国家。王韬在评述法国教育的时候，对其制度和措施甚为推崇，特别提到法国府州县镇中所设立的私塾遍及乡壤，且皆以治杂学、习各技、习兵法、开河道、造器物、博古通今、各国语言文字、历算、地理、史学、图画、气机等为培养科目，几乎无所不包，因此，该国中高材博识之士不乏其人。② 这些教学内容正是王韬所要进行的教育改革的参考，他将这些实学实用的知识，引入了中国的教育体系当中。在他晚年主持上海格致书院之时，这些课程成为学员受教的基础教学部分，几乎完全照搬了西方的模式，不同之处只在于对中学基本科目的保留。

王韬的实学、实用主张还体现在他对专门人才培养的重视上，这是王韬教育主张中的一个亮点。张海林曾将王韬的专才培养方式主要归纳为外语学校、武备院、水师院、舵工馆、艺术院五种专科学校，③然而就其所依据的相关原文记录来看，专门学校一说甚为牵强，尚缺乏论据，但可以确定的是，王韬本人对"才有数等"、育才尚专的主张是确定无疑的。他曾出于对中西彼此了解程度悬殊的担忧，而建议于各口岸设立译馆，"凡有士子及候补人员愿肄习英文者，听入馆中，以备他日之用。果其所造精深，则令译西国有用之书"④，希望通过培养一批精通西国文字的专才，译著西方"专门名家之学"，以达洞悉西人之性情、掌握西国之技艺，进而探其发达之密钥的目的。他也曾详细阐述过对于专门武才的培养和选拔问题，王韬认为，国家应文武二途并重，从幼年的学童培养文识起，便注重对于武才的选择与培

---

① 王韬：《弢园尺牍》，新北：文海出版社1984年版，第341页。
② 王韬：《重订法国志略》卷17，铅印本，清光绪十六年（1890年）版，第30页。
③ 张海林：《王韬评传》，南京大学出版社2002年版，第346页。
④ 王韬：《弢园文录外编》，上海书店出版社2002年版，第26页。

育，王韬强调应设立学、艺、力三科以取士，他认为："学之大者，首在地理、兵法，明乎山川阨塞，熟于行陈进取料敌，审视屯营设伏，无不具有方略，如是，则军行不蹶，我战则克，此所谓大将、名将才也。艺者，如建营垒，筑礟台，制造枪礟器械，及一切攻占守御之具，因敌而施，无不布置有方，深重要害，此所谓能将才也。力者在乎发礟鸣枪，命中及远，洞坚折锐，荡绝无前，此所谓战将才也。操演营兵，以惟首重枪礟而已，后则佐之以短器，平日训练之法莫若王骧所云：练胆、练技、练阵、练地、练时五者为最善，而参之以西法，练兵尤易取效。水师则重在制造、驾驶、瞭望、攻击，而其收功专在于炮，自有外洋轮舶激电追风而觉一切之船可废，沿海疆臣所宜讲求，而尤必使其出入海洋，冲涉波涛，以尽其能事，而后战舰方非虚设。"① 王韬的这些主张与传统儒家的"君子不器"思想可谓背道而驰，却十分接近近代西方国家的专业化教育理念与模式。

此外，王韬将教育的对象指向普罗大众。王韬虽未曾明确提出人人都有接受公费教育的权利，但从他对义学、女学等的赞扬与倡导中清晰可见其平民教育和公平教育的想法，以及普及性教育的意向。在相关论述中，他尤其强调基层的教育问题，提出在官学体系之外恢复并兴建义学，以弥补官学系统中"贫子弟无力就傅者"之不足，通过"乡设义学，教导有序"，使"子弟之俊秀可造者得以习文，资秉鲁钝者亦得工于艺，直可使野无遗贤，里无废人，其效之可睹盖有如此者。方今朝廷重西学，尚实行，不惜破成格以收奇士，将见义学之中岂无殊尤拔萃之姿，足以破浪乘风，慨然抱宗悫终军之志，驰驱异域，探求绝艺者"②。这样一来，不仅可以敦风俗、崇教化，更可通过教育乡间子弟，以达培育和造就英才，备日后国家之用的目的。另外，这种普及化的教育理念还体现于他对女子教育的提倡，王韬曾特别提出过女子受教的问题，他认为女子应和男子一样接受教育，国家应"立女学校教之，女才出矣！"他的这一思想既受到鸦片战争前后

---

① 王韬：《弢园尺牍》，新北：文海出版社 1984 年版，第 342 页。
② 王韬：《弢园文录外编》，上海书店出版社 2002 年版，第 185 页。

第三章 王韬变革内政的思想主张

西方传教士对男女平等的宣传和兴办女学实践的影响,更直接来源于旅欧途中对西方女教实践的体会,他视法国"教化下及乎女子,国中女塾公私并设"①的平等教育模式为该国教育成功的重要原因之一。因此,他明确提出"西国重女教,立女书院,中国宜仿其意",仿效西法,推行女学教育以提高女性知识素养,给予她们平等接受教育的机会和权利。对于具体如何实施,他指出:"各省立女学校,延女师教之六经六学②。女之才者,贱得为贵,妻妇得为夫师。"③ 如此一来,男女皆可受教,以自身才学为国效力。王韬此说,在近代早期启蒙思想中具有代表性和引领性,也为戊戌维新时期的女学教育主张提供了思想营养。

总体而言,在当时的历史背景下,王韬的这些思想主张一方面体现出鲜明的实用、实效特色,并始终以富国、强国为宗旨和依归,他所期望的人才是以能够实现改革需要和洞明时变为标准的;另一方面也清晰地显现出这些内容在他所处时代的转折与启蒙特征,既秉承了中国传统的重才思想,更吸纳了近代西方国家人才观的现代性元素,在强调人才培养的多元化与专业化,以及教育面向大众的同时,开启了中国教育逐渐脱离政教合一,以及由传统模式向适应近现代社会需要的教育体系转变的契机。

(二) 变革取士之法的选才主张

在王韬看来,造成当世天下"败坏人才,斫丧人才,使天下无真才"局面的原因之一就在于选才制度的弊端,而这一弊端对政治系统的影响更为直接。因此,在对其进行批判的基础上,他明确提出了"取士之法宜变"的主张,并指出"今日服官筮仕者,科目、捐纳、保举三途并进,杂矣,滥矣。必当痛加沙汰,严为甄别,不必论声华,尚文字,惟以才干品诣为衡量而已。试之以事理则能呈,投之以

---

① 王韬:《重订法国志略》卷17,铅印本,清光绪十六年(1890年)版,第30页。
② 张海林在《三韬评传》中将"六经六学"注为:"六经"指四书合为一经,加原五经并称之;"六学"指西学中几何学、化学、重学、热学、光学、天文学、地理学、电学、兵学、动植学、公法学等中的任意六项。
③ 《万国公报》,1898年8月16日。

艰巨则才见，委之以判决则识明。上日接见属员，勿间时日，比使之从容谈论，得以尽其词。而所以遴选守令者，尤必倍加严慎"①。以此为总原则，王韬主要从科举和保举制度两个方面提出了他的变革主张，而对于捐纳一途，他则明确提出废弃之，前文对此已有详述，此处不赘。

首先，改革科举取士制度。王韬对清廷科举取士制度的弊端曾有过深刻批判（前文中已有详述），然而他却从未提出要废除此制，同他的渐进式改革思路相一致，他倾向于通过以新换旧、步步为营的方式，逐步替换和改造旧有的取士制度和模式。对此，他提出的总原则是，废除时文，"专尚实学，务求其明晰实务，通达政体，于钱谷兵刑诸大端无所不通，使其于进身之时，即为做官之地，文字则其末也"②。在此基础上他提出了诸多具体化的改革方案，主要涉及文武二途选官的标准和考核问题，尤以针对科举考试科目和内容的革新为要。他指出："储才之道，宜于制科之外，别设专科，以通达政体者为先，晓畅机务者为次。即以制科言之，二场之经题宜以实学，三场之策题宜以时务，与首场并重，庶几明体达用，本末兼赅，此寓变通于转移之中，实以渐挽其风气而裁成鼓励之。四五科之后，乃并时文而废之，则论者不议其骤革矣。"③他曾著以专文特论变革试士之法，提出两种参考方案："试士之中定有章程，自科岁两考，由州县录案，及学院案临，即于正场将次题改为策问，专举外国掌故，以试其会否，留心倘茫然莫知，制艺虽工，亦不录取；或别为一场，其有肄习西国文字、政治者，许报册考，录乡会两科，策问之中，亦必专问一道，以观其学识若何，则国朝之制并无废堕，中西之学亦非偏重，而人皆用心于经世之学矣。"④王韬意图以此渐废时文，而突出当世之实学、实务在人才选拔中的重要性，对此，王韬亦曾在写给李鸿章的信中提出分八科考试的主张，"今请分八科以取士，拔其尤者以荐诸

---

① 王韬：《弢园文录外编》，上海书店出版社2002年版，第34页。
② 王韬：《弢园文录外编》，上海书店出版社2002年版，第39页。
③ 王韬：《弢园文录外编》，上海书店出版社2002年版，第14页。
④ 王韬：《循环日报》，1880年5月19日。

第三章 王韬变革内政的思想主张

上,一曰直言时事以觇其识;二曰考证经史以觇其学;三曰试诗赋以觇其才;四曰询刑名钱谷以观其长于吏治;五曰询山川形势、军法进退以观其能兵;六曰考历算格致以观其通;七曰问机器制作以尽其能;八曰试以泰西各国情事、利弊、语言文字以观其用心。行之十年,必有效可见"①。王韬提出的这种分科,可由士子任意选择己之所长以应试,而无论出自哪一科,"都得取之为士,试之以官"。他认为,通过这种增加考试科目的方式,以及加入各种与现实相关联的实学、实务等考核内容,可以改变和弥补以往科举取士所设科目空洞狭窄、流于形式,不能广纳实用、实干之才,且将众多具有真才实学或一技之长的专才拒之门外的缺憾。而对于武科的人才选拔,除了八科取士中的相关要求外,王韬进一步更为具体地指出,"宜为弓刀矢石之外试以火枪,必能命中及远,乃为合式,然后取录。无论水路营兵,如有缺额,若武生自愿充当,则先为选用。凡市井无赖辈,悉屏不用。以时训练,倘有奇才异能,堪做偏裨,立即拔擢。是则学有片长即可列于胶庠之中,以奋于功名之路人,非甘于自暴自弃,岂有不争自砥砺以冀愿名于当世,为门户之光宠,为族党之荣耀哉?"② 如此所选之武才,必为适应当世中外之军情时局,通过不拘一格地选拔奇才异能,给他们以实践中提高和升擢的机会,亦可为培养和造就将才提供人才资源。此外,王韬还强调,武科的人才选拔应注重"其上者则曰有智略,能晓悉韬钤,深明地理,应敌之机,制敌之命;其次曰用略,能折冲御侮,斩将搴旗;其次曰制器,造防守之具,明堵御之宜,其建筑炮台、制造机器,悉统诸此,务足以尽其所长"③。唯有以此为标准,方能选拔和征用到优质的兵源和武才人选。王韬认为,通过这种文武两途的兼收并进,便可形成他所谓的"野无遗贤,朝无幸位,而天下之人才自然日渐其盛"的局面。王韬的这些改革方案充分体现出了他"务实学而重真才"思想主旨,这里既有应对当

---

① 王韬:《弢园尺牍》,新北:文海出版社1984年版,第279页。
② 王韬:《循环日报》,1880年5月19日。
③ 王韬:《弢园文录外编》,上海书店出版社2002年版,第31页。

世内忧外患局面的现实需要，也包含着王韬个人对世界大局及未来趋势的敏锐洞察和具有前瞻性的判断能力。王韬对科举弊端以及由此而导致的政治危机深有体悟，意识到变革科举制度是时势所趋的必然选择，但遗憾的是，他和同时代的改革家、思想家一样，最终还是难免滑入理想主义的窠臼，在不变革上层建筑，以及为此而服务的意识形态的前提下，仅通过对科举制度的修补性革新是不可能出现他所期望的"野无遗贤，朝无幸位"的理想画面的。在古代专制王朝的统治中，科举对于强化皇权，巩固中央集权的政治制度可谓意义重大，它始终与专制帝制统治系于一脉，其内容和形式也都是为这一目标而服务的，因此，它的弊端也不可能通过自身的修补来消除。然而，这种认识上的局限性是王韬及其所处的那个时代的学人所难以克服的，自然也不能因此而抹杀其思想中有价值的成分。应当看到，王韬在延续林则徐、魏源、龚自珍以及冯桂芬等人对科举和考选制度的批判与改革思想的同时，亦有其创见，他提出的变革主张中所蕴含的现代性成分和诸多带有启蒙性的内容，如对西法、西学的吸纳，对选官全面性的要求，以及对专才的重视和强调等，不仅符合时代发展的趋势和当时的世界形势，也为后来者改革中国的教育和选才制度指明了方向。

其次，改革保举制为乡举里选和荐举之法。保举制度作为古代官吏向朝廷荐擢人才的重要方式，在明清时期被广为沿用。清朝滥行保举的现象十分严重，尤其在军营和州县体系中，管理混乱、保案层叠的情形非常普遍，加之与捐纳相结合，造成了极为严重的仕途壅塞、吏治腐败的恶果。王韬对此亦体悟深切，保举本是与科举互为补充的选才途径，为的是突破资格所限，将民间有才德或突出贡献的优秀人士纳入朝廷，以备国用。而事实上，通过各种方式进入仕林的人士，多数是所用非其人，即使确有真才实学，也难以获得施展的机会，他说："今日所举人才，大抵不限于一格，非布衣韦素之士，即伏处于严穴中者耳。即使征聘之后，量才受职，宠以头衔，赐以糈秩，而爵不过一命，禄不过斗升，其为任也，亦不过于督抚司道衙门差遣委用，藉共奔走，以唯诺于大廷监厕于众芋而已。求其广布长才，自舒抱负，则恐未之能也。是出犹未出也，用犹未用也。久之，必以不能

第三章 王韬变革内政的思想主张

见其所长而黜矣。"① 加之官场上各种阿谀之风盛行，对于"士之抱道自重者，不甘为逢迎阿谀，以揣摩上官之喜怒，苟上之人以常人待之，必不屑为之用"，故而，王韬认为，对于"非常之人，必遇之以非常之礼，委之以非常之任，然后能建非常之功。若但循例以招贤，非破格以求士，则人才终不至也"②。因此，王韬提出改革现行的保举制度，代之以"古者乡举里选之法"，具体而言，便是"拔一乡一里之尤者，供之于邑；拔一邑之尤者，供之于府；拔一府一州之尤者，供之省；各直省皆设立储才之馆，以乐育人才，量其所能而任之以事天下。不皆全才，故一才一艺，亦必俱收，立蓄使之，各效所长。其中，实有见为真才奇才者，则予以不次之擢"。若能够在乡举里选的基础上，完善保举制度，"余不禁晨夕以望之能，如是而人才不出，天下事尚不足以有为者，吾弗信也"③。他认为："行古者乡举里选之法，孝弟、经济不专于一门，即使其疲车羸马，庐墓割股，致饰于外，而亦足以厚风俗，正人心。"④ 与此同时，改革过去的科目法中对所选之人德行的考察，皆由乡举里选给予评判，"大抵必如前代科目法，区为数门，首曰孝悌贤良，次曰孝廉方正，三曰德著行修，四曰茂才异等。此四者皆由乡举里选，国家不必试其文章，但当优其奖励，以厚风俗，以端教化"⑤。这样一来，既省去了国家考察的烦琐程序，也解决了以往科目法中考核个人德行的徒具形式、毫无实效的问题。而对于如何施行这种乡举里选，王韬则提出仿效英国，施行荐举之法，"必平日之有声望品诣者，方的擢为民上，若非闾里称其素行，乡党钦其隆名，则不得举，而又必准舍寡从众之例，以示无私"⑥。而对于这种荐举权利，王韬则明确指出应"自下以达至之上，采之舆论，参之公论，令一乡一邑，得以公举其所优，以所举最

---

① 王韬:《循环日报》，1880 年 4 月 3 日。
② 王韬:《循环日报》，1880 年 4 月 3 日。
③ 王韬:《循环日报》，1880 年 4 月 3 日。
④ 王韬:《循环日报》，1880 年 4 月 3 日。
⑤ 王韬:《弢园文录外编》，上海书店出版社 2002 年版，第 30—31 页。
⑥ 王韬:《弢园文录外编》，上海书店出版社 2002 年版，第 89 页。

◇◇◇ 王韬政治变革思想研究

多者，呈之于官，然后择用焉，则其荐举公矣"①。施行荐举之法，并对官吏的行为施行监督，"如官吏擅作威福，行一不义，杀一无辜，则必为通国之所不许，非独不能保其爵禄而已也。故官之待民，从不敢严刑苛罚，暴敛横征，苞苴公行，簠簋不饬，朘万民之脂膏，饱一己之囊橐"②。王韬这里所提倡的乡举里选，并非希图复古，除了借三代以表达对美好政治的向往之外，同自西周以来的"乡举里选"最为不同之处在于，突出并强调民众在选举中的作用。历史上的"乡举里选"具体选择权掌握在各级长官手中，由他们从乡民中选拔"德兴道艺"优良者，以备所用。而王韬此时所推崇的乡举里选和荐举，更为强调民众在选拔和监督官吏的过程中所起的作用，凭借民众，及其舆论的力量来行使这种权利。而在王韬看来，保举制弊病丛生的最严重后果之一，便在于它对民众的疏离、架空甚至违背民意，让诸多无德、无能之辈充塞于官吏队伍之中。因此，革新保举制，必然要改变民众在官吏选拔和监督中的地位和作用。应该说，王韬所倡导的这些改革，并未脱离前辈学人的思想框架，仍然缺少现实的可行性。但他的思想价值在于，他比林则徐、魏源、冯桂芬等人，更为清晰而明确地描绘出了他所参照的西方体系，也因此，他的改革方案内容更为具体、精确，对西方良政的借鉴亦更为全面，当这种改革的条件具备之时，便可成为后来者直接可用的资源。

---

① 王韬：《弢园文录外编》，上海书店出版社2002年版，第89页。
② 王韬：《弢园文录外编》，上海书店出版社2002年版，第89页。

第四章　王韬对外观的转变
　　　　与外交主张

　　近代西方国家对中国的入侵，破灭了清王朝所自我沉醉的中国中心主义和"华尊夷卑"的美丽泡沫，也迫使国人开始接受和重建新的世界观，并重新定位中国在世界中的地位。王韬作为最早踏出国门的一代先进知识分子，在亲身体验了世界之广阔和西国之发达以后，不仅率先完成了世界观和国家观的转变，并成为近代外交观念的开拓者之一，提出了诸多具有开创性的对外思想和驭外主张。外交是内政的延续，王韬的外交观念和改革主张是其政治变革思想的重要构成部分，且始终围绕富强的主旨，以务实为原则和主要特征，并难能可贵地率先做出了国家间关系的实质为"利益"和"实力"的判断，这些富有启蒙性的宝贵思想资源，显示出王韬卓尔不凡的开阔胸怀和视野。不仅对处理当时的外部危机具有指导意义，它的普适性价值和独具特色的观点，更为后世的思想家和政治家提供了可资借鉴、利用的模板和素材。

第一节　华尊夷卑到华夷异俗

　　与其说王韬的外交思想是一种改革，不如称其为建构。因为，古代中国在天圆地方、中国居中的地理观和伦理观所构筑的"华尊夷卑"观念指导下是没有外交可言的，外交观念是建立在世界主义视野的国家观基础之上的。中国真正意义上的外交思想形成于第二次鸦片战争之后，伴随着国人对外部世界认知的拓展和外力的步步侵入，原有的华夷观念体系逐渐瓦解，一些思想先行者开始参照近代西方国家构筑的国际公法体系来看待和处理国家间的关系问题，外交观念渐趋成型，王韬便属于这些早期的先驱思想启蒙者之一。传统"华夷观"的转变，以及近代国家观念、主权观念的初步形成，是王韬外交思想得以确立的理论前提和思想基础。

一 华夷观的转变

（一）早期的中国中心主义世界观

我国自周代起便形成了较为系统的华夷观，历经春秋时代的攘夷运动之后，华夷在政治、文化等方面的高低、优劣之别，已成为人们普遍的思想观念，并作为儒家思想的重要内容之一延续了几千年。这种以古代中国中原地理、文化的优越感为核心的传统观念，影响了一代又一代的士子文人，成为一种根深蒂固的文化传统。美国汉学大师费正清，曾将古代社会以中原汉文化为主导的东亚世界政治秩序称为"华夷体系"。这一体系不仅确立了古代汉族政权在国内和东亚地区的政治和文化统治地位，也确立了统治阶级处理对外关系和民族关系的基本理念和模式，各朝各代的统治者更是无不恪守"严夷夏之大防"的原则。然而，这种华夷观在延续至清王朝时发生了一些变化。清王朝一方面极力反对传统的华夷观，但另一方面又通过继承中原文化，以华族自居等方式，解决了自身因华夷之辨而产生的统治合法性问题。伴随这一过程，传统"华""夷"的内涵发生了重大变化："华"的内涵得以扩展，从专指汉族扩展到了包括满族在内的所有中国民族；"夷"的内涵也从主要指称国内少数民族转变为主要指称外国人，特别是西方的殖民者。为此，在继承古代华尊夷卑、以夏变夷的传统思想基础上，便形成了中国是世界中心的观念。这一变化自雍正朝禁绝西人传教士在华活动开始，到乾隆时期修订的《皇朝文献通考》将世界描述成"中土居大地之中，瀛海四环。其临边傍海而居者，是谓之裔；海外诸国，亦谓之裔。裔之为言边也"[1]，将传统的

---

[1] （清）张廷玉：《清朝文献通考》，浙江古籍出版社2000年版，第375页。

第四章 王韬对外观的转变与外交主张

华夷论推向了一个新的高峰,体现在对外关系的处理上便是实施了前所未有的封闭制度和政策,对中外交往施行严加限制和强硬的态度,并且对外来文化予以全盘否定,进行排斥和抗拒,传统的华夷观也因清政府的盲目自大和闭关锁国而愈发成为禁锢人心和限制国家发展的镣铐。

同所有中国古代的士子文人一样,自小接受传统教育,饱读儒家圣人经卷的王韬,有着根深蒂固的华尊夷卑观念,必然成为"中国中心论"天下观的继承者。在他迫于生计而不得已"屈身"于西舍,在上海从事译书工作的时候,他曾不止一次表达过对于自己此番行为的无奈与深深自责。在他写给妻兄杨醒逋的信中曾诉其苦衷:"天地生才不数,处世亦不苟,韬常以为然,及至今日,有不敢尽信者,韬年十九,已事博涉,才虽不逮古人,而风雨一编,靡间晨夕,不可谓非劬书媚学者,初不料时命之不偶而沦落于无知之俗也。事至于此,诚为已矣,岂复能嘐嘐然诩名尚品炫智矜奇哉。"[①] 对于屈身于洋人译馆的现状,王韬也曾自我安慰道:"教授西馆,已非自守之道,譬如赁舂负贩,只为衣食计,但求心之所安,勿问其所操何业。译书者彼主其意,我徒涂饰词句耳,其悖与否,固于我无涉也。且文士之为彼用者,何尝肯尽其心力,不过信手涂抹,其理之顺逆,词之鄙晦,皆不任咎也。由是观之,虽译之,庸何伤。"[②] 话虽如此,然其内心的挣扎与痛苦由此可见一斑。对于夷人的认识,他始终未改"华洋有别"的观念,并从内心深处鄙视和排斥西人。他曾在日记中援引《左传》中的"非我族类,其心必异"之语,说同西人"饮食者欲固不相通,语言动作尤不可苟"[③],且"西人隆准深目,思深而虑远,其性外刚狠而内阴鸷"[④]。他认为,"西人素攻心计,最为桀黠,其窥伺滨海诸处,虽非利吾土地,而揣其意,几欲尽天下之利而有之"[⑤]。

---

① 王韬:《弢园尺牍》,新北:文海出版社1984年版,第50页。
② 方行、汤志钧整理:《王韬日记》,中华书局1987年版,第92页。
③ 方行、汤志钧整理:《王韬日记》,中华书局1987年版,第65页。
④ 方行、汤志钧整理:《王韬日记》,中华书局1987年版,第83页。
⑤ 方行、汤志钧整理:《王韬日记》,中华书局1987年版,第82页。

◇◇◇ 王韬政治变革思想研究

他在给徐有壬的上书中亦批评西人"桀黠其天性然也,其律重商而轻士,喜富而恶贫,贵壮而贱老,厚妻子而薄父母,知俯育而不知仰事"①。王韬认为,中国在德礼方面也远胜于西方,"刑政之修,德礼之著,中西优绌于此而显判矣。西国风俗似甚质朴,而暴慢之气即士夫亦时流露,而不自知。中国风俗似渐浇漓,而谦让之风即妇孺亦多濡染,而罔敢悖。且西国民,得自主,党与既盛即可抗违朝廷;中国民,重纲常名分所在,莫不凛尊宪典。论者不察,辄以技艺之巧,财贿之聚,谓足称雄于宇宙,睥睨乎古今,亦恶知陶镕其品性变化其气,实非政教修明,德礼并著,究虽以辨上下,定民志,而成治内攘外之谟,致长治久安之懿也哉?"② 在这里,王韬的文化优越感显露无遗,认为西方国家只不过是凭借为国人所不齿的奇技淫巧而聚集了赀财,而在更为根本的品性修养方面却毫无可取之处。他将西方之国视为才德皆属劣等的民族,对于夷人的鄙薄由此可见一斑。

与此同时,王韬对中国民生凋敝、国势积弱而备受西人侵逼和凌辱,遭遇诸多不公待遇的现状亦有着清晰的体认,他看到西人"待我华民甚薄,佣其家者,驾驭之如犬马,奔走疲困,毫不加以痛惜;见我文士亦藐视傲睨而不为礼,而华人犹为其所用者虽迫于衣食计,亦以见中国财力之凋敝,民生之窘蹙也"③。对于这种"西人之侵我中国也日益甚,而中国人士亦甘受其轻而莫可如何"的情状,王韬认为实难忍受,亦无比痛心和愤恨,更加深了他对"以夷变夏"的担忧。因此,王韬认为:"中外异治,民俗异宜,强弱异势,刚柔异性,溃彝夏之大防,为民心之蟊贼,其害有不可胜言者矣。"④ 他主张由于中外在政治体制、国力强弱、文化风俗,以及民生民情等方面皆不相同,中国必须严守夷夏之防与华洋之辨,杜绝西人来华的交通便利,以免后患无穷。在王韬和传统中国士人的眼中,只有以夏变夷,而绝不可能、也不可以出现以夷变夏的情形,他说:"奈何欲以暂来之西

---

① 王韬:《弢园尺牍》,新北:文海出版社1984年版,第76页。
② 王韬:《循环日报》,1880年12月11日。
③ 方行、汤志钧整理:《王韬日记》,中华书局1987年版,第83页。
④ 方行、汤志钧整理:《王韬日记》,中华书局1987年版,第82页。

第四章 王韬对外观的转变与外交主张

人,易数千年之中国,用夏变夷则有之矣,未闻变于夷者也。"① 而传统的夷夏之防的目的,也正是在敌强我弱的情势下,避免中国发生变夏于夷的后果。

此时,作为一个传统华夷论的坚守者,在王韬看来,即使当世中西国家在实力上差距悬殊,但就文化而言,中国仍然具有不可替代的优势,中华大地仍是富有文明的邦土,用华夏的文明来影响和教化其他国家和文明,才是数千年以来颠扑不变的真理,这种优质的文化和文明是断不可被夷狄所浸染而发生变化的。然而,这也正是王韬最为担忧的地方。他深恐西人借传教、通商和强力进入中国后,对中国实施文化渗透而动摇和涤荡了儒学文化传统的根基。在他蛰居上海之时,曾表达过这种忧虑:"夫谋食于西人舍者,虽乏端人,而沈落光耀之士,隐沦其间者,未可谓竟无也。乃瀚于数年来所见者,皆役于饥寒,但知目前,从未有规查事理,默稔夷情,以备他日之用;而为其出死力者,反不乏人,可谓中国之无人矣。吾恐日复一日,华风将浸成夸俗,此实名教之大坏也。"② 王韬所忧心和严防的"夏变于夷",主要是指西化问题,此时他坚决反对的西化,既指西方学术,也包括器械用具的西化问题。一方面,在他的意识中,传统儒家学说所构建的价值系统和文化体系的优越性是无可替代的,虽然西方的学艺中确有优于中国之处,但相比较中国学术的重身心性命之事和治国平天下之道而论,则明显逊色许多,西学所重、所擅长者无非是儒士们所最不屑的"奇技淫巧"之术,不学也罢。他曾说:"至于天算推步之学,中法固远不逮西法,今法固大胜于古法,以疏密之不同也,顾韬以为古法有用而今法无用。今法易时必变,而古法可以历久无弊",而"数者,六艺之一耳,于学问中聊备一格,即使天地间尽学此法,亦何裨于身心性命之事?治国平天下之道?而使天地间尽无此法,亦非大缺陷事也。"③ 另一方面,对于西方精良的器械用具,王

---

① 王韬:《弢园尺牍》,新北:文海出版社1984年版,第43页。
② 方行、汤志钧整理:《王韬日记》,中华书局1987年版,第83页。
③ 王韬:《弢园尺牍》,新北:文海出版社1984年版,第152—153页。

· 159 ·

韬虽承认其技艺高超、精湛，但认为中西国情、文化差异甚大，这些西方的所谓"先进"器物未必适合中国，若贸然学习和使用，不仅不能带来利益，反而有可能蒙受其害，故此不采用亦不足惜。他说："至其器械造作之精，格致推测之妙，非无裨于日用者，而我中国绝不能行。"因为"西国地小民聚，政事简易，凡有所闻，易于邮递。水则有轮船，陆则有火车，万里遥隔，则有电气通标。而中国则地大民散，政事繁聚"，如果是机械地仿照西国，也不见得成功，因为"不独工费浩繁，即地利有所未能"。至于西国的农家播种之具，虽然有利于民，而"不知中国贫乏者甚多，皆借富户以养其身家，一行此法，数千万贫民必至无所得食"。至于"其他奇技淫巧，概为无用之物，曾何足重？故韬谓此数者，即中国不行，亦不足为病"①。此外，早期的王韬对西方国家的政治制度亦持否定态度，尤其反对其政教一体、男女并嗣、君民同治的制度，他说："中国立治之极者，必推三代，文质得中，风醇民朴，人皆耻心机而贱机事。而西国所行者，皆凿破其天，近于杂霸之术，非纯王之政。"②他进一步强调，中西文化的差别在于，中国文化是以形而上之道取胜，西方文化则是以形而下之器取胜。因此，中国之道远胜于西方之法。

这些根深蒂固的思想观念反映在他早期的变革思想中便是，只承认西方之法中可行者有三：其一为"火器用于战"；其二为"轮船用于海"；其三为"语言文字以通彼此之情"。③他认为唯有这三者，有利于时局，符合清廷的现实需要，故可效法。而对其余方面，尤其是西方的学术和文化则持保留甚至否定的态度，强调坚决杜绝和避免这些方面的西化。王韬对传统名教的持守和中华文化的优越感的体认，是其华夷观的重要体现。他所强调的华洋之辨、严防西化观念，一直延续到旅欧归来后提出"六合混为一"的主张为止，其世界观才彻底地发生了变化，开始从一个传统的华尊夷卑论者，转变为具有近代

---

① 王韬：《弢园尺牍》，新北：文海出版社1984年版，第150—152页。
② 王韬：《弢园尺牍》，新北：文海出版社1984年版，第156页。
③ 王韬：《弢园尺牍》，新北：文海出版社1984年版，第154页。

第四章　王韬对外观的转变与外交主张

思想的世界主义论者。

（二）突破传统夷夏观的华夷新论

王韬华夷观的转变契机发生于他因上书一事避难香港之后。这一时期，他在华夷问题的态度上发生了重大转变，从一味排斥、抗拒转向理性看待西学的精妙，并承认西学，尤其是天文算学在诸多方面"西人精于中士十倍"；也不再将西人、西学视为洪水猛兽而一味排斥，而是将其视为促使中国觉醒、强大的外部动力和挑战。他曾在给李鸿章的上书中阐发了此观点，"夫天下之为吾害者，何不可为吾利？毒蝎猛蛇立能杀人，而医师以之，去大风，攻剧伤。虞西人之为害，而遽作深闭固拒之计，是见噎而废食也。故善为治者，不患西人之日横，而特患中国之自域。天之聚数十西国于一中国，非欲弱中国，正欲强中国。以磨砺我中国英雄智奇之士"①。与此同时，王韬开始渐趋主张对西学采取开放胸怀予以接纳和学习，认为中国"所效西人者，但师其长计而已，于风俗人心无伤也"②。这是王韬洋务思想的初级阶段，他已开始承认西学在器物上长于中国的现实，例如枪炮、轮船、火车、机器等，并积极主张效法。他说："一变之道在乎师其所能，夺其所恃。"③ 他认为，将西人之精良器物，用以中国社会和经济的发展，是大有裨益的。如可效法西国之轮船，使之行于江海；效法西国之火器，使之武装军备；效法西国之田器织具，用以方便农妇；效法西国之格致之学，用以充实我朝文士之学识；效法西国之语言文字，用以沟通中外之情等，这些不仅不会减损中华文化之传统和根本精神，反而有益于应对当世糜乱之局，治理内外危机，并赢得社会的发展之效。可以说，王韬此时对待华夷问题的态度，承续了冯桂芬"以中国伦常名教为原本，辅以诸国富强之术"的中体西用观，在鼓吹以效仿西法为主要内容的富强运动的过程中，他将学习西方的范围，从轮船、舟车、枪炮、器械等方面，逐渐扩展到了政治制度领

---

① 王韬：《弢园尺牍》，新北：文海出版社1984年版，第273页。
② 王韬：《弢园尺牍》，新北：文海出版社1984年版，第279页。
③ 王韬：《弢园文录外编》，上海书店出版社2002年版，第168页。

域，对西方政治文化和制度的崇羡，不仅彻底改变了他对传统华夷观的固守，更使其文化观念演进到由传统向现代过渡的新层次。

同时，王韬对于当世文人固执地以地理、文化为界的华夷之辨观念，以及言论和行为给予了批判，他从历史中华夷论的源头开始追溯，揭示传统华夷观的精神内核所在，他说："自世有内华外夷之说，人遂谓中国为华，而中国以外统谓之夷，此大谬不然者也。《禹贡》画九州，而九州之中诸夷错处；周制设久服，而夷局其半。《春秋》之法，诸侯用夷礼则夷之，夷狄之进于中国者则中国之，夷狄虽大曰子。故吴、楚之地皆声名文物之所，而《春秋》统谓之夷。然则华夷之辨，其不在地之内外，而系于礼之有无也明矣。苟有礼也，夷可进为华；苟无礼也，华则变为夷，岂可沾沾自大，厚己以薄人哉？"① 王韬否定了传统华夷观以地理、族类为界限来区分中外之高下、优劣，他指出华夷观中的等差之分、优劣之别，是以"礼"为划分标准的。王韬以亲身游历欧洲的实践体验为依据，既看到并感受到了西方国家的物质文明之发达，也体验到了西方国家的精神文明所超越中国之处。一方面，"华"之"器"不如"夷"，他说："中西同有舟，而彼则以轮船；中西同有车，而彼则以火车；中西同有驿道，而彼则以电音；中西同有火器，而彼之枪炮独精；中西同有备御，而彼之炮台、水雷独擅其胜；中国同有陆兵水师，而彼之兵法独长。"② 另一方面，华之"礼"不如夷，"西人办事，虽未必尽乎公，而其所争必据乎理，则我亦惟以理以折之而已。若欲威之以情，则断不能"③。西人按法律办事，按规则办事，重视的是法理和公德，而中国人则无此传统，习惯于根据人情之亲疏远近来评判是非对错，由此而形成了截然不同的生活模式和价值观念。在此方面，西人显然高于华人，因为他们更尊重客观公理，更合乎公平原则。同时，西人也真正践行了儒家的"礼"文化，如"英国风俗醇厚，物产蕃庶。豪富之家，费

---

① 王韬：《弢园文录外编》，上海书店出版社 2002 年版，第 245 页。
② 王韬：《弢园文录外编》，上海书店出版社 2002 年版，第 11 页。
③ 王韬：《弢园尺牍》，新北：文海出版社 1984 年版，第 135—136 页。

第四章 王韬对外观的转变与外交主张

广用奢；而贫寒之户，勤工力作。日竞新奇巧异之艺，地少惰怠游惰之民。尤可羡者，人知逊让，心多悫诚。国中士庶往来，常少斗争欺辱之事。异域客民旅居其地者，从无受欺被诈，恒见亲爱，绝少猜嫌"①。这样的礼仪之邦与民风德行，绝非传统华夷论者所谓的"犬羊成性"，反而远胜中国之虚伪、空疏的以礼自居却未行重礼之事。在王韬看来，中国传统社会所倡导的"礼"，以及三代的政治理想在近代的西方国家得到了实现。而就王韬此时所言之"礼"，已非局限于儒家传统的纲常礼教，而是带有现代特征的文化素养综合标准，既包括原有中国的"礼"文化内涵，更广泛地涵盖了近代西方国家带有现代社会性质的各项文化和文明成果，以及符合"礼"原则的生活方式与风俗民情。他不仅放弃了传统华夷观的盲目自大心态，也放弃了"严夷夏之大防"的狭隘思维，认为此防线既不必维持，亦很难维持。他已经认识到："泰西通商中土之局，将与地球相终始矣，至此犹作深闭固拒之计，是直妄人而已，误天下苍生者必若辈也。"②因此，不仅不应闭门自守，而且要积极效法西方富强之道，以图国富民强，恢复往日中华大国之雄威，唯有此，方可实现御外治内之效。

但是，遗憾的是，王韬的华夷观并没有突破对中国传统伦常名教和孔孟之道的坚守，他所提及的可变之处，主要针对的是物质文明的成果和文化精神的体现物，如科技成果、格致之学、政治制度、法律制度，以及民风习俗等，而对于西方的文化则不在其变易的范畴之中。这构成了王韬华夷思想的另一个重要方面，即对变"器"不变"道"的持守。虽以尽用泰西之法而驾乎其上为目标，又强调文化根本与观念大义之不可变，亦即儒学与中学的不变地位，以及坚守其优越于西学之处。他明确指出："富强之道，必当效仿西法，则其效易于速见。惟恐识见拘墟，智虑浅薄，以为舍己从人，必不可行。不知事贵乎通，势无中立，今在中土，既创开辟以来未有之局，亦当为开辟以来未有之事，则庶不至甘居乎西国之后。至于孔孟之道，自垂天

---

① 王韬：《漫游随录·扶桑游记》，湖南人民出版社1982年版，第75页。
② 王韬：《弢园尺牍》，新北：文海出版社1984年版，第23页。

壤，所谓人道也。有人此有道，固阅万世而不变者也，而又何疑焉！"① 王韬甚至预言中西各教将有归一于"儒"之趋势，这便是他对未来世界大同之实现的冀盼。他从近代中西文化碰撞、交锋的漩涡当中，看到了世界秩序的改变与重建，并认为通过这种异质文化间的拒斥与融通，将形成大同世界与大同文化。他说："今各教在天壤间，有盛有衰，有兴有灭，亦随人事世运互为消长。再数千百年，天主耶稣两教，未知其何如。总之，道以人而立，人以道而存。存人不绝，则道亦不灭。人外无道，道外无人。道者一而已矣。数千百年以后，各教合一，而道乃大同。"② 而孔子之道，便是人道。只要有人，便有其道，若人类永不灭绝，生生不息地延续下去，那么人道亦恒久不变。在宇宙之内、天地之间，无论古今中外，人伦之道即为大道，而儒学则是最能发挥人伦精神之道，必然会在同其他各学各教浑然交合之中，保其根本、延其枝蔓，而成为未来大同世界的共同文化基础，使人类达致更理想的境界。应该说，从王韬对未来大同世界中儒学最终统治地位获得的坚信可以看出，他的华夷思想转变得并不彻底。在王韬心中，孔子之道，仍然具有万世不变和普世济世的优越性，万变不离其宗，无论世界上的文化类型有多么繁复多元，也无论儒学与世界上的其他文化形式如何融汇交合，其最终趋势仍是归于儒学这一家。

在王韬的华夷观中，虽已突破对器物、制度层面的西化，却未能突破文化根本与观念大义的限度。对于民族文化的自信和捍卫，仍然是其坚定不移的信仰。在思想转变过程中，王韬常常体现出对传统文化的一步三回头，这是其思想中保守与不彻底的一面，也是那个时代早期的维新派思想家们所共有的局限性。但是，应该看到王韬对传统华夷观的突破之处，为封闭的中国面对并重新审视现实的世界格局，确立具有现代性特征的国家观念与外交意识提供了思想基础。其思想所闪现的理性主义和务实主义精神，为后来者探寻近代外交关系的实

---

① 王韬：《弢园文录外编》，上海书店出版社2002年版，第110页。
② 王韬：《重订法国志略》卷16，铅印本，清光绪十六年（1890年）版，第15—16页。

践准则提供了思想的光芒。

二 华夷各有其权利

王韬对世界格局的审视和对近代国家的认识，是其外交思想形成的重要基础。在中国面临生存危机的现实面前，王韬深刻认识到中国统治者及士人所坚持的"华尊夷卑"之说纯属自欺欺人，"大谬不然"。欧洲之行对资本主义文明进行实地考察后，王韬彻底荡涤了脑海中"华尊夷卑"观念残余，抛弃了"普天之下莫非王土，帅土之滨莫非王臣"的"中国中心论"的天下观，逐渐转变为一个具有"世界"意识的国家观念持有者。王韬要完成的，是对中国在世界中的位置，以及中国与外国之间关系的重新确认，也就是确立新的国家观念。

这种观念的确立，以地理知识的正确认知为前提和基础，王韬曾言："大地如球之说，始自有明，由利玛窦入中国，其说创始，顾为畴人家言者，未尝悉信之也。而其图遂流传世间，览者乃知中国九州之外，尚有九州"，放眼世界便可知"各国疆域，瓜区豆分，界画犁然，即一览间，而举五大洲已了然指诸掌"①，进而认识到："深山大川，殊方异域，民生其间者异俗，因土之宜，以别其性。"② 正如美国学者勒文森所说，中国人若要把中国视为一个民族，应先知世界上还存在某些非中国的价值，只有这样，他才能仅仅因为他们的民族性而尊重自己。王韬指出，儒家天下概念和等级思想所规定的万邦来朝的历史格局已经分崩离析，大清王朝的文治武功也荡然无存。中外关系正从中国唯我独尊的局面走向华夷鼎力相搏的竞争局面，此一局面是中国几千年不曾遇到过的最大变局。王韬认为，当日中国所面临的世界局势，特别是欧洲时局，正犹如一个"大的春秋战国"，"俄罗斯今日在欧洲，其犹战国时之秦哉"；"最与俄近者，土耳机（其）也"，"土犹战国时之韩也"；"与俄近者莫如墺"，墺之处境"如战国

---

① 王韬：《弢园文录外编》，上海书店出版社 2002 年版，第 231—232 页。
② 王韬：《弢园文录外编》，上海书店出版社 2002 年版，第 231—232 页。

时之魏也";其次则普,"普犹战国时之赵也";而"意大利界于欧洲之中","犹战国时之燕也";"至英、法两大国,则犹战国时之齐、楚也";如此,"西、荷、比、嗹、葡、瑞各国,犹泗上十二诸侯也"①。把世界格局比作春秋战国之局,承认世界诸国的多元竞争,以此来审视中国的位势,即"合地球东西南朔九万里之遥,胥聚于我一中国之中,此古今之创事,天地之变局,所谓不世出之机也"②。王韬立足于世界格局来审视中国的处境,承认今日之中国处于世界弱势之一方,成为西方列强觊觎的对象。这种认识标志着王韬已开始自觉地以"世界"的视野来定位中国的地位。王一川将王韬的这种"世界"视野评价为"中国式的'全球化'理论"或"全球化问题的中国式论述",认为王韬的"'天下'概念是对中国古代宇宙观的一种突破,代表着一种全新的现代世界'道同'宇宙观"③。应该说,这种评价是中肯的,王韬一反传统的"中国中心论"将世界置于中国的背景下来定位的方式,认识到中国乃世界诸国中的一国,这不仅是认识视角的重大转换,也是全新的世界观的初步确立,与"旧式的"世界观有着明显的区别。在这样的视野下,中国与世界上其他国家的地位就发生了一个明显的变化,不再是高居其他国家之上的"天朝上国",而是同属于世界中的一个独立国家,中国与外国的关系在此意义上应当是平等的。

王韬以"华夷观"的重新定位为基础,初步形成了国家主权的观念。王韬清晰地指出,国之主权乃是"如有大事,则当以国体争之,如更定厘税,我朝廷自有制度,非邻国之所宜预闻,其重轻所系,斟酌尽善,国家当自具权衡,即寓有体恤远人之意,亦关朝廷德意之所流布,初非强我而为之也。若事事由西人挟制其间,委曲相从,则国不可以为国矣"④。又言,"盖加税一款,乃'我国家自有之权',或

---

① 王韬:《弢园文录外编》,上海书店出版社2002年版,第98页。
② 王韬:《弢园文录外编》,上海书店出版社2002年版,第98页。
③ 王一川:《中国的"全球化"理论——王韬的"地球合一"说》,《四川外语学院学报》2001年第2期。
④ 王韬:《弢园文录外编》,上海书店出版社2002年版,第71页。

第四章 王韬对外观的转变与外交主张

加或减,在我而已,英使固不得强与争也"①。"国家自有之权""如有大事""当自具权衡"等论述,明确指向国家主权的内涵和要旨。王韬强调外交的平等原则,进而指出,"土地我所自有,法制我所自立,岂有通商远人强预我家国事者","泰西各邦之前来通商者,皆当视我之准的而就我之范围,乌有强人以从己,专欲利己而不知弗便于人也"②。

王韬主张国家主权的独立性,否定了"额外权利"存在的合理性。王韬曾在1864年上书李鸿章时提出"握利权""树国威"的外交纲领,并主张收回清王朝丧失之主权。他说:"我之所宜与西国争者,额外权利一款耳,盖国家之权系于是也,此后日仁人杰士之所宜用心也。"台湾学者王尔敏在《清季学会与近代民族主义的形成》一文中指出,"额外权利"一词是王韬所首创的,它包含了国外在中国所获得的一切侵犯到主权部分的特权,如割地和外国领事在中国所获得的特权等。王韬认为,额外权利乃主权之一部分,主张对这部分主权的掌控。考察王韬的著作,所谓"额外权利",主要是指"领事额外权利",即领事裁判权或治外法权,这项法权是一种严重不平等的权利。王韬提出,"夫额外权利,不行于欧洲,而独行于土耳机、日本与我中国。如是则贩卖中土之西商,以至传道之士,旅处之官,苟或有事我国悉无权治之"③。其弊害为:"泰西之例,商民至其国境犯法即归其国官员审办,西廷以中国鞫案动用刑罚,是以此例不行,据烟台和约,自后中西商民争讼,交被告人官员办理,如西人控华人则归华官,华人控西人则归西官",而中国的法律严格,西律则较轻,"且彼官知中律者多,我官明西律者少,即彼此秉公鞫案,涉讼之民难保无怨声,矧为必然耶?民间积怨生愤,嫌隙日多,纵当道能弥缝于目前,难免不龃龉于日后,而又益之以彼教之大拂乎民情也"④。这种因中西律法严宽之别而产生的事实上的不公正,实际上是对国家

---

① 王韬:《弢园文录外编》,上海书店出版社2002年版,第74页。
② 王韬:《弢园尺牍》,新北:文海出版社1983年版,第136页。
③ 王韬:《弢园文录外编》,上海书店出版社2002年版,第74页。
④ 王韬:《弢园文录外编》,上海书店出版社2002年版,第22页。

权利的一种侵犯。王韬指出，废除领事裁判权"是我国官民必争的权益"①。这种对国家主权极力维护的立场，是王韬主权思想初步形成的重要标志，王韬也因此被视为我国最早形成主权意识，并强调维护国家主权的思想先导之一。

此外，王韬近代外交观的形成亦体现在他对万国公法的态度，以及意图将中国纳入万国公法的倡议中。一方面，王韬承认此法在处理国家间关系中的作用，是以认可民族国家在世界上的独立存在为前提的。在以往视中国为天下的盲目自大观念中，是不可能承认此法之合法性的。对于万国公法，王韬认为，"试观《万国公法》一书，乃泰西之所以联与国，结邻邦，俾众咸遵其约束者"②，这种约束性权威是以各国的认同为前提，此法所处理之国家关系是以国际公理为依据，并以各国之间的经济、军事等相互制约为保障。因此，王韬认为，将中国纳入万国公法，有利于保障中国的权益与权利，可使中国享受同俄、美等国一样的国际待遇，谋得平等的国际地位。但另一方面，王韬也看到了作为国际公法的《万国公法》的缺失之处，指出，"俄邀诸国公议行阵交战之事，而英不赴，俄卒无如之何。此盖国强则公法我得而废之，亦得而兴之；国弱则我欲用公法，而公法不为我用。呜呼！处今之世，两言足以蔽之：一曰利，一曰强"③。可见，王韬不仅认识到了公法之实质，更道出了国际关系的本质所在，即利益和国家实力，公法的规则是由强者制定的。因此，他指出，以中国当时之地位，远不及纳入万国公法之内者，惟有先增强实力，方可在公法中获得平等地位和权利保障。

王韬虽未明确阐述民族国家的问题，但其所论已明显超出了对以往中国中心主义国家观念的认识范畴，开始主动地将中国放在世界范围内，等同于其他国家的存在一样给予定位和考察，其思想中亦隐约可见近代国家观念的萌芽。从古老的"华尊夷卑"的信条到"华夷

---

① 王韬：《弢园文录外编》，上海书店出版社2002年版，第74页。
② 王韬：《弢园文录外编》，上海书店出版社2002年版，第27页。
③ 王韬：《弢园文录外编》，上海书店出版社2002年版，第27页。

各有其权利"的转变,尤其是朦胧的国家主权意识的形成,以及他所提倡的"尚通""贵和""重势""崇简"等务实的外交原则,具有开拓未来的历史指向性意义。在近代史上,这种对于中国与世界关系的认知转换,其意义远非简单的认识视角的转换,它承载的是一种新的世界观、国家观的初步确立,以及对国与国之间关系认知的深刻改变,是"家天下"的"天朝上国"的天下观走向末世的开端。这种变化促生了近代外交思想的诞生和演化,也标志着中国从传统社会向近代社会迈进的历史进程已然开启。

第二节 外交观念和驭外主张

在华夷观根本转变与近代国家观初步形成的基础上,王韬建构了系统化的外交思想体系。他本人亦以"熟谙外交"自居,前后多次上书当局,阐述其外交设想和政策主张,并为当朝官员的外交事宜建言献策。王韬政治变革思想体系中,外交思想是较为系统化的一部分,带有鲜明的现代特征。他所提出的"握利权""树国威"的外交纲领,以及对国家间关系实为"利"与"强"的体认,既道出了对外交往的本质所在,也更加证实了这一纲领的实现,需以其所倡导的富强运动为前提条件。王韬外交理念的阐述,既包括普世原则,亦包括具体策略,其所论虽难免偏颇与理想化,却不能磨灭其在近代新型外交思想形成中的奠基作用。

一 王韬的多向度外交观

自国家产生后,便有了国与国之间的政治交往实践,中国历史上的各个朝代也都有着相应的外交活动,但彼时的对外交往并非近现代意义上的外交。直至鸦片战争迫使国门洞开后,"外交"这一词汇与近代的外交观念才伴随着西方的"坚船利炮"进入中国,并逐渐为当局所接受,进而建立了初步的外交制度。古代中国,国与国之间关系的处理常常以朝贡制度为核心,以周边藩属国的称臣纳贡,以及作为宗主的中国朝廷的册封赏赐为主要内容,并以中国"羁縻四夷"

"怀柔远人"的观念为主导，总体上是一种单向度的且以中国一方独大的不平等关系为主要特征。但随着清政府同西方国家、日本间战争的屡次失利，东亚的条约体系和国际公法观念逐渐取代了古代的宗主—藩属意识和朝贡制度，近代外交思想和制度开始萌芽。在此背景下，王韬较为系统地阐发了其建基于"世界主义"视野下的多向度外交思想，以及隐含初步平等意识的近代外交观念。

（一）对近代中国外交形势的基本体认

王韬在论及近代中国与其他国家的外交形势问题时，曾以春秋战国时期为喻，分析和解释各国之间所建立的一种共存鼎立的相互制衡局面。他认为，清末中国与他国的关系，类似于春秋战国时期"群雄争霸"格局，而这场争斗、角力、较量是以国力的强弱为基础的。就其实质而言，只有实力强弱，而不存在以往政治观念中的宗主国与藩属国的隶属关系。就此意义而言，中国与其他国家在世界上的地位，不再是传统观念中的中华"一统天下"或"华尊夷卑"，而是以国家实力基础的平等关系。虽以古代为喻，但这种突破传统一元世界观的外交视野，已表明王韬开始自觉地以近代世界观去理解和认知中外问题，以及外部空间和世界格局的急剧变化。面对今日世界大局的这种重大转变，王韬以为，中国理应正确认知并积极面对，万不能继续存有独据一域而苟安一方的幻想。他试图唤醒世人看清时局，指出，"今就地球大势观之，而知东南之不及西北也，西北之人久至东南，而东南之人不能一至西北，试观盈地球中，皆欧洲人也"。而"独惜中国迩来安于自域也，因循苟且，粉饰夸张，蒙蔽抱虚，刚愎傲狠，于欧洲之形势茫乎且未之知也。然则，亚洲之局，不甚可危哉！"[①]对此形势若不能有清醒认识并积极应对，则国家的危机日重，甚而造成难以挽回之后果。

王韬指出，此时的对外问题，已不取决于中国的意愿，与西方国家建立外交关系已是时势所迫而不可避免的选择。既然是大势所趋，那么对于当下外交格局的把握就是制定外交策略和方针的前提和基

---

① 王韬：《弢园文录外编》，上海书店出版社2002年版，第113页。

第四章 王韬对外观的转变与外交主张

础。王韬在考察了世界上几个主要国家的情形之后,提出了自己对近代中国外交形势的一套看法。他认为,总览地球四大洲中,就幅员辽阔,民庶殷繁而论,自中国而外,当推英、美、俄,而俄尤为巨擘。近时以强国著者,则普国之崛兴为最速。综观今日天下大势,维持欧洲之全局者,普国而已;而系于四洲之安危者,俄国而已。普、俄、英、法四国并行,则可横于天下。故而,他认为,在今日讲天下大计者,不患在英、法,而患在普、俄。法弱而英孤,普、俄如能相合,协力同心,经营天下,则欧洲诸国将莫与之抗衡。且普、俄方有志于东方,欲肆其雄图而逞其吞并者,志不独在欧洲也,而俄尤骎骎乎驰域外之观。[①] 他直言道:"今日之俄其势亦犹夫秦也",而对俄而言,图欧洲难,但图亚洲易,对中国的威胁尤甚。而普法之战所掀动的欧洲变局,除了是两国强弱改变的转机之外,亦"大有关于东方"之局势,亦未免俄普强强联合。就今日之势而论,"莫如中外合力以防俄",以免各国之患。此正如春秋战国时期的合纵之术,虽已时过境迁,但王韬认为此法仍可行于今日之势。而针对论者曰,"此诸国者,皆散在各地,形涣势分,恐不能殚力一心,联声合势,如六国之约纵连衡以摈秦",以达至"有务无患,画疆自守,以持其不变之局"。王韬以为,"天下事至今日,其变极矣",他甚为明了近代世界先进的交通工具和通信工具,已经大大地改变了国与国之间的联络方式。"先欧洲诸国皆由西而东,有火车以通同洲诸国,有轮舟以通异洲诸国,联络远近,势同衽席。又以电标为之通达信音,虽数万里之遥,捷于顷刻,迩于咫尺。"[②] 这种情况是几千年来所未见的,这些技术成就使得世界各国的距离被无限拉近,并可造就数十年间"地球四大洲可由分而合"的新局面,而此"一变之效,何其速欤?"因此,联合诸国以共同抗俄之法必然可行,对于各联合之国而言,防俄之举皆以自为而非为他国,且亦非无端开衅于俄,只为达到有备无患,画疆自守之目的而已。

---

① 王韬:《弢园文录外编》,上海书店出版社2002年版,第94页。
② 王韬:《弢园文录外编》,上海书店出版社2002年版,第95页。

总体来看，王韬对当时西方主要国家的发展态势及实力分布的认知和判断是比较准确的。相比较同时代的先进知识分子，他对各国国势强弱及所处地位的考察和理解较为中肯。基于对国际形势的体认，他强调"审时度势"是妥善处理外交关系、实施务实外交策略的基本原则。可贵的是，他看到物质技术的进步将世界各国的距离拉近的同时，国与国之间的微妙均势可随时改变的可能性，而这种变化是以往历史中所不曾发生过的，这也决定了在新的世界格局中，单个国家意图独善其身于大势之中的可能性已不复存在。这些认识，是王韬世界观改变的体现，也影响着他对中外关系发展的判断。可以肯定的是，王韬对当时国家间关系变化以及国家间关联性的体认是较为准确的，也展现出他超乎寻常的时局洞察和判断能力。然而，遗憾的是，他所提出的外交策略确属幻想，甚至幼稚地认为，"我中国如能结好英、日，以彼为援，互为唇齿，然后励精图治，发奋为雄。盛兵备，厚边防，乃足以恃而无恐"①。或许是出于他本人对欧洲列国和日本的良好情感，抑或者为时代所局限，他所提出的合纵主张，以及结好英日、以彼为援的主张实属无稽之谈，未能洞悉英、日等国所觊觎中国者实与俄无异的殖民主义本性。且正如他所言，俄对于欧洲之威胁远不如亚洲之大，而这些国家针对中国的目的却是一致的，他们之间若有矛盾也只会是因这一共同目的而产生。因此，中国不存在与这些国家结好、联合的共同利益基础。事实上，无论是采取合纵还是连横的策略，不过是暂时延缓了中国被瓜分的进程，却不可能从根本上解决近代中国所面临的外部危机，这是王韬及其同时代人所不能透彻体悟的。

（二）外交以自强为本

王韬对于当日之世各个国家的独立存在，及其相互间差异的体认是其外交思想的起点，他指出，"上下四方谓之六合，是统地球言之。虽同在覆载之中，而地则有山河之险，人则有良顽之异，言语不通，

---

① 王韬：《弢园文录外编》，上海书店出版社2002年版，第95页。

第四章 王韬对外观的转变与外交主张

嗜欲不同,各安其政,悦其俗,固不能混而同之者也"①。这种差异,已不再是建立于古代中国与周围国家的宗主国或藩国关系的基础上,也远远超出了以往人们对于四方天下的有限认识,一个国家的存在和发展,既决定于本国之内,亦受制于国家之外的影响和制约。因此,王韬认为,近代中国所面临的中外关系也已不再是昔日的宗主国与四周藩属国之间的不对等关系;恰恰相反,晚清中国所面临的对外局势中,中国明显处于弱势的一方。那种思想上仍维持"执《春秋》内中国、外四裔之例,以为荒服之外,无非藩属",视外邦之人"以悉我仆臣"②的人,皆属自欺欺人。因此,王韬认为,今日之中国,已不可能再继续以往那种自我封闭环境中的天朝上国的至尊地位。处当今之世,各国都需认真面对国家间的联络和交往问题。对于中国而言,这更是不得不面对的现实。更重要的是,对于西方国家进入中国的动因,以及国家间关系的实质,应予以清晰而深刻的体察与洞悉,唯有此,中国才能摆脱今日之困局,并找到正确处理当今国际关系的途径。

对这些问题的认识,构成了王韬对外思想中的基础性内容。他指出,"余今者观于中外交涉之故,而不禁重有感焉。泰西诸国通商于中土,亦既三十余年矣,而内外诸当事者,多未能洞明其故,若烛照数计而龟卜,其于利害之所系,昏然如隔十重帷幕。其有规恢情势,斟酌时宜,能据理法以折之者,虽未尝无人,而不知彼之所谓'万国公法'者,必先兵强国富,势盛力敌,而后可入乎此。否则束缚驰骤,亦惟其所欲为而已"③。对于西方人士通过商贸活动进入中国,王韬指出,这构成了中国近代外交活动的直接原因,再结合外交与兵力的关系,他将当世中国所面临的西人入境之实况总结为,"虽名为通商,而有公使有领事、有统帅酋目、有驻兵蕃舶,隐然时寓敌国之形,以待不测有事,则文移往还,强以必从,略有抵牾,起瑕生衅,

---

① 王韬:《循环日报》,1877 年 1 月 18 日。
② 王韬:《弢园尺牍》,新北:文海出版社 1983 年版,第 20 页。
③ 王韬:《弢园文录外编》,上海书店出版社 2002 年版,第 29 页。

所以者，皆吾积弱之致，而积弱之由来，其故有二，一曰武功不振，二曰内患未宁，然则自固自强之术为不可缓已"。王韬在描述中国外交的现实基础方面，将今日中国在外交格局中不利地位的成因归结于"武功不振"与"内患未宁"，由此所造成的中国积弱已久是恶化中国外交颓势的根本动因。同时，王韬也看到今日西方国家驰骋于中土，以及国家间所谓公法维系之凭借，皆在于"兵强国富"。为此，他明确指出了国家间交往的实质："处今之世，两言足以蔽之：一曰利，一曰强。诚能富国强兵，则泰西之交自无不固，而无虑其有意外之虞也，无惧其有非分之请也。一旦有事，不战以口舌则斗以甲兵，不折冲于樽俎则驰骋于干戈。玉帛烽燧，待于二境，唯命之从。"①

在王韬看来，正是"利"与"强"决定了国家间的交往，而今日西方国家对中国的侵略也正是凭借了这两个基本因素，它们既决定着一国在世界上的地位，也影响着一国同其他国家交涉的关系格局。今日中国所遭遇之外患频仍却难以应付的原因之一，也在于这两个要素的缺失。故此，无论是内忧还是外患，其根本的解决之道便在于自强，这也是国家复兴的唯一出路。王韬对近代外交这一带有根本性问题的体认，标志着一种全新的外交观的确立。现实的对外关系格局，不仅迫使人们必须摒弃传统的外交观念，更引领人们以一种平等的视角去审视和看待中外关系问题。国家间关系的维系与发展，以及世界中国家地位的确立，皆是以一国之实力为基础，这是一种建立在平等基础之上的不平等关系，各个国家都可通过自身的强大来获得相应的国际地位及相应的权利。为此，王韬提出了"治中以驭外"的外交策略，主张通过"变法自强"达到"驭外"的目的。正如王韬所言，"我国今日之急务，在治中驭外而已。治中不外乎变法自强"②，"立国以自强为先，在乎己者能有恃以无恐，而其余自无不举"③。王韬的意思很明确，就是要通过变法使中国自身强大起来；中国强大以后

---

① 王韬：《弢园文录外编》，上海书店出版社2002年版，第27页。
② 王韬：《弢园文录外编》，上海书店出版社2002年版，第34页。
③ 王韬：《循环日报》，1881年1月4日。

第四章 王韬对外观的转变与外交主张

即可居于世界强国的地位,进而与西方诸国相抗衡。

王韬从古今中国的对外关系比较入手,详细阐述了他的外交以自强为本的理念。他说:"古者治内之道,群于攘外,非其时风俗醇美,民人朴拙,各甘其食,美其服,安其俗,乐其业,至老死不相往来,鸡狗之声相闻,而掳夺之念不萌,暴乱之祸不作也。毋亦至治之,报德盛化,神上让下,竞君臣一心,朝野协力,即有外国侵凌,无难声罪致讨,以彰天威,架人其阻,袒惊其君,使之俯首帖耳,质子称臣也。然则,古之不详攘外者,盖有以握其要领,挈其纪纲,审其后先,明其本末,兢兢业业,罔敢废弛,而非因循粉饰,讳祸偷安者之所得而借口矣。时至今日,强邻环视,伺隙而动,较诸古时之所谓敌国外患又自不同,则所以驱攘之法,控制之宜,断然置而不闻。"[①]因此,"若当下苦徒怵于前事,狃于定制,求目前之安,而不顾日后之祸,并以此而讳疾忌医,养痈待溃,则必致无可挽回之后果"。王韬提出,"夫今之言救时要图者曰,当留意富强,问其所以致富致强,则又曰,舍效西法无以成功,难以收效"。纵观中国效法西方之实效,却不尽如人意。自发逆扰敌之后,西人乘机议立合约,遍开口岸,想与通商,"亦经访求其法,以设各馆局,参用其人,以教个兵队,屈指计之,忽忽十余年,似目染耳濡,才艺日出,乃守御钺舰,仍需购自外洋,西已用轮炮,亦需购自外洋,闻有俄人失睦之耗,始纷纷筹办几若从前各局。别与所为,制造者是则安居忘危,已成积重难返之势,即再过数十年,再想亦不过如是"[②]。而就中国今日这一现实国情而言,所谓的中国振兴尚待时日,而断不必与外敌争锋,以卵击石。"云云者可知在华人言之,则文饰之辞,在外人言之则属倾邪之说,其有惧于国计者,固至深而且大也。何也?国之困敝,犹人之巅,弱苟不及时救疗,而曰,俟诸异日元气可渐复,延医服药,今外其时,穷恐疾病交侵,日复一日,必至元气不支,立见耗亡而已。斯时即有起死回生之药,亦安能入咽哉?故中国而无意于攘外也,则亦

---

① 王韬:《循环日报》,1881年1月4日。
② 王韬:《循环日报》,1881年1月4日。

不必多言耳。""如欲反弱为强,国势一振,使辑睦者输诚纳款,顽梗者服教畏神,远迩怀安,边鄙不竦厥有二事,一曰练兵,而先求将帅克和;一曰筹饷,而须虑人民咨怨。二端既得其道,而一切制器、械备、船艘、储军、实便转输,悉可推行尽利,措之裕如实。"① 王韬此处试图说明当下欲达富强之效,需协调好攘外与安内的关系,唯有明此二者并共举之,则富强有望,且御外亦可有所恃。

(三) 贵和、崇法、尚势、重力的外交思想

突破传统华夷观的认识范畴,将中国置于世界背景下来认识近代国家间的关系问题,使王韬的外交观念具有某些现代性特征,概括而言,可将其表述为"贵和"与"崇法"、"尚势"与"重力"两个方面。

其一,强调外交中的"和"与"法"。王韬倡导的外交关系是以各国遵循"和为贵"与"法自持"原则为基础的。他认为:"天下之国有万,其交际不外信义而已矣。信者,本乎情,而无诈无虞,蔼然以和为贵也;义者,准乎理,而无侮无拂,截然以法自持也。由是措之则正施之则行,疆域虽殊,政教虽异,言语饮食虽不必强以从同,而彼此相维相系,兵革可以不兴,祸变可以不作,无复有殒命丧国,人民为争战,社稷为丘墟者矣。"② 而对于中国而言,"和"既为"变"之所趋,亦为自强之基。"易之有曰,穷则变,变则通,故谋国者,以两言进,一曰道在自强,一曰事当取法,于是欧洲之局变,而我中国之局,亦未尝不变,铨炮舟舰变于器,天算格致变于学,遣使通好出洋肄业变于法,此即中外永和之机也,惟能不恃于和,斯可不出于战。"③ 对于"和"的强调,既是王韬传承中国儒家思想中"和"之精神、"仁"之理念在其外交观念中的体现,也是对当时中国所面临的现实外交困局所给出的策略性解答。他认为"惟情洽而势合,情睽则势离。是各国安危所系,谋国者,当以诚信相交,以公允

---

① 王韬:《循环日报》,1881年1月4日。
② 王韬:《循环日报》,1883年3月22日。
③ 张芝轩:《普法战纪·前序》,载王韬《普法战纪》,香港:中华印务总局清同治十二年(1873年)版,第21—22页。

第四章 王韬对外观的转变与外交主张

相处，无诈无虞，不卑不亢，以各敦辑睦，斯不致使召侮而启伐耳"①。王韬坚决反对中国传统观念将"夷狄"排除于儒家"敦睦贵和"精神的范畴之外，并动辄将其视为以力服之的对象，他批评那些势以敌我不两存的主战派言论，谓其"无故悬一和字，以为劫持朝廷之资，侈口张目以自快其议论。至于谓可覆国亡家，不可言和者，京师已屡闻此言"。王韬将这些动辄同仇敌忾地表明誓与西方列国力战的人士，视为不察明形势、不了解西方诸国情况之辈。他更将那些奉"宁可覆国家，不可言和"为圭臬的对外观念和言论斥为"妄人之论"与"亡国之论"，并一反传统地将"信义""保和"作为处理国家间关系的重要原则和理想方式，认为"贵和"是符合各国利益的外交准则，各国唯有在"和"局下，才可实现国家交往的利益最大化。

王韬以为，中国在处理同西方国家的外交关系问题上，总是无法妥善得当，不能审时度势地把握好软、硬的态度和手段，此实为欠缺外交智慧的表现，亦反映出中国缺乏能察势、察情、观衅的外交人才。王韬非常强调近代外交，不是动辄动兵便可解决纷争、争取利益，此亦非西方列国的意愿。西方国家在处理这些问题方面要比我国高明许多，他们善于体察敌我的国势与国情，能以外交手段威吓或诱导而取其所需者，则胜于动兵损耗，而此乃近代西方国家外交之智慧所在。王韬以西方各国对两国相争僵持不下，别国抱持的做法为例，来表明善于外交的西方国家如何利用和平的外交手段，弭平很多不必要的纷争。他说："若夫两国相争，久而不决，西国之例，能劝之和，如不从者，则助弱以攻强，如往年，英法助土以攻俄是也，皆有关于利害，有系于欧洲兼并之大局。"② 因此，他认为近代外交，不宜轻言战争，因为战争对国家及人民的损害很大。他曾多次表明，在可以言和的形势下，不要贸然出战，"为今计者，莫如暂与之和，而一切勿与之较，强兵讲武，静候其时，所谓舍其坚而攻其瑕，避其锐而承

---

① 王韬：《循环日报》，1882 年 2 月 6 日。
② 王韬：《弢园尺牍》，新北：文海出版社 1984 年版，第 178 页。

其敝也"①。新的外交形势下，应注重"因势利夺之方"，中国应对此大势有所把握，并以和局形势作为我国可盛可强之机，实现自强——这一带有根本性的目标，其言曰："今日中外大势，惟有因势利夺之方，万无杜绝驱除之理。得之者安，失之者危，固中国可盛可衰、可强可弱、可分可合之一大机会也。"② 因此，他指出，"处今日之事势，若舍和之一字，无可下手"。

需要注意的是，王韬所强调的"贵和"并非屈辱求和，一味地妥协退让。他所谓之"和"，是基于对敌我形势的理性分析与客观认知，并以积极主动的"自强"为前提的权宜之计。王韬论证道："所谓欧洲之变局也，然则中国于此，权宜斟酌，亦当与时为消息，其所以讲抚绥之术，驾驭之权，用以怀柔而辑睦之者，其道当系于是矣。顾近数十年来，握中外之关键者，亦惟曰和而已矣，不知非在我自立于无间，则和亦未可长恃。"③ 通过对中外、敌我实力的对比分析，王韬认为，战争对于国力孱弱的清政府而言，无异于自我灭亡。在敌我双方实力悬殊的情况下，战争不仅不能保国安民，更会加速国家的覆灭。因此，当今中国的对外策略应主"贵和"，以赢取"富国强兵"而振兴实力的时机，以便"蓄力待时，审机应变"。王韬清醒地体认到，无论是"战"还是"和"，其关键在于"惟先尽其在我者，而后徐及其他。如讲求武备，整顿海防，慎固守御，改易营制，习练兵士，精制器械，此六者实为当务之急"。其次"则在裕财用，如开矿铸银，尚机器，行纺织，通商于远洋，贸易于国中者，皆得以轮舶，而火轮、铁路、电气、通标，亦无不自我而为之，凡泰西诸国之所眈眈注视跃跃欲试者，一旦我尽举而次第行之，俾彼无所觊觎艳羡其间，此即强中以驭外之法也"④。可见其贵和论中所体现的策略意义，是一种审时度势的理性分析，其始终绕不开自强这一主轴。

---

① 王韬：《弢园尺牍》，新北：文海出版社1984年版，第177页。
② 王韬：《弢园文录外编》，上海书店出版社2002年版，第23页。
③ 张芝轩：《普法战纪·前序》，载王韬《普法战纪》，香港：中华印务总局清同治十二年（1873年）版，第21页。
④ 王韬：《弢园文录外编》，上海书店出版社2002年版，第29页。

第四章　王韬对外观的转变与外交主张

在强调"贵和"的同时，王韬亦十分看重"法"在对外关系中的作用，他这里所说的法既针对各国所立之法和万国公法，亦针对国家间所订立的各种合约。王韬认为，中外交涉其要在乎"洞晓外人之情，深明外人之例，而详考两国所立之约，以参诸万国所立之法"。如此，"倘或祸变之来，出于意虞外，则曲直所在自可援例以判分，执法以惩办"①。国家间交往时所遇到的各种矛盾、纷争便有了可以协调、处理的依据，各国既应维护本国之法的权威，亦应尊重他国之法的效力，以避免仅以本国利益为指针而无端践踏他国之行为和相应后果的产生。以法为处理国家间问题的凭据，更能体现国际交往中的公平、公正原则，这也是近代外交所具有的典型特征。而对于《万国公法》，王韬虽深刻地体认到"国强则公法我得而废之，亦得而兴之；国弱则我欲用公法，而公法不为我用"②的现实，但对此法在欧洲诸国中的地位，以及在约束和规范参与国中所起的作用仍给予充分肯定，言之"夫天下万国，不分强弱，无论大小，悉依公法行事，此于欧洲诸国胥视为常经"③。尤其是对于实力相当的国家在处理相互间关系的时候，国际公法所发挥的有效调节作用，有益于国家间良好关系的建立和维系，也可在一定范围内调停争端。他因此提议中国应努力加入其中，成为公法的参与国，以便于利用之。

与此同时，王韬更为强调国家间所立合约的效力，他说："夫中西相隔重洋，政俗不同，嗜好不类，强人以相就断有不能，而必鳃鳃然议立合约者，何哉？盖以準理揆情，审度而得其中，则彼此之意可通。即有参差歧出，皆能圆融办理，而不虞其扞格，庶几持诸永久，咸晓然知其大公无我，而不生强凌弱，众暴寡之心。故当立约之时，必特揭其要，预定其期，倘有不便，可以届时修改，俾臻妥协，用昭信守。是合约既立，不啻玉律金科，奉行维谨，而不得擅变违背也。"④王韬将各国间订立的合约视为解决分歧、融通各国利益与权

---

① 王韬：《循环日报》，1882年8月2日。
② 王韬：《弢园文录外编》，上海书店出版社2002年版，第27页。
③ 王韬：《弢园文录外编》，上海书店出版社2002年版，第27页。
④ 王韬：《循环日报》，1883年3月22日。

利的法律协定，其议定是建立在尊重双方权利的基础之上，即使修改，亦由双方商议进行。而合约一旦订立，便具有金科玉律般的效力，为合约订立国所必须谨遵奉行。他认为，"泰西诸国之来通于中土也，立合约，广贸易，要以信义为本。其有悖于信，弃于义者，则群起而议之。议之弗恤，则合纵以攻之。其文告纷驰，宣布远迩，莫不罪人之负约，有失信义，兵连祸结，胜负已分，尤必立约以议和。是合约最重，所有交涉事件，无大无小，皆当遵照以行也明矣"①。这种以信义为执行基础的约定，若一方违背或擅自改动，则视为对"道义"与"法"的挑战和悖逆，故因得到其他国家的共同反对，甚至是讨伐，以确立合约在国际交往中的权威性和法定性。对于西方国家在合约执行中的各种失范举动，如"迩来通商口岸，凡合约所未及载者，西人有所创造，虽甚不便于中国，欲停止，而西人援引合约为辞，是其有利于己者，则知有合约挟而持之，以与中国争辩也"，王韬认为，若如此必将导致两国生间隙，矛盾既出，对于已载合约中事，"尊之则情好日笃，而猜忌不生，背之则变故百出，而祸乱将作"②。因此，从各国自身的利益出发，维护合约的权威性是建立良好外交秩序的保障，亦是保持和发展自身的必然选择。

其二，强调外交中的"势"与"力"。王韬既主张"贵和"，亦反对调和息争，其实这二者并不矛盾。如上文所述，王韬"言和"之前提和基础在乎自强。无论作为当下外交策略的权宜之计，还是作为和平时期的理想外交模式，王韬向来反对屈辱之和，亦从未希冀过不切实际的中立国外交调和。在他看来，"势"与"力"乃是比"和"与"法"更为根本的所在，他所主张的"和"是依靠实力牵制而维系的"和局"。由此，王韬将一国之"势"与"力"，视为确立外交政策的基本出发点。他认为，"夫今日待之之道当如何？一曰审势，一曰查情，一曰观衅。所谓审势者，不独审彼势，而亦审我势。今者彼强我弱，彼勇我怯，彼盛我衰，彼富我贫，亦已形见，如不欲

---

① 王韬：《循环日报》，1883年3月22日。
② 王韬：《循环日报》，1883年3月22日。

第四章 王韬对外观的转变与外交主张

与和,则必出于战。夫既与之为难,则必先立于不败之地,而预操夫必胜之术而后可"①。王韬所言之"势"既相通于"力"之威势,亦包含审时度势之意。在王韬看来,清王朝外交之所以每况愈下,不可收拾,正是由于清朝统治者昧于内外大势,既不知己,又不知彼。他曾为此感叹道:"余今者观于中外交涉之故,而下禁重有感焉。泰西诸国通商于中土,亦既三十余年矣,而内外诸当事者多未能洞明其故,若烛照数计而龟卜,其于利害之所系,昏然如隔十重帷幕。"②为此,他强调应根据现实的国际局势情形、内外实力对比来决定外交方针和策略。显然,王韬所讲的"势"是"可变项",是随着时间变迁和人事推移而不断变化的。他说,穷则变,变则通,知天下事未有不变者也。天下机会之来,岂有终极,忍之于今日,而报之于他时,天道循环,断无或爽。王韬相信,只要统治者顺人心,尽人事,亟图变法自强,就能促使中外之势发生变化。一旦中国易弱为强,易贫为富,中国外交便能"有恃而无恐",改变"和辱战更辱"的现状。

在批驳"调和息争论"的相关阐述中,王韬提出了其外交思想中的"尚力"主张。晚清朝廷中曾有论者倡议调和息争之道,谓"方今泰西各国,无不恃兵力以宣国威而御外侮。然细思之,究非良策。盖各国犬牙相错,外虽敦睦,内实猜忌,凡有举动,互相窥伺。我若益兵,彼亦益兵;我若多设战船,彼亦多设战船。是互相防,即互相角也;互相角,即互相竞也,因而一切饷需无不加倍"③,且难免加重民众负担,枉费民脂民膏,倘若今后各国事皆通过国际公法或中立国给以调和,则兵可不用,饷可不需,民亦不耗。针对这种论说,王韬从气、运、势的角度给予批驳,并将"力"强于"理"视为外交之根本法则。他说:"夫阴阳之气有舒惨,造化之运有盛衰,无平不陂者,事机之倚伏也。无往不复者,理势之相因也。大凡排难解纷,必力有以胜,而操纵由我,则人不敢逞其强横,俯首以听,何者?气

---

① 王韬:《弢园尺牍》,新北:文海出版社1984年版,第177页。
② 王韬:《弢园文录外编》,上海书店出版社2002年版,第29页。
③ 王韬:《循环日报》,1881年3月7日。

足以慨之，而势足以压之也。若徒恃理，则彼现有轻蔑之心，而将行其狡诈之术也。今之世界，乃一诈力相尚，权术相角之世界也，即使尧舜复生，亦不能以冠裳之揖攘，而化干戈之凶残。若徒谓以己之是，可折彼之非；以己之直，可屈彼之曲，而军实不备，营政不修，彼狡然思逞，何难？多方挑唆，而指是为非，以曲作直，猝发难端，使我甘受所愚哉？且中国在亚洲中，政教不同，风俗殊异，与泰西诸国又自不同，万国公法究非我所能借口。倘因此调和息争之言，而遽弛武备，则贻误必甚，为害匪轻。"而更为重要的是，"国家之利，得失所关，固论势而不论理也"①。兵不可去之理古今皆同，王韬再次借古喻今道："夫善言今者，必有征于古。当晋楚弭兵之时，有识者已言，天生五材民并用之，何能去兵？曾几何时，言犹在耳，楚灵王已乘机而灭陈蔡，则其借此美名以愚天下而逞雄心，有可窥见其隐也。兵不可弭，即不可合。"② 事虽不同，理实一致。他认为，西国君臣皆以设兵过众，糜帑项，废农时，所益者少，所损者多。恒欲设法以去兵，而又虑兵既去，一旦仓促遇变，无所措手。故明知无益，而不敢决计将兵裁撤③。古今中外的事实都足以证明，兵力乃国势之凭借，国力之基础，亦是二者的直接体现。

　　针对有论者谓"合兵以合万国"的说法，希图通过各国的联合、兵力的合并以及建立多国共同参与的国际公会，来主持国际正义和公道，从而使弱小之国免受强国欺辱而得到公正的对待的论调，王韬给予抨击，认为此论断难实现。他曾言，"不知天下万国畛域既分，则行迹虽泯，惟各欲启封疆以利社稷。故强者愈强，而大者益大。凡弱小之国，皆患于事多掣肘，不获振奋以为雄，此隙所以潜滋，而兴替所以无常也。即使合兵以维持大局，而所派员弁必不免意见参差，惟知庇护本国，而凌辱他国。而他国情必不甘，势必不服，其龃龉之端有立行者矣。龃龉既形，则争竞必起；争竞既起，则怨仇必深。如

---

① 王韬：《循环日报》，1881年3月7日。
② 王韬：《循环日报》，1882年2月6日。
③ 王韬：《循环日报》，1882年2月6日。

第四章 王韬对外观的转变与外交主张

是,而令各拥兵聚于一处,其或可免奋袂而起,挥戈以斗者,断未有也。且大员在外,手握兵柄,威福可以自专,苟非精白自矢公忠体国,必有轻蔑朝廷阛干名器之虑,则尾大不掉,是又事势所必然,又安能期干戈之永靖耶"①。

王韬对这两种论调的批驳皆是为了证明,国家间的交往并非仅论公理、正义而可行,实则论实力、国力而行,实力决定公道和公理。即使建立所谓的国际组织,其实际运行依然离不开这一根本原则。希冀通过所谓的中立国或国际公法来维持公正,而不注重自身国力、兵力的增强,其结果只能是自废武功,任人宰割。一国要在国际上获得生存与发展的空间,并维护和实现本国的利益,必以"力"为基础,只有具备了实力,才能进入国际公法的范畴,并利用之以为我服务。因此,王韬所崇尚的外交原则,是"贵和"与"尚力"并举,也即"调和中外,似惟在于讲信修睦以固邦交而培国脉,抑或遇有交涉之事,一时致形龃龉,亦可听各国为之调停,更不虞舍玉帛而相见于兵戎。然战舰之修,营兵之练,究不可因经费浩繁而议及于裁撤,以致诸形废弛也。盖撙节之道,端在于察虚靡,而裕国之图,又在于兴利益。开财源,节财流,二者并,权能得其要,则国自富民自足。否则,如尽去兵备,亦无裨于国计民生也"②。"尚力"是"贵和"的基础和保障,只有自身实现了兵强国富,才能真正具备提出并维持和局的资格和条件。

囿于国际知识和理论背景的欠缺,王韬对"贵和""崇法""尚势""重力"等外交思想的阐述虽仍显论据不足、论证乏力,但其外交主张显然已具有鲜明的务实主义特点。与中国传统外交观念崇尚空泛的政治象征意义不同,王韬将制定对外方针的基础从主观空泛的儒家信条和"士民义愤"的情绪化举动拨转到物质性的"内外大势"的理性考量上来,强调外交看重的应是实实在在的国家利益和战略意义,而非空泛的政治象征意义。这一视角转换和认识转变,标志着中

---

① 王韬:《循环日报》,1882年2月6日。
② 王韬:《循环日报》,1881年3月7日。

国外交思想向务实主义方向迈出了坚实步伐,展现出王韬的外交思想由传统向现代演进的轨迹。

二 通权达变的驭外主张

围绕"自强"这一政治变革的主轴,以"贵和""崇法""尚势""重力"等务实性的外交思想为基本原则,王韬形成并提出了一系列驭外主张。面对中国尚属贫弱的现实国情,王韬认为,今日言驭外,则首先"法须通权达变,不拘成格,先求备览西事,熟谙洋务,熟稔国际知识与目标公法,深揆事务之缓急,而后方可言驭外"①。就具体的驭外方略而言,王韬则多取自西法,并注意将其嫁接于本国传统的基础上,有策略的开展外交活动,以达"强中驭外"之目的。

(一)悉外情,理外事

正所谓知己知彼百战不殆,王韬非常重视和强调国人对于外事的熟知与掌控,认为这是实施驭外方略的前提条件。他对当时统治者昧于"泰西诸国通商于中土,亦既三十余年矣,而内外诸当事者多未能洞悉其故,若烛照数计而龟卜,其于利害之所系,昏然如隔十重幕帘"的状况表示不满和担忧,并在《上徐君青中丞第二书》中,详细说明了中国与西方近代国家各自对于外情把握的巨大差异。他批评了中国自"通商以来,朝廷大臣动多过虑,若以言兵为大讳,方且雍容文诰,粉饰升平",指出此举之成因便在于朝中大臣未能察明中外的形势状况,对西方列国之事一知半解,亦缺少积极探求与认识的主动性。同时,他们对于中西通商事宜,态度消极怠慢,不能妥善有效地给予处理;而纷争一旦产生,又十分惧怕和忌讳用兵出战。相反,西方诸国举凡要出兵于别国,"先集臣民议其可否,若有时或和或战,其说各半,则必进决之于相臣,若无端开衅,亦非其民之所欲"。而对于中国之实情、国势,皆被西方国家"熟窥而审测",西方视出战中国"必无不胜",于是"凡有兴举,事无不成,是以屡挟其强以凌

---

① 《万国公报》,1893年2月5日。

第四章　王韬对外观的转变与外交主张

我"①，因此而造成"安内不能攘外，以至积弱之势迄于今日"的局面。为此，欲妥善办理今日中外交涉之事，其首要任务便在于"洞晓外人之情，深明外人之例，而详考两国所立之约，以参诸万国所立之法，由是挈其纲领，定其意见"②。

然而，王韬在强调了解外情的同时，对西人侵犯我国境之目的的体认却过于肤浅，他认为，列国来华的目的，"不过出我市廛以陈琛货，利便商贾，转输南北而已"，西方本为开埠通商而来，而不似宋代面对辽、金及元等外患，"要以无皮币之奉，无金缯之酬，无聘问庆吊之烦，无慰劳送迎之费"而处之。故他以为，若在朝处事者，能明白形势，在现代外交通商的基础下订立条约，彼此按定章行事，"外示以优容，内行其裁制而已。即各国使臣驻我神京，咸奉礼仪，以与周旋，未尝不遵我制度，就我范围也"，如此，既可体现近代外交中的平等精神，"即有所请，可者许之，不可者拒之已耳"③，亦可避免不必要的争斗出兵，且不再以干戈示国威。他将协调好通商事宜作为解决中外纷争的根本途径，显然是舍本逐末之见。这种认识在他后期对于欧洲列国，尤其是中俄关系问题的进一步深入体认后得到了纠正。

对于今日中国所面临的千年未有之外交困局，王韬以为，朝廷难免有无所措其手足之感，然正因如此，则更要避免鲁莽和冒进，"办事必贵乎历练，而遇事务在乎安详"。在掌握外情的基础上，稔悉其端倪之所在，提前做好未雨绸缪的准备，以应对各种可能出现的局面。"而若当无事之时，现存一轻视之心，一旦遇事，鲜不首鼠两端，从违莫决，而为外人所轻藐，启外人之挟制者矣。"④ 同时，要注意办理外事之轻重缓急，因"事必有初终，而办事宜分先后，事必有积渐，而办事亦知缓急。然而孰先孰后，孰缓孰急，则不恃临时之施设，而恃平时之绸缪。然则居今日而办理中外交涉之事，正不可苟焉

---

① 王韬：《弢园尺牍》，新北：文海出版社1984年版，第177页。
② 王韬：《循环日报》，1882年1月2日。
③ 王韬：《弢园文录外编》，上海书店出版社2002年版，第23页。
④ 王韬：《循环日报》，1882年1月2日。

而已也"①。王韬在提议处理外事的主张中，最突出的便是他对中俄问题的议论，他说："俄虽强悍，义旗所指，投鞭可断长流，惠信所孚，制梃可挞坚甲，"如今"俄所恃者，惟巨砲铁船耳。兵法云：避其所长，而攻其所短，破之不难矣。盖水战似俄所长，而陆战似俄所短。昔戚继光之平倭寇，诱令登岭，断其归路，围而歼旃，此攻其所短也。岳武穆之灭杨幺，守而勿战，徐视其动，一鼓而擒，此避其所长也"。在他看来，"彼俄之所以觊觎夫中国者，特以中国土地辽阔，未能兼顾耳。强邻压境，势处两难，兵法云：知彼知己，此海防之筹有宜极矣。若夫造攻具、备战舰，设伏定谋，临机应变，因时制宜，必亲历行间者，始得尽其妙焉，不当战而战，是为召祸；当战而不战，是为遭殃。我朝养士二百余年矣，深仁厚泽，食德服畴，莫不有勇知方，效其力以尊君亲"，而"自闻俄人挑衅以来，无不敌忾同仇以待上命。人心如此，则天下之事可知矣！"②王韬认为，通过对俄之情势的全面洞察，知晓其优劣势之所在，方可制定出有效遏制俄国之策略。

王韬在其外事主张中，阐发了地方官员应练习外事的提议。他针对各通商口岸层出不穷的中外交涉事件，尤其是传教士与普通百姓之间的诸多矛盾，认为各地方由于缺乏处理外事的经验和知识，以及各种相关措施，致使地方在处理此类事件中既显被动，又失国体，且伤中外情谊。他说："迩来中外通商征论口岸之地，为西人所辐辏，即僻壤遐陬，亦许其领凭游历。由是传教之士，每深入内地讲书收徒，以冀其教盛行，始则暂为往来，继则长为居住，公然进谒，地方官请示以资弹压，购屋以作会堂，而无知愚民，其狡黠者则暗卖地段以图赀财，其选事者则纠众滋事，罔计祸福，交涉事件因之层见叠出矣。然与其事后重费调停以致堕国体而失交谊。"③造成这种情况的原因则在于地方官对于外事、外情的漠不关心和茫然无知，以及由此而导

---

① 王韬：《循环日报》，1882年1月2日。
② 王韬：《循环日报》，1880年3月29日。
③ 王韬：《循环日报》，1883年1月3日。

第四章 王韬对外观的转变与外交主张

致的民众对外来之人的敌视和各种无礼、失当行为。王韬指出,处理此类事件,应"先事慎为审度,不使滋外患而酿隐忧"。王韬以为,朝廷之设立地方官,原本就是治理地方。有利则当兴,有弊则当革。故而,视其今日分内之事而利弊之显而易见者,则无如中外有所交涉事宜。倘若地方官于外国情事漠不经心,一旦小有嫌隙或民教不和,如各处之毁拆教堂,或钱债买卖,如汕头互争地段。倘非官于交际之道,中外之情有以讲明于平日,而熟悉不遗情伪,洞悉了然于心,有所把握,鲜能中其机宜,昭其折服者。因此,地方官应将"习外事""悉外情",并宣之于众作为分内之事,妥善处理中外交涉事宜,并教导民众知法守礼,勿恣意妄为,平生祸端。

具体而言,对于外事讲明之法,并非稍识数十西字,能讲数句西语,遂为谙于洋务也,必须多见多闻,以阅历资其练习,而又虚心访察,以得其要领。通过多种渠道了解西人、西事,以及人情风俗。另外,每到一处,则览其山川,访其风俗,以知其民气之刚柔,民情之向背。既治外,亦治民,且先治其民,由此便可使民众"咸知国家之所以与外国往来而不为之禁阻者,盖有其故。或遇有教士入境,则待之以礼,而谕之以情,驭之以权,而持之以法,为迎为距,不激不随,勿使有所藉端,而致滋纷扰。其或境内素有民教习处,则务约束其民,令各守事业,勿轻与周旋致因事争执,渐启猜疑,更于公事于闻,接见绅士之时,谆谆告诫,令各嘱其子弟,不可与教士为难,且勿贪小利益,擅租房屋,割卖地段,以为族党无穷之累,重烦官府调处之忧者,在我既守其礼法,则在彼自深其轮服,而可省多少辗轕,免多少纷争也"[1]。王韬以清末汕头因争地而引发的冲突为例,指出"如汕头之地,其初授予西人时,官既无从得知,及后印契始为辩驳,其经手讲和相买售之人未必尚在否,倘已经年累月于证不全,究属何由查办,况附近税关指为官地,则更当追究转卖之人,而于卖售者无干也。似地方官遇此等情事断不能拘泥胶固,而可冒昧以求济者也。至于毁拆教堂,殴辱教士则无处无知。若果当初父劝其子,兄劝其

---

[1] 王韬:《循环日报》,1883年1月3日。

弟，各安其分、守其业，不与为难，则教士自来自往，彼传彼教，于己何干，亦正如齐民中之有僧尼，名山中之有寺观，未尝不可为太平之润色，名胜之点缀也。又何必攻之毁之，致失国家之和好而重一己之罪戾哉！古人有言，父兄之教不先，子弟之率不谨，治国安民之道，亦犹是焉"①。为此，"欲地方之安，靖民生之攸，赖须求明白谙练之官，必先有以抚辑我民，然后能交处远人。若视官衙如传舍，惟以躁进为念，而于中外同异之情，时势切要之务，茫然未有所知，其不致污蔑而招侮者几希矣，天下之大，无尝无才操用人之权者，何不计及于此，思有以储其才而用其人也欤"②。

王韬对晚清时期地方官在中外交涉事件中的消极行为的体认是清晰而深刻的，正是由于他们对此类事件的疏忽、怠慢和缺少外事方面的知识、经验，才导致了某些事件的恶化发展和严重后果。鸦片战争后中国时局的全面变化影响到了社会政治生活的方方面面，外人入境后为清朝政府和各地方政府解决本朝与地方事宜提出了新的课题和挑战，特别是在通商口岸外人较为集中的地方，社会问题也由此而变得比以往更为复杂。处理好传教士或外国商民同本国百姓和地方的关系是地方官员必须面对的问题，他们在此类事宜的处理中发挥着重要的引导和协调作用。掌握处理外事的技能和协调好中外民众的关系是其本分，关乎整个国家的外交大局和国家安危。但是，王韬希望通过妥善处理地方的中外交往关系，礼遇、优待来华外人，以避免外国对中国侵犯的想法，则又显然过于天真，这种带有妥协主义特征的对外观念始终是其难以摆脱的局限所在。

在广泛地考察了欧洲部分国家的国情和外交事宜后，王韬提出，在具体的外事事务办理中，应注重"示之以信"与"行之以速"。因为天下人类虽殊，却不外乎动以情而谕以理而已，即天下事变虽多，亦不外准情度理以处之而已。而信义是建立和维系国家间情谊的纽带，虽诸国相异，却有相通之理与情。如西人之到中国，莫不知有交

---

① 王韬：《循环日报》，1883年1月3日。
② 王韬：《循环日报》，1883年1月3日。

第四章　王韬对外观的转变与外交主张

际之情，守法之理。

王韬的悉外情主张是其洋务思想的内容之一，与早期的魏源和同时期的洋务派并无二致，但其所主张的"以情动人"与"行之以速"的理外事策略则难免过于理想化，体现出其思想中传统道德主义的印记，以及对外人、外事过于乐观的估计。这大概同他在出国经历中与欧洲和日本等国之人所建立的良好关系不无关联。他提倡中外友好，也做了不少"固好修睦"的工作。虽然王韬的这些主张确有切合近现代外交实践之处，但遗憾的是，他却始终未能洞明近代西人来华通商背后之根本原因。对于晚清政府而言，面对全新的中外关系格局，确实出现了诸多方面的不适应与茫然无措，在悉外情与理外事上亦存有明显的缺陷，并因此导致了一些外交实践上的挫折，王韬对这些问题的认识与思索体现出了其思想的进步性和价值所在。然而，这些都不是造成近代中国外交困局的根本原因。试图通过改善这些方面，就能达到去除外事滋扰之虑的效果，显然是过于简单和乐观了。王韬虽然也看到了"自海禁开，远人至，名为通商，实思图利"的现实，但未曾窥见外人觊觎中国的更大野心和根本目的，这既囿于时代的局限，也是资产阶级改良主义的阶级局限性所难以突破的。

（二）遣公使

王韬的政治变革思想最突出的特点之一便是讲求"以权达变"，这种灵活应对时势变化的理念体现在他的外交思想中，便是对某些带有近代外交理论与实践特色的外交方略的极力倡导。王韬强烈反对清朝保守派"画疆自守"的消极外交方针，并积极主张以开放的姿态走向世界，与其他国家开展互通互融的交往活动。他认为，这既是时势所趋，亦大有裨益于国事。他指出，"时至今日，泰西同上中土之局，将与地球相始终矣。至此时而犹作深闭固拒之计，是直妄人也而已。误天下苍生者必若辈也"[①]。因此，他十分赞同中国遣使他邦，亦允许外人来华通商或驻馆中国，以加强中外之有无互通、利益互惠，以及去隔息争。王韬以为，中国自古就有重使臣的传统，"昔汉

---

① 王韬：《弢园文录外编》，上海书店出版社2002年版，第23页。

武帝诏举天下茂才异等，可为将相及使绝域者，可见出使之选与将相并重。诚恐一不得当，虽殆远方口实。故孔子有使于四方，不辱君命之训也"①，使臣历来在联络中外和固我邦本中有着特殊重要的作用。而今日中国既然已经与欧洲各邦立约通商，则"必须互通情疑，然无使臣以修其和好，联其声气，则彼此扞格，遇有交涉事件，动多窒碍。是虽立有合约，而合约不足恃也；虽有公法，而公法且显远也。是则使臣之责任不甚重哉！"② 王韬深信，使臣对于沟通中外，突破中国外交之窘境益处甚多，且责任重大。适应近代全新外交格局的使臣的设置，标志着中国开始以平等的姿态来看待和处理中外关系，是其初具现代外交精神的体现。除了联络中外之情，使臣的设置亦直接有利于本国利益的维护和实现。王韬在《设官泰西上》一文中曾详细描述了西方国家的外交方略如何助益国家的发展和强盛，他认为，西方国家在通商之地皆设置使节，并备以兵力用来保护本国商民，如此不仅可以及时获知外国消息，亦大大拓展了本国的经济发展途径，并有助于实现本国的利益。因此，王韬提出，中国应效法之，在各国设置外交使节来保护海外的华民，同时建立健全海外的使节制度，莫使使节之设置"形同木偶"。

针对当时中国使节与海外华民的实际情况，王韬指出，国与国之间的关系本应建立于平等的基础之上，对于民众的保护亦应一视同仁，然而中国不是以自古以来的"中国中心论"为外交准则，就是如清末般自视为弱国卑微地与西方国家建交，鲜有保障海外华民权益的意识和行动，加之国力衰微，造成了"西人至中国，则称之为彼国之商，贵逾上宾；华人至西国，则比之于己国之民，贱等仆隶"③ 的强烈反差，且积重难返，无可挽回。同时，他特别强调西方国家将通商视为国本，无论国内还是国外都十分重视对商力的保护和支持，他们在开拓海外市场的同时，军队亦随之而来，并且设官置守，他说：

---

① 王韬：《循环日报》，1880年7月26日。
② 王韬：《循环日报》，1880年7月26日。
③ 王韬：《弢园文录外编》，上海书店出版社2002年版，第45—46页。

第四章 王韬对外观的转变与外交主张

"泰西诸国以通商为国本,商之所至,兵亦至焉。设官置守,隐若敌国,而官之俸饷,皆出自商,国家无所縻其帑项也",而"商力富则兵力裕,故商人于国中可以操议事之权,而于外也亦得以割据土城,经营城邑",然而中国则不然,"重本而抑末,且商人亦绝少远贾于外者"①。王韬指出,西方国家皆在通商之国设立使节,并备有兵力用以保护本国的商民,此法对一国利益之维护和自强发展意义重大,清政府应改变对其轻视态度和重农抑商的传统,效法西国设立外交使节,一方面联络中外,另一方面可保护中国在海外的商民及其利益。他强调,日后西方国家来华通商势必会更加频繁,若不尽快健全相关的外交措施给予配合,那么中国之权益将会受到更大的威胁和损耗。因此,他提出"今通商诸国,其事变众多交际殷繁者,莫如英、法、俄、普、美,简遣公使亦惟此五国为先,其它尚可从缓,此原权宜通变之道也"②。在王韬看来,向这些国家派遣公使可以"固好修睦,以利联络",这是改善当下不利之外交局面的迫切需要,同时也体现出近代外交不同于中国传统单向外交的特征。故在今日,唯有开诚布公,讲信修睦,遇有中外交涉重大之事,不妨召见其使臣,俾得从容以华其辞,而总理衙门王公大臣们时与之往来,以得联其情谊,集思广益,未尝不由乎是。近代国家之间的外交关系应建立于真正沟通的基础之上,而不是一味地主战或是主和,以"讲信修睦"为前提,积极地化解纠纷,充分发挥使臣在其中的联络与协调作用,既有助于具体问题的解决,又有利于各国自身利益的维护。此外,王韬强调,在遣使的同时,还应注重"法立而威行",这是保护使节和海外华民权益的重要屏障。

使臣责任重大、角色重要,对使臣的遴选应设定严格的标准。王韬指出,使才难得,因为只有"上有以副朝廷委任之隆,下有从慰草野爱戴之切",才能"使于四方不辱君命"③。对于如何选拔使才的问

---

① 王韬:《弢园文录外编》,上海书店出版社2002年版,第46页。
② 王韬:《弢园文录外编》,上海书店出版社2002年版,第47页。
③ 王韬:《弢园文录外编》,上海书店出版社2002年版,第48页。

题，王韬进行了较为详尽的分析，并提出了具体的选拔要求，他说，"为使臣者，非才德素著，胆识兼优，持大体而敦气节，达实务而谙西律者，断难胜任而愉快，何也？凡人之才，既有所长，每有所短，或则胸无主宰，胆怯志疏，稍与为难，便思迁就洋人，知其底蕴，故为恫吓，大肆要求，或自负通材，心粗气傲，洋人擅于窥伺，投其所好，将顺欺蒙。彼遂予智，自雄信口允从，罔顾国事及干吏议，另派大员，而西人借口有词，诸多棘手，随则削弱，激则变生，而俾其国得行其狡诈，得肆其诛求，实使臣阶之厉也。唯有折之以理，驭之以术，服之以公平，持之以明决，勿堕其机谋而因小失大，勿轻于去取而避重就轻，就令桀骜不驯，智勇俱困，始折冲于樽俎之。问缴争辩乎坛坫之上，终至不行，则亦唯有谢仔肩之重任"①。使才虽难得，却非不可得。对于居上者而言，若想求得外使真才，应扩展其选才思路，于朝廷试士时，制艺之外，亦谋其旁求，思天之大，草茅伏处，不乏奇才。当道者若能破格辑访，则衣褐而谈经济，澄清中国未必无其人。王韬进一步强调，"商力""兵力"和"使臣才力"应相互配合，而三者之中，因有时亦不尽以强力行事，所以"使臣之力"尤为重要。一个合格的使臣，须"熟谙和约""详稔公法""审时度势""察机观变""忠信笃敬""上结主知"。西方国家历来的使节人才，均为极一时之选。故此，中国对使节的选择应慎之又慎、精之又精。因为处理中外之事，除了要注重效率并互通消息以外，更重要的是在于把握"亲疏强弱之际""待之者高下适宜，轻重各当"。王韬指出："夫有使才而无兵力固不可，有兵力而无使才亦不可。"使才培养应学习和效仿西方的做法，"以扩其胆智，练其干材"，方能"睦邻修好尽其职，保商御侮著其长"。可见，使臣所具有的能力与素质是非常全面的，既要通晓中外之情，亦需具备各种应变之法和驾驭之术，且要拥有非凡的胆识与素养以及丰富的经验以恰当掌控轻重适度，只有这样的人，方可担当代表中国出使国外的重任。

---

① 王韬：《循环日报》，1880年7月26日。

第四章 王韬对外观的转变与外交主张

（三）设领事

与遣公使相对应，王韬亦十分赞同在国外设立领事对于一国之外交的重要意义。他说："倘国家赐以尺一之书，立为领事，使之总理各务，必能施措裕如，折冲御侮，为邦家光。"① 在他看来，公使与领事都是为了国家间的联络与修睦，二者同等重要，其区别仅在于"公使总其大，领事总其繁"。领事的责任除了"保卫商贾，维持贸易，司理商情"外，凡海外华民交涉之事，皆由领事出面为之办理，包括"与之折冲于樽俎，周旋于敦槃，据之于公法"②。在旅欧时王韬注意到，中国华侨在国外屡受欺侮虐待，特别是华工，他们受辱后申诉无门，如能设立领事，则足以"壮中国之声威，伸华民之愤抑"③。王韬指出，当下"海市宏开"，西方各国皆汇聚于中国，在通商口岸设领事，互简公使，驻扎京师，往来兵舶，络绎不绝。相比于西人入华之繁茂景象，中国商人却少有往海外从商，且国外亦无中国所设之领事，以维护本国商民和处理对外事务，这对中国是非常不利的。故而，王韬极力赞同清政府拟设立领事，派遣外使的方案，并称其为"千古一时之创举"，认为如此便可改变"华民之羁旅于外者，悉遵其国之地方官约束，或有平时受土人之虐遇者，无可伸雪"的状况。设领事，可以直接与外国力陈中外交涉之事，伸张我国家与国民之正当权利。领事之设，将使其"控诉有门，呼吁有路"，即"苟我国中有中外交涉之事，其中曲折是非所在，可以与彼国大臣面为敷陈，否则亦可陛见国王布宣一是"④。

对设领事是否可直接实现以上目的，王韬对之做了进一步补充说明。他说："今我国家眷顾苍黎，不忍以数百万赤子远弃之海外，特议简星使，设领事，以为保持计，其恩德汪洋膏泽，滂沛斯民，虽捐糜踵顶，亦不足以报万一。"而"其在彼处所以绳之者，西法也，讼狱之事，西官听之。虽设领事，岂能为之袒护"，"其在穷迫之民，

---

① 王韬：《弢园文录外编》，上海书店出版社2002年版，第43—44页。
② 《万国公报》，1893年2月5日。
③ 王韬：《弢园文录外编》，上海书店出版社2002年版，第50页。
④ 王韬：《弢园文录外编》，上海书店出版社2002年版，第24页。

· 193 ·

宛转呼号以诉于领事之前，领事其能代为设法乎？"为此，王韬强调，欲使领事发挥其有效作用，必先改变其"无利权""无兵威""形格势禁""孤立无援"等情况。他指出，同西方诸国的往来，首重在乎通商，无论是遣公使，还是设领事，其基本出发点在乎联络中外商情和握利权。而公使、领事各有所重，领事在保卫商贾、护持贸易中负有更大的责任。因此，对于出使之使臣和外设之领事，皆可允其为履行职责而执行其威令，而水师、兵力亦受其调遣使用。再者，"西国使臣领事设立已久，应办各事均有成章"，在外商民均知须守之法，办理交涉各事，易若转圜。中国应主动学习其经验、成法，参照该国国民在我中国之法例，争取我国民在其国之权利，并结合本国的实际情况和所在国家的法律规章，订立相应的章程，并晓谕在外商民，予以广泛宣传，清晰阐述，以规范其行为，保护其利益。

（四）中外之事宜明白宣布

王韬在对外策略中最早提出了利用各种途径，积极宣传和斡旋中外交涉之事，以使民众知晓事件原委，获得本国民众的舆论支持，并争取其他国家的理解与声援，抢占在国际社会中的话语权，借此获得外交战略上的优势地位。这是王韬驭外主张中最具现代特征的内容之一。王韬以当日有关中俄的关系问题为例，阐述了他的这一思想。他说："中俄之事传说纷纷，留心实务者，欲得确耗，究属茫然，所恃已知消息者，惟各日报耳，然传闻异辞，及得抵钞参证，已几经时日矣。而在此期间，彼之所问非复此之所闻，互相猜度，人情汹汹，即寻诸官场中，亦讳莫如深，相以饶舌为戒"①，如此便会给一些不逞之徒造谣生事的机会，造成民间的惊恐彷徨与迁徙之风，从而给国家造成了祸患。所以，中国应效仿西法，每遇中外交涉事件，速将信息公之于众，这样一则可以关敌人之口而夺其气，一则释远人之疑而服其心。同时，也可使天下臣民明白敌我之是非曲直，从而以同仇敌忾，共同御敌。他言道："盖名正然后言顺，先声可以夺人，原不同军机宜于慎密也。且俄人处心积虑，欲得所借手，以肆其嚣食之谋，

---

① 王韬：《循环日报》，1880年3月24日。

第四章 王韬对外观的转变与外交主张

已非一朝一夕之故。"① 对此情形,中国势难隐忍,必将威之以武,自可仗义执言,将其是非曲直宣示各国所派驻京公使,使其皆知清廷所举,事出于万不得已。同时,可以选派信使前往里谕,且务必慎重其选,其或不能布朝廷之德意,而昭国家之体统,亦必暂为包容,待两国事已大定,然后"究其失而定其辜","盖法求伸于一人,而猜嫌致启于各国",与法暂屈于一日,而积愤可洩于累朝,孰得孰失,必不待智者而始辨之。此处王韬所言之慎选公使,除本国派出使节外,另有他国公使随行。他提议,应"因势利导,即着各国公使,从中推举一二人偕同崇星使再往俄国商议,以期利益和均。如此一来,倘若俄坚执前议,迄无成命,然后相见以兵戎。在中国不过稍稽时日,而各国耆怒彼之顽,服我之义,俄即决计挑衅,其心未必无所怯也。"② 就中俄关系的现实情况而言,"若谓中俄之局和则难恃,而所丧滋多,且祸无底极,战则可久,即事未可知。惟利在迅速。总之,此事事关军国之大,庙设早定,而衮衮诸公亦已算无遗策,必能服强邻而固边圉,亦可靖谣言而安人心,杜邪慝、防奸宄,则莫如早日宣布其事,使中外咸知,实为主要至急之务。"因此,将此事之原委、是非对错给予公开,使中外咸知,实为至要至急之务。客观地说,王韬围绕中俄关系的论说,就当时的时局来看,确实缺少对国际形势的理性分析和正确判断,但他对于国家的对外交往中应借助报纸掌控话语权并制造国际舆论的外交策略,却具有一般性的指导意义,这是其外交思想中颇具策略性的、并具有鲜明近代外交特征的主张。

王韬的外交思想和驭外主张是其政治变革思想中最具近代性特征的部分。他彻底摒弃了中国传统外交观的单向度和务虚性以及缺乏灵活变通能力的缺陷,主张外交方略的制定应当以对时局的洞悉以及对现实情形的理性分析为基础,带有鲜明的务实主义特色。王韬眼中的世界格局和国家关系是多维度的,这种基于"变易"认识论之上的外交观念,使其体悟到世界各国及其关系随时有发生微妙变化的可

---

① 王韬:《循环日报》,1880年3月24日。
② 王韬:《循环日报》,1880年3月24日。

能，这使其提出的外交方略或政策主张具有"通权达变"的特征。围绕"自强"这一政治变革思想的主轴，对国家间外交关系的本质，即"利"与"强"的深刻认知，是王韬外交思想中最具光芒的地方。应当指出的是，王韬的外交方略，形成于其"华夷"观念转变之后，并多借鉴于西方国家的外交观念和实践，受所处时代和自身经历的局限，其中难免多有浅薄之论甚或矛盾之处。即便如此，王韬对近代外交思想的启蒙作用仍然是毋庸置疑的。正如张海林先生对王韬外交思想所做的评价那样，"王韬不是外交官，但他对中国近代外交思想的卓越贡献远非一名普通清朝外交官所能企及"[①]。

[①] 张海林：《王韬评传》，南京大学出版社1993年版，第259页。

第五章 王韬的政治变革思想评析

综观王韬以自强为核心的维新变法思想，既有其启蒙与提携时代之处，亦有诸多不足。他比前代学人更为深入地对传统的反省与批判，以及提出融合中西，并带有现代特征的资产阶级改良方案，体现出他超越时代的先觉意识；而他思想中建立于文化可分论认知基础上的混沌哲学观，以及君主权力合法性探讨的浅尝辄止，对民众政治权利的忽视等主要缺憾与不足，既是其囿于时代与传统心态的直接表现，亦为近代以资产阶级为主导的维新思想之普遍局限性所在，这些都对日后中国政治文化的发展走向和政治现实产生了直接影响。

第一节 中国近代变革思潮中的王韬

中国近代史学家汪荣祖称王韬是"传统士大夫与近代知识分子的衔接者"，应该说，这不仅是对王韬个人，也是对以他为代表的早期维新派历史地位的基本评价。然而，要从中国近代思想演变的脉络中较为准确地定位出王韬所处的位置，则需以其前后代的思想家为参照，通过对比他们之间在思想内涵方面的异同，一方面可呈现出近代思想发展、演变过程中的延续性与特异性，另一方面亦可清晰地定位出王韬在这一思想进程中的历史坐标，并为客观评价其思想的历史地位与价值提供依据。

一 与变革思潮前期思想家的比较

近代中国政治变革思想的起始、演进是一个循序渐进、承续转接的过程。自乾嘉时期清朝衰退之势日显,经世思潮日兴,而朝野名士议政之风渐行,传统士大夫中要求改革的呼声愈益高涨,畅言改革的政治势力也在此时渐趋增强。在此情势下,地主阶级改革派涌现而出。他们以"更法改图"和"师夷长技以制夷"的思想为旗帜,掀起了近代中国以"自强"为轴心的变法改革思潮。这些由近代中国统治阶级内部分化出来的一批开明人士所构成的改革倡导者,既是引领当时的知识分子从埋头于考据、义理的务虚学术,转向关注现实政治发展的先导,也是较早地意识到清王朝的腐朽黑暗与外部世界的新变化,并主动开眼看世界的第一代思想家。他们之中,尤以思想敏锐、言论激烈的龚自珍,与著述繁富、眼界开阔的魏源为其主要代表人物,此二位乃晚清思想界之闪耀双星,史称"龚魏"。除此之外,还有林则徐、包世臣、黄爵滋等重要代表。作为近代思想的最初启蒙者,地主阶级改革派的思想与其后的洋务派,以及以王韬为代表的早期资产阶级维新派有着直接的承转关系,将他们的改革思想同王韬进行历时性的对比,不仅可以厘清这一历史时期变革思想的演变轨迹,更有裨于清晰呈现、深刻理解王韬变革思想的特点,及其在近代的历史定位。

(一)变器不变道与道器皆变

对于"道"与"变"的论证,是历代畅言改革的思想家阐发其改革主张的理论基础和起点,龚魏等地主阶级改革派亦皆对此有所论述。将这些思想观点与王韬的"道""变"论进行比较,不仅可以看出其中的同源与延续性,亦可发现他们"道""变"之论之间的差异。下面主要就龚自珍、魏源的"道""变"论与王韬的思想进行比较分析。

近代思想家论"变"皆未超出中国传统的思想框架,而这一框架中最基础的部分之一便是《周易》中言变的内容,如对于"穷则变、变则通、通则久"这句话,为力主改革的先进人士所最经常引用。龚自珍亦从《周易》中的变易观得出"自古及今,法无不改,势无不

第五章 王韬的政治变革思想评析

积,事例无不变迁,风气无不移易"①的结论,认为无论是世间的人与物,还是典章制度、风俗习惯等,皆处于不断变化的过程之中,这种"变"是不以人的意志为转移,维系万物存在和发展的不可抗力。龚氏同时强调穷变通久乃"非为六七姓括言之,为一姓劝豫",强调各代若能及时更法救弊,自能长存于天地间。而所谓黄帝以来的六七姓更换,却未必是天道所乐为的。他同时举出历史上积弊不改终至改朝换代的例子来反证此观点。由此得出"变"实为"道"之所趋,非人力所抗的结论。魏源亦继承了《周易》《老子》《孙子》中的传统变易观,认为人类演进的历史就是一个不断变化的历史,万事万物皆处于变化之中,三代的天、地、人皆不同于今日,并发出"古今宇宙,其一大奕局乎?"②的感慨。以此为基础,他提出"势则日变而不可复",且将这种"不可复"的变化趋势视为一个不断上升,后代胜于前代的演进过程。与此同时,他比龚自珍更进一步,提出了社会历史之"变"的动力来自社会内部,是一种内发性的"自变"。他曾说:"天下大势所趋,圣人即不变之,封建亦当自变"③,"惟王变而为霸道,德变而为功利,此运会所趋,即祖宗亦不能不听其自变"④。这种变是不受任何外在条件制约的内在规律,相应地,外物也只能应之而变,才合乎"道"。魏源由此同龚氏一样,为自己的改革思想找到了理论依据。对于"变"的理论论证,王韬和龚魏一样,承续了中国传统的变易思想,只不过王韬在为其"变法"主张立论时,不仅以中国传统典籍中的变易观念立论,也对其他国家的历史发展、演变规律进行了评述、分析和比较,得出了"变法"乃任何国家维持其存续之普遍规律的结论。虽然王韬在论"变"时表现出比龚魏更为开阔的视野,但其思想框架并未超越传统的理论范畴。然而,王韬与龚魏在此问题上的最大差异则在于对所"变"内容的不同界定上。这里就涉及王韬与龚魏对"道""器"内涵的不同解读。

---

① (清)龚自珍:《龚自珍全集》,王佩诤点校,中华书局1959年版,第319页。
② (清)魏源:《魏源集·治篇五》,夏剑钦点校,岳麓书社2004年版,第48页。
③ (清)魏源:《魏源集·治篇五》,夏剑钦点校,岳麓书社2004年版,第49页。
④ (清)魏源:《魏源集·治篇五》,夏剑钦点校,岳麓书社2004年版,第49页。

对于"道器"的问题，龚自珍和魏源的论述并不多，但其内涵指向是十分明确的。他们继承了儒家的正统文化，相信天命与天人感应之说，是传统"天道"观的持有者。龚自珍认为"天命"或"天道"是万古不变的法则，亦为不可抗之力，他将"儒家之言，以天为宗，以命为极，以事父事君为践履"视为圭臬，认为此孔子之"道"，即儒道，不可更易，此道以三纲五常为核心，是君主专制制度据以存在的根基。而对于"道""器"的关系，他则认为"道载乎器，礼征乎数"，因此，"大而冢土明堂，辩礼之行于某地，小而衣冠鼎俎，知礼之系于某物。莫遁空虚，成就绳墨，实事求是，天下宗之"。他指出，"道"与"器"之间关系密切，不能脱离"器"而言"道"。离开名物器具，以及事实本身，则"道"亦无存。然而，龚氏虽认为"道""器"密切相关，却没有进一步发展出"器"变则"道"亦变的结论，而是坚守"儒道"与天地长久，为永恒不变之"道"的理念，将其所变的内容限定于"器"的范畴，并不要求动摇君主专制制度本身。他说："无八百年不夷之天下，天下有万亿年不夷之道"，虽然祖宗之法需随着形势的发展而进行革新，但是作为专制制度根本之"道"的儒家伦常，则是万古不易的。魏源对于"道器"认识的先进之处则在于，他反对程朱理学的重"道"轻"器"思想，反对当时的顽固派以"奇技淫巧"和"形器之末"来反对学习西方，他对此反驳道："古之圣人刳舟剡楫，以济不通，弦弧剡矢，以威天下，亦岂形器之末？有用之物，即奇技而非淫巧"，不可贬而弃用，而应"因其所长而用之，即因其所长而制之"①，只要有用，便不是"淫巧"，这种对传统"重道轻器"思想的重新解读在当时社会确有其积极意义，也是他提出"师夷长技以制夷"的基础。但是，魏源对"道"之内涵的体认与坚守并没有突破传统，他在强调"器"之重要性时，依旧认为"气化无一息不变者，其不变者道而已"②，即强调中国之"道统"是不可变也不会变的。此"道"亦为儒家纲常，以

---

① （清）魏源：《魏源集·书古微》，夏剑钦点校，岳麓书社2004年版，第106页。
② （清）魏源：《魏源集·书古微》，夏剑钦点校，岳麓书社2004年版，第111页。

第五章 王韬的政治变革思想评析

及它所维护的君权至上之君主专制制度。同时，龚魏所希望之"变"，乃渐变，而非骤变，即"可以虑，可以更，不可以骤"①。他们都反对激变，此观点在其后的维新派中得到了延续，直至革命风潮彻底覆灭了改良的幻想。王韬与龚魏"道器"观之差异便在于，他把传统的"道""器"内涵做了一个实用主义的，却显含混不清，甚至有牵强附会之嫌的解读，他将涉及皇权根基的君主专制制度从"道"中分离了出来，放入了可变之"器"的范畴，从而为他的变革君主专制制度，进而施行君民共主的政治制度提供论据。这样，王韬比龚魏更进一步，动摇了传统"道器"论的某些根基，为其批判思想和变革主张超越前人奠定了哲学基础。尽管王韬对于他全新的"道""器"观，在理论论证上确显肤浅并有矛盾之处，然而，他比龚魏一代的可贵之处在于，他更为透彻地认识到了皇权政治，以及当世危机的最根本弊端所在，也因此，他对君主专制的批判也比前代人更为彻底。而从哲学观本身演进的进程来看，他的这种"实用主义"的附会解读，在客观上起到了开启后来的维新派思想家突破中国"器变道不变"思想局限的作用，为其后谭嗣同等提出"器变道安得不变"，以及"器体道用"的观念提供了思想基础。

虽然"变"为人力所无法抵抗，然而这种变的规律却是可以为人们所认识和掌握，并进而利用的，这是龚自珍从认识论角度对"变"的阐述。他尤其强调君主和圣人在认识和利用这种规律中的主体性地位，认为他们有责任和能力通过掌握"变"之规律，不断改造社会以适应客观变动的世界发展趋势。他说："天用顺教，圣人用逆教，逆犹往也，顺犹来也。"他进一步解释道："乱，顺也；治乱，逆也。"② 这些认识说明他看到了人在"应变"过程中的主观能动性，对于"变"之不可抗，人们可以循势利导，而这种能动性的发挥对于推动社会发展意义重大，而人类历史也正是在这种天人交合相承的顺逆合一运动中不断前行的。因此，他指出，"抑思我祖所以兴，岂

---

① （清）龚自珍：《龚自珍全集》，王佩诤点校，中华书局1959年版，第23页。
② （清）龚自珍：《龚自珍全集》，王佩诤点校，中华书局1959年版，第16—17页。

非革前代之败耶？前代之所以兴，又非革前代之败耶？"而"一祖之法无不敝，千夫之法无不靡，与其赠来者以劲改革，孰若自改革？"①任何朝代，若想获得兴盛的发展活力，都应积极主动地治理和革除社会发展中各种弊端的因素，革新去弊，施行社会政治改革，否则就有被改朝换代，甚至亡国的危险。龚自珍于古今之辩中发出了"自改革"的主张，将自觉地对社会实施革旧出新的改良视为社会历史发展的动力，也由此，他发出了"奈何不思之更法"的呐喊。然而，需要注意的是，龚自珍虽重视改革之于社会发展的意义，但他将这种发挥主观能动性去认识和适应客观之变的主体限定于君主和圣人，而非普通人，认为只有君主和圣人才有资格和能力洞晓天命，他们是实施治世与变革的主体。因此，龚自珍虽意识到人在应变之中的主观能动性，但他所论之"人"重在上，而不在下，体现出龚自珍思想限于儒家传统纲常伦理规范框架的局限性。王韬论"变"的最突出特色便在于他对人事之于"天道"之变作用的强调，更得出"国家之兴，虽曰天命，岂非人事哉！"的结论，在这点上，他与龚氏无异。然而王韬的卓越之处在于，他不仅用"天心变于上，而人事不得不变于下"为其变法思想寻求根据，更将人事之变的重心下沉至民间社会，认为不仅社会历史是发展变化的，人自身亦如此，他用西方国家近代所取得的发展成就皆得益于民，尤其是民在个人技艺的提升与器物发明中对社会所起的重大推动作用，来证明人事因应天道之变的主动性与影响力，体现出王韬在认识论上超越前代之处。

（二）循环的变易观与进化的变易观

论变必然涉及历史观的问题。而在这方面，王韬与龚魏有着极其相似的评述和观念，可从中看出他们对此问题的相同思想基础。以"变"的认识论为基础与核心，龚自珍指出："万物之数括于三：初异中，中异终，中不易初。一匏三变，一枣三变，一枣核亦三变。"同理，则"万物一而立，再而反，三而如初"②。他在言"变"之必

---

① （清）龚自珍：《龚自珍全集》，王佩诤点校，中华书局 1959 年版，第 5—6 页。
② （清）龚自珍：《龚自珍全集》，王佩诤点校，中华书局 1959 年版，第 16 页。

第五章 王韬的政治变革思想评析

然的基础上进一步提出，这种变的规律主要呈现为三个阶段，是从伊始至终端，一正一反，相辅相成的循环往复的过程，整体上呈现出一种始异而终同的特点。他也因此提出人类社会发展、演变的"三世"说，将此过程视为一个"治世""衰世""乱世"的循环过程，认为三代"治世"以降，中国社会的发展就总体上处于"衰世"的阶段，而至他所在的清朝末期，则为"衰世"中之"衰世"，而社会的发展就是在这种治乱循环中得以前行的。无论是万物之"三变"，还是"三世"说，都体现出龚氏思想中受中国传统文化和学说的影响，如《易经》《老子》以及《春秋公羊传》的治乱三世说等。从龚氏论变的内容来看，他虽未曾阐明这种治乱的演变结果是完全回归原点，还是一种上升式回归，然而，根据他论"变"的思路和改革主张，可将其认定为苻有循环论色彩的变易史观。魏源亦认为，世间万物都是变易进化的，历史也是不断变化、演进的过程。然而其不同于龚氏之处在于，魏源强调这种变的趋势是后代胜于前代，当今胜于往古的。这就是前面曾提到过的"势则日变而不可复"的观点。相比龚氏而言，魏源此说更能体现出他的变易且略带进化特色的历史观，他比龚自珍更强调和重视"今"世、当下。他用他的历史进化观念抨击了当世的复古守旧思想，以论证变法改制的重要性。然而魏源思想中的矛盾之处在于，他同龚氏一样，认为历史是按照公羊三世说的"太古""中古""末世"而后又复返其初的框架运行的，并认为推动此变化的力量是一种神秘的"气运"，而此"气运"又与先王之道有某种联系，且具有一昌一衰的循环特征，他用此来解释历史发展，最终又回到了循环论的窠臼，这是魏源在史观上的局限性体现。王韬继承并发展了前代的历史变易观，他也曾以公羊三世说为依据，将历史划分为五个阶段，并在他的变局论中表达了历史进化的观点，"道有盈亏，势有分合，所谓物穷则变，变则通，通则久者，此也"。故而，"草昧之世，民性雎雎盱盱，民情浑浑噩噩，似可以长此终古矣，乃未及而变为中天文明之世，未及而变为忠质异尚之世，且未及而变为郁郁彬彬之世，可知从古无不变之局"①。王韬的变局说是以历史进化观为其表现形式。他本人亦曾读过西方有关进化论的相关书籍，并受到了一定的影响，但他未能彻底地与中国传统史观相隔绝，也未能全然以近代进化论的立场和方法来解读历史演进的进程。所以，准确来说，他的历史观是裹挟在传统变易史观的躯壳中，以历史进化论为其内容特色，他比龚魏一代更进一步的是由传统向近代进化史观过渡的环节，亦是尚处于萌芽中的近代进化史观。

然而，无论是龚魏，还是王韬，他们的哲学观皆未形成独创的完整思想体系，他们对哲学问题思考和论述的直接目的在于为他们的改革思想奠基，多为借古议今，为倡导改革开辟道路，这也是近代启蒙思潮中涌现出的一代又一代思想家所共有的特征。

（三）君民同源与君民共主

自古倡导和推行改革的思想家，常以民本作为社会批判的思想武器，龚魏与王韬都曾以此为基础来展开论证变革的必要性。龚自珍对末世的各种黑暗腐败现象的批判可谓是激烈和尖锐。其中，他的民本思想是以批判皇权专制，强调人民性为其主要特色的。他向帝王的绝对权威宣战，对其进行了犀利的批判，否定"天子做民父母，以为天下王"的君权至上传统观念，认为："天地，人所造，众人自造，非圣人所造"②，"帝若皇，其初尽农也"③，认为君主最初同普通百姓并无差别，是自然平等的关系，只是后来世道败坏，受天命所谴而产生了君主与民众的区分。因此，龚氏将君王从神拉回了人间，降低甚至否认了统治者的神性，而强调其人性，对皇权至上提出质疑。然而龚氏的这种批判的质疑，并未进一步推导出君民平等的结论，更未提出更易君主专制制度的要求。而他所说的平等也仅限于作为自然人的平等，对于由社会政治生活中的权力结构所产生的不平等，他却未提出如何给以彻底改变的方案。而对于君权的产生，龚氏仍未脱离君权神

---

① 王韬：《弢园文录外编》，上海书店出版社2002年版，第113—114页。
② （清）龚自珍：《龚自珍全集》，王佩诤点校，中华书局1959年版，第12页。
③ （清）龚自珍：《龚自珍全集》，王佩诤点校，中华书局1959年版，第49页。

第五章　王韬的政治变革思想评析

授的思想框架，认为君王统治地位的获得，是因天谴所产生的世乱而使其受命于危难之际，而这种权利获得之后便不同于以往贫民的身份。因此，龚自珍虽然对广大民众在专制暴政下所遭受的欺压与剥削深表同情，也对他们的悲惨处境深感愤慨，但他并未从根本上否认皇权的合法性，也未能提出带有新内涵与系统性的民本思想，更不可能得出君民平等关系或君民共主的结论。这就使得他的民本思想拘囿于传统民本思想的范畴，同历代倡言改革的思想家一样，只不过以此作为批判现实和改良政治的思想武器罢了。魏源的民本观首先体现于他的变易史观之中，他在论证历史是变化、前进，后世胜于往古的时候，提出了一个判别标准，即"变古愈尽，便民愈甚"，是说社会政治制度的变革是以能否达到方便民众为判断其进步意义的标准。若是变革后，民众的生活更加不便，那么这种变革就是失败的、倒退的，尽管变了，也要恢复，"天下事，人情所不便者，变可复；人情所群便者，则不可复"。他所说的"人情"，从政治文化的视角而言，就是民众的政治心理，是决定变与不变，或变与复的判别条件之一。因此，魏源的变易论，是建立于有利于民众这一基石之上的，民本是他论证变易的出发点。同时，魏源的民本观亦体现于他对改革以利于国计民生，有益民用，以及君臣应重民意等相关论说之中。魏源的民本观超越龚氏之处在于，他不仅提出要通过购买西方的物品以满足民用，学习西方的技艺、科技来改善民众的日常生活条件，更在介绍西方议会制度时，对其吸收民众意见、百姓监督政府等西方民主制度给予很高评价，他尤为赞赏民众在西国政治生活中极大的发言权，"大众可则可之，大众否则否之"，并认为，美国民主制的最大优点在于"议事听讼，选官举贤，皆自下始，众可可之，众否否之，众好好之，众恶恶之，三占从而，舍独徇众"[①]。魏源也因此反思到，国欲致强，应尊重并给予民众发表意见的权利，而国家也应为民谋利，并保护民众的利益，如此，君主方能与天下民众共忧乐。魏源在其内政改革、

---

① （清）魏源：《魏源全集·海国图志》第4册，夏剑钦点校，岳麓书社2004年版，第1585页。

反侵略主张，以及宣介西方民主制度的过程中都立足民本，以利民、便民为依归，强调有益民生和民众在反侵略中的作用，甚至提出向西方学习，保障民众发表意见的权利，他的这些主张具有重大的历史进步意义，也使其成为引领向西方学习思潮的排头兵。但魏源虽通过间接获得的西学资料，开拓了国人的视野，却始终未能提出具体的方案，也未曾真正挑战君主的权威与皇权的合法性，这不仅是其民本思想，也是他的整个改革主张中所体现出的历史局限性。

王韬相比龚魏而言，在民本主张上向前迈进了一大步。他在继承和延续中国传统民本思想的基础上，吸收和借鉴了西方国家的民主与民权思想的内涵。王韬不仅认为民众有表达意见的权利，更从重民的思想理念中演绎出"君民共主"的要求。他始终围绕着自强这一目标，将处理君民关系视为国富民强的根本，并从根基上对君主专制制度的合法性提出挑战。他虽未能明确提出近代的"民权"思想，但他所主张的君民无隔，上下情通的"君民共主"制度，确已包含着民众参与政治的权利的理念和意识，这在当时的思想演进中是一小步，然而对于近代中国的思想发展路径而言，却是重要的一大步。正是有了他的这一思想基础，才为后来者提出明确的"民权"主张提供了可能。因此，评价王韬的民本思想，确切而言，可将其喻为一棵枝繁叶茂的参天大树，其根基虽仍立于传统思想的土壤，然而枝叶却已延伸、触及近代西方思想的新天地，它既汲取了传统民本学说的营养，又沐浴着西方民权思想的雨露和阳光，这使他的民本观不可避免地带有了明显的过渡性色彩。而就批判思想而论，王韬更是超出了龚魏的批判框架，并未止于对君王本身的批判，而是将矛头直指君主专制制度本身，认为此制度是造成各种内忧外患的根源所在，并明确表达出中国应效仿西方国家，实行君民共主制度的愿望。王韬对君主专制制度的批判，可贵之处还在于，他超越了一国一地的局限，目光投射于世界上所有实行此制的国家，将这些国家所遭遇的各种困境、危机的根本原因，皆归结于此，这是其思想的深刻性所在。只是，王韬的对于君民共主制度的推崇，以及倡议中国效仿的希冀，并未形成真正的推动性力量，仍然处于委婉且朦胧的引介与启蒙阶段。而对于近

第五章 王韬的政治变革思想评析

代中国对国家政体的认识演变过程而言，他的这些思想贡献所体现的是一个转折与过渡的环节。

（四）华夷有别与万国皆等的对外观

近代中国对外思想的变革，始于对传统华夷问题认识的转变。龚魏在这方面的认识和观点，是清末公羊学派夷夏观的代表。他们反对一味鼓吹"尊王攘夷""严夷夏之大防"的狭隘种族偏见，强调建立大一统的国家，必须加强各民族之间的交流与凝聚力，消除夷夏之间的民族优劣之别。而这些也正是公羊学派华夷观的精华所在，他们强调的夷夏之别在于文化，而非种族。有人称龚自珍为"天朝王国"梦境中醒来的第一人，他从反省中华帝国虚妄的大国优越感出发来体认华夷问题，对严夷夏之防持尖锐的批判态度。他清醒地认识到中华帝国已步入"日之将夕，悲风骤至"的衰世，主张消除民族间的隔阂，以建立统一而团结的中华大帝国，以抵御外侮，发展内政。龚氏主要是从国内民族关系方面来看待华夷问题。魏源则不同，他将视线投向了整个世界。近代华夷观转变的一个重要基础便是地理学知识的拓展，以及对中国以外特别是西方世界的全面认识。而这项工作的完成，魏源功不可没。魏源对中外关系的认识较同代人更为深刻，由其"师夷长技以制夷"的主张便可看出。他非常强调学习西方的重要性，是开启其后洋务思潮的重要启蒙。在魏源的观念中，取消了中国传统"天朝上国"的政治文化心态，改变了以往华夷观念下体认中外关系的立场，并较早地将西方的政治体制与议会制度介绍给国人，使其成为近代中国"睁眼看世界"的先行者。然而，龚魏在华夷观上的变化总体上并未超越传统，师夷的主张也是迫于形势而对现实做出的反映。对西方事物，涉及器物、技艺的部分便主张中国效仿、学习，而涉及制度、文化层面，则以介绍为主，鲜有分析和优劣评判，更无中国仿行之意。相反，对于中国的历史传统和政治制度，他们还是充满了优越感和自豪感，从文化观念上并未彻底消除华夷的区分。王韬继承了龚魏一代传承下来的华夷可互变的观念，以前代为基础，遵循其思想脉络，提出用中国之"礼"的文化观念和标准来衡量华夷之别。他认为，华夷本无规定性，并非以地域为界，如果用传统华夷论的高低、优劣观念来评判，则"华夷之辨，其不在地之内外，而系于礼之有无也明矣。苟有礼也，夷可进为华；苟无礼也，华则变为夷"。而近代西方国家，无论器物，还是文明程度皆在中国之上，多有华不如夷之处，故此，传统华尊夷卑论的基础已不复存在。他比龚魏更为彻底的是突破了传统"中国中心主义"的世界观，建构起带有"世界主义"特色的国家观，将中国放在国际大背景下给以定位，并重视和承认各国之间自然的平等地位，以及万国公法在处理国家间关系中的重要作用与权威性，这些意识是其思想中近代化特征的鲜明体现。而以此为基础，王韬所提出的带有国家主权内涵的权利观念，如对收回"额外权利"，保护我中国之"自有权利"等要求，也完全突破了龚魏一代的国家意识，成为近代国家观念与主权观念的启蒙者。

在对外思想上，龚自珍主要以应对外来危机为基点，提出的主张多以策略性为主。他力主严禁鸦片，并通过采取积极措施，以反抗和抵御外来侵略。他意识到"无武力何以胜也"，因此强调"火器亦讲求"，要注重加强军事力量来防御外侮。而对于当时北方沙俄的野心，龚氏亦有所察觉，他对形势的分析也颇有见地，强调通过移民实边来加强边防，选拔"皆性情强武"之人，和军民一起防御沙俄的侵略。这些颇具策略性的主张虽有一定现实合理性，但基本上未超出中国传统对外思想的范畴，距离近代的外交思想还有一段距离。魏源奉行的是务实外交的原则。他首先强调"制夷"应以悉外情为前提，"欲制外夷者，必先悉夷情始"。在洞悉中外大势之后，以敌强我弱的形势判断为依据，提出了不专恃强力，而重视外交斗争中的策略与全局的对外主张。《海国图志》中凝聚了魏源外交思想的结晶，在"师夷长技以制夷"的同时，以"款夷"为其主要策略和斗争方式，强调外交中的诚信、缓和与全局观念，突破了传统内向型外交的拘囿，并创造性地提出依据国际法来保护本国的权益的主张，认为清政府完全可以依据国际法的规定而严禁鸦片流入中国，并惩治从事鸦片贸易的商人。这种全新的外交视角，可视为近代外交思想的萌芽。魏源的外交思想对其后的洋务派和早期维新派都产生了诸多现实的影响。王韬的

第五章 王韬的政治变革思想评析

外交思想承续魏源之处颇为明显,他的"贵和"主张延续了魏源的"款夷"策略,而对国际法在约束和保护个体国家中的作用,王韬也持以肯定与积极的态度,并更进一步,提出中国应加入万国公法,以保护本国权益。同时王韬更认识到弱国无外交的现实,更为深刻地提出对外关系的本质在于"利"与"强",他看到了万国公法对于大国、强国利益的维护,故此呼吁中国应以自强为先,而后加入公法以主张自己的国际权益。这些见地都属难得,在今天看来亦为十分先进的理念。王韬所提出的"遣外使""设领事",以及具有开创性的"宣布中外之事"等带有鲜明近代外交思想特征的策略主张,标志着他的外交思想渐趋成型,相对前代而论,则是具有跨越性的进步。

总体而言,王韬的变革思想承续并发展了龚魏一代的思想成果,实现了传统向近代的转变,他与同时期的早期维新派成员的思想主张,是19世纪三四十年代的龚魏等地主阶级改革派的思想向20世纪初维新派思想家的维新主张过渡、演化的一个重要桥梁。近代的变法改革思潮兴起于19世纪30年代,在清王朝内部危机日显的社会背景下,诞生了近代中国最早的一批洞明危局的思想家,龚自珍就是其中最具代表性的一位。此时鸦片战争尚未爆发,有关变法改革的主张多集中于政法制度与经济改革,龚自珍的社会政治批判思想和改革主张启迪了晚清的变法论者。而自19世纪40年代以降,鸦片战争的战火不仅在内忧之上,又叠加外患,同时也拉开了中国近代史的序幕。应对内忧外患应时而起的一批思想家,为探求危局的解决之道,开始主动"开眼看世界",魏源则是这个时期思想家的代表。龚魏作为地主阶级改革派的思想家,他们所提出的改革主张,在晚清思想界影响甚大,尤其是魏源学习西方的"师夷"主张,成为洋务派和王韬等早期维新派思想家汲取、利用的重要思想资源。王韬的政治变革思想中,结合了龚魏的改革变法与学习西方两个重要内容,这成为王韬实现思想转变与形塑的重要基础之一。循着他们的改革思路和对西方政治制度的引介与推崇,王韬形成了以中西融合为主要特色,以学习西方的政治制度为要件的改革变法思想,为王韬由传统士人向近代知识分子转变奠定了重要的思想基础。

二 与变革思潮后期思想家的比较

近代化思想的递进发展中,以王韬为代表的早期维新派是承续、接转早期地主阶级改革派思想家与近代维新派思想家的一个重要中转环节。这种传承关系体现于对前代的继承与后代的开启的思想演化逻辑之中。王韬与维新派的代表人物康有为、谭嗣同、严复等,既有历史演进时间进程上的连续性,又有个体思想观念和近代影响上的相似性,同时,由于王韬与他们所处时代与个体思想层次上的差异,而呈现出一种带有阶段性的递进发展脉络。通过将王韬的政治变革思想,同严复、康有为、谭嗣同等人的思想进行比较,便可以较为清晰地呈现出王韬的思想在近代思想史中的转折性特征与作用,也为定位其思想的历史坐标提供了依据。

(一)天道之变与自然进化之变

以康有为、严复、谭嗣同为代表的维新派,他们在继承中国传统哲学思想与王韬一代的进化变易史观的基础上,吸收了西方进化论的内容,形成近代的进化哲学观。康有为以"变"的历史观为其维新变法主张立论。他同样认为自然界与人类社会都是不断变易、进化的历史过程,他曾响亮地提出,"盖变者,天道也",并曾说:"孔子制作,专重变易",唯有能知此,才"可以读孔书"[1],他假托孔子以强调变易之重要性,变易思想贯穿于其整个变法主张之中。康有为对于"变"的论证,在依据中国传统变易观的同时,还利用了近代的自然科学知识,从多个方面来论证他的变易进化观。他借用中国传统的宇宙起源于"气",以及董仲舒的天地万物起源于"元"的说法,结合了近代自然科学对宇宙生成知识的内容,指出宇宙间的各种天体,以及宇宙自身,并非从来如一,永恒不变的,而是皆由长期的演化、发展而形成,且仍处于变化之中。地球和人类自身的发展也是一个生生不息,变化不止的漫长演变历程,他还特别以"人自猿猴变出"来

---

[1] 康有为:《长兴学记·桂学答问·万木草堂口说》,中华书局1988年版,第108页。

第五章　王韬的政治变革思想评析

说明生物界的变易进化规律。从康有为所描绘的这幅宇宙变易进化图中看以看到,他所强调的变化是一个不断进步、上升,从低级到高级的演进过程,从他的思想中已看不到循环变易的内容,标志着他的进化史观初步形成。具体到他为变法维新的论证,他在第一次上书倡言变法时,所持的理由便是,古今时势不同,治平世与治乱世当异,并同样阐述了《易经》之穷变通久的道理,为变法立论。而康有为在编著《孔子改制考》以托古改制时,发现了"三世"之说。他将三统、三世说混合于进化的观念,提出了他在思想史上颇有影响力的三世进化观念,即据乱世、升平世、太平世,而太平世也即大同世界,便为人类之理想境界。康有为的三世之中,又可细分为三小世,亦可再向下细分,如此已至无穷,则世界永远在进步之中,而何时达至大同之境,则不得而知。总体而论,康有为变法立论的变易观由两个重要理念构成:其一,世间万物皆处于不断的变化之中,因此,政治也是因时而变的;其二,人类社会是不断进化、上升的发展过程,最终目标是走向大同世界。

谭嗣同的变法论亦以进化论为基,但不同的是,他论变的依据受到西方自然科学的影响更大,尤其是当时盛行于西方世界的"以太"说,被谭嗣同直接用来作为其哲学思想的基本范畴。谭氏将"以太"的观念发挥到了极致,不仅认定其为世间万物的物质性根源,更升华至人类精神的层面,将人伦关系,如父子、兄弟、君臣、朋友等,以及制度结构得以成立的根据也归之为"以太"。同时,他在论证"以太"普遍、永恒地存在于宇宙间的基础上,提出这种不生不灭只能存在于"以太"自身的不断变化之中,即他所说的"微生灭",因此,借由"以太"的微生灭而转化出事物变法、发展、进化的结论。他认为,"不生不灭"是本质上的不变,而"生灭息息"则是得以存在的形式与条件,是本质不变的必要条件。也即通过这种变,而维持本质的不变。因此,谭氏同样认为世界万物是不断变动发展的过程,一切变的结果都是朝着新的更高的方向发展,这就是他从"生灭"中演绎出来的"日新"的观点,认为宇宙人生都是变化日新的进化过程,政治生活自然也不能逃脱这一规律,必然要在日新的变化中实现

· 211 ·

进化与发展。而以这种变化演进为基础，他同样对"三世进化论"做了充分发挥，以《易经》之内外卦来解释政治变革的大势，为其变法维新主张提供依据。而严复亦循此道，他在近代中国哲学史上的突出贡献便在于他的《天演论》对西方进化观念的引介与推广。他的变易观也是以进化论为依托而展开的。严复将生物界的可变与演化规律，推至人类社会，认为人类唯有不断奋斗、不断进化才能获得生存与发展，否则就会面临淘汰或灭亡。严复宣传进化思想的目的是明确的，就是为了说明中国应顺应"天演"、进化的规律而实行变法维新，使社会由弱变强，非此则无以救中国，亦有亡国灭种的危险。也即他高声呐喊的"变则强，不变则亡"口号。同时，他所主张之变，正如生物演进的进程一样，是"渐变"的过程，而非突变。他认为社会政治的变革不能期之以骤，因此，只能改良，而不能走向革命。此思想贯穿于严复一生。

　　从近代思想史中变易观的演变路径来看，从早期的循环变易史观，到王韬的带有进化色彩的变易史观，再到维新派的进化史观，是一个逐渐演进的过程。他们在论"变"时，都毫无例外地以中国传统变易观为其基本依据，并皆强调以渐变为主要方式，只是在变化的方向与路径上选择了不同的道路。王韬的变易论，尤其是他的变易史观中已带有进化的内涵，但尚未真正建立起进化论的历史观，尚属旧瓶装新酒的过渡阶段，直到其后的维新派人士，则彻底完成了这一转变。康有为虽以三世说来阐明其历史观，但他所论之三世演进则是以进化论为根据的，而严复则更是中国近代进化论的引入与推广者，对于历史进化上升的发展演变过程有着更为深刻的认知，他们在进化的变易史观中找到了变法维新的理论根据，他们所言之变，是"日新"的全新演进趋势，对于传统的回望与顾念则明显少于前代学人，这也成为他们比王韬一代在维新变法过程中步伐更大，方向更为明确的原因之一。

　　(二) "道中有器"与"道器合一"

　　而对"道器"问题的认识与演变，是近代改良与洋务论向维新变法思想过渡的重要理论基础。自龚魏一代的"变器不变道"，到王韬

第五章 王韬的政治变革思想评析

混同传统"道器"内涵的似是而非的重新解读,即将根本政治制度从传统之"道"中分离出来,放入可变之"器"的范畴,至19世纪中叶以后的维新派,特别是中法战争以后,道器观虽然仍保持着"中国所守者形上之道,西人所专者形下之器",但认识上已显有不同,对"道"与"器"内涵的解读也发生了新的变化。王韬一代的早期维新派与洋务派区别的重要标志,便是对"道器"内涵的不同认识。王韬虽仍然固守中国固有之道,但他已提出"道中有器"的观念,所以在求"器"之时,也就同样在求原有的不变之道,而原来他们所坚守的"不变",实际上已经成为可变的内容。这样做,不过是为了将变革的措施合理化而采取的一种思辨过程。尽管这种思辨是粗陋的,而且常有矛盾之处,但他为其后维新派"道器"观的进一步成熟提供了重要的基础。王韬带有模糊道器内涵的新观念,在维新派思想家身上发展到了新的阶段。维新派人士延续了王韬一代的思路,并进一步明确提出了混合道器的主张,亦即谭嗣同"道器合一"的观点。具体而言,谭氏此论的内涵有二:其一,"器"决定"道","器存则道不亡",而"器"若变,则"道"必变。而文化演进的形态必须以制度,特别是政体为依托,文化内涵的确立是由制度的建立来体现的,而制度改变,则文化内涵及其发展方向必随之改变;其二,"道"非圣人所独有,亦非中国所独有。即西方亦有道,世界各国的文化是平等而互补的,无优劣高下之分。因此,他批评"西学中源"之说,而对西方之道与文化持同样的尊重与肯定态度。谭氏的"道器合一"论,在清末的道器论演变进程中可谓达到了一个高峰,这不仅是他高于时人之处,亦为当时维新派人士之共识。

承接晚清经世思潮的浸染,近代改革论者多以论变与道器的哲学观为变法改革提供依据,而所重在变革现实,而非哲学思辨,从龚魏等地主阶级改革派,到洋务派和王韬等早期维新派人士,此特征已为几代思想家所共有。康有为等维新派人士,亦为先有济世救人的心意与变法改革的思想,然后为其寻找和建立哲学依据。因此,他们是政治思想家,而非哲学家,他们的哲学思想普遍缺乏严谨的逻辑论证与精细考察,亦不过是为了支撑与论证变法维新而提供的理论基础与思想武器罢了。

(三) 君民共治与君主立宪

晚清自王韬一代始，调和中西的折中主义思想就成为主要趋势。贯穿王韬思想始终的便是这种中西融合的调和思想，也就是被梁启超称为"不中不西，即中即西"特征的学说。在政治变革的内容导向上，亦主要以中西糅合的调和主张为其主要方向。而康有为等维新派人士更进一步实践了这种中西合璧的新思想，从他们的政治革新方案中皆可体味到这种延续与拓展。康有为政治思想的内容主体有二：一为大同理想，二为革新现实政治。而大同是他的政治理想，他真正所重视的则是维新变法，对现实的政治进行变革，而这也正是所有维新派人士所着重论述的方面。以康有为为代表的维新派人士的政治革新思想主要包括：政体改革、国内行政制度的革新、改革教育科举三个方面的内容。

他们的政体改革思想主要涉及设议院、通下情和君主立宪两个部分。康有为与王韬在此问题上的共同之处在于，他也意识到，且非常强调君民、君臣相通、无隔的重要性，特别重视"通下情"之于政治统治的意义。对西方议会制度的认识也无太多超越王韬之处，只是他比王韬更进一步，不仅停留于崇羡和赞赏西方的议会制在协调君民关系与沟通上下之情中的作用，更明确提出过仿汉代"议郎"，"增设训议之官"，他这里表面上是仿古制，实倡设置议院。因为他所说的"议郎"几乎完全是按照西方议会制度的规范和模板来设立的。如"议郎"每年改选一次，有议政的权利，"上驳诏书，下达民词"，"凡内外兴革大政"，令其会议于太和门，且三占从二，下部施行等。而对于君主立宪的呼吁，如果说王韬只是提出了中国施行君民共主制度的建议，那么康有为则是高举君主立宪之大纛，极力主张在中国施行，并身体力行地积极推进以期促成实践的行动者。但遗憾的是，康有为也未能超出王韬的思想局限，他所倡之议院，虽可收集民意，并通过议员来表决政事，然决定权仍在皇帝手中。因此，他也同王韬一样，虽涉及一部分民众政治权利的问题，但终究与真正的民主制度相差甚远。严复在此问题上则承续了王韬从君民关系出发来考察政治制度的思维逻辑和思想内涵。他在批判君主专制制度的时候从"尊民贬君"的观点出发,将历史上被韩愈颠倒了的君、臣、民关系,再度颠倒回来。以此为基础,严复对君主制专制制度进行了全方位而系统、深入的批判,他的批判思想远远超过了前人以及王韬一代的批判层次,他以此为基础,提出了在中国实施君主立宪的主张。他以君、民对权利的掌控来区分国家制度,将其分为君主制和民主制两种,前者的特点是"君有权而民无权",后者则是"民有权而自为君者",而君主立宪则是取二者之中,其特点是君民皆有权,即所谓君民共主。严复认为,君主立宪制度最适宜中国,因为在他看来,社会进化的进程还未到中国施行民主制度的阶段,民主的社会成分和基础还未建立;而中国幅员广阔、人口众多、民族多样的国情,也决定了中国不适合搞民主制度,而只有君主立宪更适合这种国情的需要。在严复眼里,君主立宪虽非致治,却不失为一个好的制度。因为它可以通过议会来实现民众的利益表达,也可通过议会来窥探民情,如此,则上下无隔,更有益于社会稳定。他明确提出设立议院于京师,而令天下都县各公举其守宰的改革主张,认为只有如此,才会得到百姓的拥护。

(四)增新以换旧与废旧以立新的教育改革观

科举教育的改革,特别是教育制度的改革是王韬对近世的最突出贡献。他本人在阐发新教育观和实践新式教育模式的过程中,开启了近代中国教育改革的新风。王韬的教育改革思想是维新派人士借鉴与继承最多的部分,其中的延续性特征十分突出,然而他们在改革路径上却有所差异,王韬所倡导的是增新以换旧的渐进改革方式,而严复等人所强调的则是废旧以立新,显然在这一点上,后者更为激进。

王韬对中国科举制度弊端的批判和改革方案,在延续前人思路的基础上,融入了诸多西方的元素,如他提出的废时文,强调实学、实务在选才中的重要性,并以此为基础而提出了考试方式改革,"试士之中定有章程,自科岁两考,由州县录案,及学院案临,即于正场将次题改为策问,专举外国掌故,以试其会否,留心倘茫然莫知,制艺虽工,亦不录取;或别为一场,其有肄习西国文字、政治者,许报册考,录乡会两科,策问之中,亦必专问一道,以观其学识若何,则国朝之制并无废堕，中西之学亦非偏重，而人皆用心于经世之学矣"①。他曾针对选才考试内容而提出分八科考试的主张，其中加入了大量的西方基础学科，如算学、物理、地理、电学等内容。王韬有关科举和教育方面的改革思想，以及他在上海格致书院创办独特而讲求实际的新式教育实践，对其后的维新派人士产生了直接的影响，并在他们那里得到了进一步的延续与发展。康有为曾在上海办"强学会"期间，因仰慕王韬为变法改良的前辈，特托郑观应介绍并拜会了王韬，他也因此得以参观了格致书院，并吸收了王韬的诸多新学教育经验。这些都为他充实自己变法思想中的教育改革内容提供了重要素材。康氏延续了前代对教育科举的批判，同王韬一样，他对八股取士败坏人才、禁锢人才，导致聪明才智之士皆成为呆滞庸腐无用之人的现实深为担忧，认为此乃真才不得之根源。因此，康氏提出的主要改革方案便是针对改革科举取士制度的内容和方式，提出对应试者试以四书、五经、策、诗，不限名额，不限格法，殿试不论楷法，但取直言谏对者。同时，另设专门考试，康氏建议各省设立"艺学书院"，教以新式学问，诸如算学、电学、光学、地理、重学、驾驶、语言等，并实行每年举行一次考试的方式，除去专门学科外，另试以经、史、掌故、策等。且录取时，不限制名额，皆以五年为期，屡试不中者，则出学。而京师每年举行一次考试，中者则谓之进士，三年考试不中者，则出学。而在教育方面，康氏则同王韬一样，主张以新式教育培养人才，设立新式学堂，效仿西方，各省设立高等中学，府县则设立中小学和专门学校。为开通民智，康氏亦主张设立报馆、图书馆、译书馆，鼓励出国游历与留学等。总体而言，康氏的这些变革主张，大多延续了王韬思想中变革教育的内容，并无太多新意，而他的双轨制考试制度，也同王韬一样，是一种渐变改革的想法。严复则将教育视为"鼓民力、开民智、新民德"的重要途径，更提出教育是国家力量的基础，而实施这三要素的变革，对于近代中国的现实而言是舍此而别无他路的必然选择。严复的政治改革思路是，强国必以新民为

---

① 王韬：《循环日报》，1880年5月19日。

第五章 王韬的政治变革思想评析

先,而新民则必以教育为重,这与王韬所倡导的自强以教育为先是一个思路。严复与王韬一样,意识到了实施变法,得其要而在乎人而已。故此,对于育才的重视就自然成为变革思想中的重要内容。具体而言,严氏所谓的"鼓民力",就是要发展体育教育,受西方的影响,严复在教育改革中十分重视体育的内容,他效仿英国,教育以体育为先,书本为次的理念,将其贯彻到自己的办学理念与实践当中。他的这一思想还影响了他的学生,著名教育家张伯苓,张氏同严复一样,都极力主张"强我中华,体育为先"。而他所谓的"开民智",便是废除八股,学习西学。严复曾对中学与西学进行了较为全面的对比,认为中学所重在于深奥无用之微言大义,而西学所重,则在"先物理而后文词,重达用而薄藻饰",强调学以致用。就有裨于国家与社会发展而言,二者优劣明显。故此,他提出用西学之模式与理念来改革中国的教育,他在具体改革方案上比康氏和其他维新派成员更为激进,西化的程度也更深。他所讲的"新民德",则主要是建议用西方资产阶级的自由、民主、平等理念来教育和武装国民,彻底取代中国传统的纲常伦理,道德说教的教育理念与内容,严氏的这些主张对后来的资产阶级革命派影响颇大。此外,严复还十分重视家庭的蒙养教育和义务教育,他是幼儿家庭教育和兴办义务教育的极力提倡者。就严氏的这些教育改革主张来看,既延续了王韬对旧教育弊端的体认,以及对近代新式教育的倡导,又体现出二人不同的改革思路与要求。一方面,他们都对传统教育与选才体制进行了严厉批判和猛烈抨击。王韬曾批判旧教育内容狭窄空洞,重虚文而轻实行,批判其"不惟其行惟其书,不惟其事而惟其理",且学而不专,无以致用;而严复亦曾在其《救亡决论》中批判中国传统教育,皆为"无实""无用",且"非今日救弱救贫之切用也",其内容"所托愈高,去实滋远",无非是些"伪道",而无益于民计、民生。而对于八股取士制度的批判则更是贯穿王韬的一生,严复亦将八股制艺的三大弊端归结为"锢智慧""坏心术""滋游手",并曾在《道学外传》中通过对八股制艺下道学先生的精彩刻画,反映出对八股取士的鄙视。另一方面,在具体的教育改革方案中,严复则比王韬更为彻底。王韬试图在

· 217 ·

不彻底取消科举制度的前提下，进行"增新"式的渐进改革；而严复则明确提出"先废旧"，再增新，废除科举制度而行西学之法。严复在《救亡决论》中明确指出，变法之要务，在乎"废八股"，而在他眼里，不仅八股宜除，举凡汉学、宋学、辞章小道皆应束之高阁。他以废旧为前提，提出了以西学为主要内容的教育"增新"改革主张，并以亲身实践推动了近代中国新式教育制度和体系的进一步发展与完善。因此，严氏在继续王韬新式教育理念与体系的推广过程中，对旧教育的否定则更为激进与彻底，这是他超越王韬之处。

第二节 王韬政治变革思想的启蒙价值

历史上每遇重大转折的时期，开风气之先的人最为难能可贵。他们需要的不仅是广博的学识、敏锐的洞察力与远见，更需要博大的胸怀和抗争强大的传统思维惯性的勇气。无论他们的主张能否获得实践上的成功，这些凝结智慧的思想成果对后来者的启蒙与引导、奠基作用，及其在人类思想史中所闪耀的光芒都是不可磨灭的。王韬政治变革思想的价值便在于他的这种开创性，主要体现在以融合中西为特点的思想启蒙和开启并推进中国近代化进程的先驱作用上。

一 "君民共治"的提倡者

近代中国的思想启蒙是一个漫长而艰难的过程，蕴含于一场全面而深刻的变革之中，是对固有的文化传统在新的世界环境中与历史条件下给予批判性地继承和创造性地转化。而这也正是中国的现代化路径，是从传统社会向现代社会转变、演进的过程。王韬身处的时代所面临的社会转型，不同于历史上任何时期，以往革故鼎新的变革模式远不足以因应这一前所未有的危局。内在危机而引发的反省和思索，以及因外部侵略而被迫开启的西学启迪与浸润，共同决定了近代社会转型的方向和思想启蒙的主要内容。故而，中国近代启蒙思潮的主流必然是面向世界，以处理中西政治文化关系格式为其核心的。王韬思想中的启蒙性内涵正是生发于这一重大背景之下。具体而言，王韬政

第五章　王韬的政治变革思想评析

治变革思想的启蒙价值首先最突出地体现在他对中国传统"道""器"观所做的中西糅合式解读，并将政治制度分离出传统"不变之道"的范畴，作为可变且必变的重要内容加以阐发。他对西方国家的"议会制度"与"君民共主制度"进行了详细的介绍，并通过亲身的体验与感受对其给予评价，同时结合中国的实际情况提出效法英国实施君民共主的议会制度主张，这些思想内容对于封闭了几千年的中国社会具有重大的启蒙意义。他不仅让国人了解到完全不同于中国固有传统的政治制度形式，更通过深入地分析和比较他所说的三种制度之优劣，为人们打开了一条全新的思想路径，为重新审视甚至改变传统的君权至上集权专制主义制度提供了思想条件。同时，相比历史上对于暴君专制的批判而言，王韬超越了仅限于反暴君、重民意的批判框架，而将触角延伸到了民众参与政权，与君主共同治理国家的层面，这对于延续了几千年的中国专制传统来说是一个颠覆性的突破，他的这一思想直接来源于西方。王韬曾在《重订法国志略》中对西方的孟德斯鸠、伏尔泰、卢梭等启蒙思想家及其著作给予引介，从他有关君主集权专制制度的反思与批判中可以清晰地看到其受西方"抑君威、伸民权"的民权思想影响的痕迹，对于君民关系的近代化解读更是颇具开启蒙昧、扩大视野的效果。而他推崇君民共主的君主立宪制，并主张中国效法的价值并非仅在于对此制度的具体介绍和引入，以及提出中国效法的要求，更在于他在这一过程中所表现出的对传统君民关系的重新认识和解构。虽然王韬的思想中没有直接发展出民主和系统化的民权内容，但他所言之"君民共主"制度，及其有关民众政治权利的阐述，已显然包含有颠覆以往君民关系格局的重要内涵，它内在地蕴含着限制君权、提高民众的地位，尤其是在政治领域中，部分地实现民众的政治权利等内容，尽管这种民权并非真正意义上普通民众可参与和行使的权利，但相比以往君权独大、一统天下的君主专制，以及君尊民卑、判若霄壤的君民关系而言，乃是一个极大的进步，这些思想内容都是历史上的限制君权论者所无法企及的。对于君主权力的限制不再是依靠"天"之类的空泛概念和信仰，而是以制度为基础与核心，并通过民众——这一政治生活的另一主体的权

· 219 ·

利间接行使而实施的。对于当时的中国社会而言，这些主张所产生的影响无疑是巨大且深远的，其后康梁等戊戌维新派人士，正是继承并发展了这些思想成果，在将其系统化的同时并付诸行动，从而展开了他们在中国政治舞台上勇敢实践的维新变法活动。

二 近代新式教育理念与实践的开启者

王韬所倡导的实用人才培养与选拔模式，以及办教育的实践活动，对于中国人才观和教育制度的近代化转向具有重大启蒙意义，实开近代教育改革之新风。王韬十分重视人才的培养，亦十分强调"因才器使，各当其任"，他在人才培养模式中加入了诸多实学、实用的内容，并创造性地提出了专才培养的问题，认为应根据实际需要，培养适合不同职位或职业的专门性人才，以增强所选之人的职位适应性，以及职位本身的专业性，来提高具体职位的久任与稳定性。因此，他强调在选才为官时不仅要注重人才的综合素质和能力，更要突出对与职位相适应的专门技能掌握情况的考察。他更进一步将这种专门人才培养模式扩展到了整个社会的各个领域之中，作为中国最早提出专门人才培养模式，以及倡议设置专科学校的思想家，王韬的贡献是卓著的。王韬强调"时文不废，人才终不能古若，而西法终不能行，洋务终不能明，国家富强之效终不能几"，并十分看重和强调西方国家以文艺两端培育和选用人才，而达至国富民强之境的结果，因而积极主张中国摆脱传统观念的束缚，用全新的实学、实用理念和模式培育人才，将近代格致之学与中国传统教育相结合，理论与实际并重，使教育符合国家和社会发展的需要，并有裨于国家的进步与强盛。他甚至提出了"非西学和西学之人不足为功"的观点，以强调西方格致之学的价值。这些开风启智，并切合时弊的理念，在康有为1895年所写的《上清帝第二书》时得到延续，康氏指出："泰西之所富强，不在枪炮军器，而在穷理致学"[①]。而王韬本人在上海格致书

---

① 康有为：《上清帝第二书》，《戊戌变法》，《中国近代史资料丛刊》第8种1953年版，第148页。

院所亲自主持的新式教育实践，将他变法图强的变革思想融入其中，力图借教育来实现中国社会近代化转变的思想启迪，可谓卓然有成，功不可没。康有为亦曾专门拜访、参观了格致书院，① 吸收其先进的办学理念与经验，作为教育改革的成功典型，用以充实康氏变法思想中有关教育方面的内容。而《格致书院课艺》中的西学部分，被梁启超列入了《西学目录表》中，《格致书院课艺》在戊戌变法期间，曾被多次刊行，成为引领新知识、新思潮的读物。戊戌年的《皇朝经世文三编》，共收录 800 多篇有关维新思潮的文章，而有关《格致书院课艺》的文章就占了 100 多篇，它在启蒙中的作用也由此可见一斑。王尔敏在评论上海格致书院曾说："就新思潮启蒙而言，清晰可见，在当时产生的启牖之功甚大"，尤其对"于中国近代教育及科技知识，实具先驱意义，有其宏伟价值"②。王韬将其变法图强的思想融入到了教育事业之中，在他及其后维新派的宣传、倡导下，近代中国的人才培养理念和模式逐渐深入知识分子心中，并逐步普遍地实施于教育实践，不仅使新式教育得以在近代社会大行其道，更使维新变法思想及其所倡导的近代新观念得到了广泛传播与渗透，大大推进了中国的近代化进程。

三　具有"世界"意识的国家观念启迪者

王韬从传统"中国中心主义"的天下观，到近代"世界"视野的国家观，提出了诸多带有国家主权内涵的全新观念，对于中国近代国家观的形成具有重要的启蒙作用。近代国家观念与主权观念的萌生和发展，是伴随着外力破门而入而催生的国家独立与主权意识，以及对传统天下观的深刻反思与批判而逐步形成的。这是一个较为漫长的历史过程，经由几代思想家而逐步完成了其系统化的任务。从源头上

---

① 《郑观应致王韬函》中曾记录了康有为因仰慕王韬为宣传维新变法的前辈，而委托郑观应介绍他去拜会王韬本人，希望能得到他的支持。函中记载了郑观应为此而致书王韬的内容："康长素主政，奉南皮命到沪，设立强学总局，约弟午后两点钟同谒先生，邀往格致书院一游。"原文载于常州博物馆藏未刊善本稿，参见忻评《王韬评传》，第 233 页。

② 王尔敏：《上海格致书院志略》，香港中文大学出版社 1981 年版，第 101 页。

追溯，国人对于国家和主权问题的认识，首先是基于地理知识上对中国与外部世界关系的正确认知，由魏源、徐继畲等第一代启蒙思想家通过对世界各国地理、历史、制度、交通、民俗等的介绍，为国人打开了认识世界的窗口。但此时，这代学人从观念上并未摆脱传统"华尊夷卑"思想的窠臼，亦未提出过涉及国家主权和近代国家观的相关内涵。而真正实现这种认识和观念上的彻底转变与革新，将中国作为一个独立的国家，放在世界格局下审视的正是以王韬为代表的早期维新派思想家。而王韬更是因之特殊的经历，提出了涉及国家主权的诸多问题，他认为世界上每一个独立的国家都应具备其自有的众多权利，且此权利是神圣而不可侵犯的一国之自有权利。他明确指出，此"国家自有权利"是"如有大事，则当以国体争之"，具体包含了国家处理内政、外交诸项实务的权利。他特别强调应收回国外在我国所获得的"额外权利"，他将此权利视为国家权利之所系，包含了外国在我国所获得的一切侵及主权的特权，如割地和外国领事在华活动的相关权利。他认为，如若不能掌控这些权利，则"国不可以为国矣"。这些思想都明确地指向了国家主权的内涵和要旨，虽然王韬未曾专门、系统性地论述过国家和主权学说，但他对于这一问题的审视已显然超出了传统认识的范畴，也超越了魏源一代止于地理环境认识的国家观念萌芽。他的思想中注入了近代西方的国家观念与主权学说的全新内涵，尽管这些认识和解读尚具模糊性和零散性，但确为其后辈思想家提供了可贵的思想资源和凭借。近代国家观和主权学说的系统化是由康梁等维新派思想家，及其后以孙中山为代表的革命派完成的，他们普遍接受了西方国家资产阶级革命时期的国家学说，都在不同程度上受到了这些学说的影响，而这些影响的来源，除了直接译读西方著作之外，亦间接来源于对前辈学人论说的承袭和借鉴，王韬在这方面的思想成果具有重要的铺垫作用，构成了近代中国的国家观和主权观念形成、发展脉络中一个重要的承启环节。

四　近代外交观念的先行者

王韬带有现代特征的近代外交思想和驭外主张，对中国近代外交

第五章 王韬的政治变革思想评析

观的形成具有重要的启蒙意义。近代以前,中国虽同外邦之间保持着断断续续的交往活动,但这些实践和相应的对外理念都未曾超越传统的范畴。其表现是,以中华文明为中心,居高临下地同周边国家进行着辐射式的外交。在对外观念上以自我中心和天朝意识,以及以德怀远、厚往薄来等为其核心内容,长期维持着以"华夷观"和"中心论"为其要旨,以"万邦来朝""四夷皆服"为其表现的朝贡外交或封贡外交。而近代的外交观念和实践则产生于欧洲国家形成之后,是以主权国家为主体,通过代表主权国家的机构和人员实施的一套建立在一定规范基础上的官方对外交往活动。近代中国外交观念和外交实践的萌发是以"世界意识"和主权意识为其基础,突破了传统外交观念中高下、尊卑的等级之别,并以承认近代国家之间互为独立、平等的存在为前提。而这一由传统外交观念向近代外交理念转变的进程是在世界范围内的现代化浪潮的涤荡之下,以西方世界武力打开中国大门,及其后世界格局和中外形势发生全新变化为其开端的。王韬的外交思想便是催生于这种时代环境,他不仅是最早觉识时代变局的先驱人物之一,更是最早完成传统"华夷观"向近代外交思想转变的先进分子,他在接受西方外交观念的基础上,形成了较为系统的外交思想和策略主张。王韬的外交思想提携时代之处在于几个方面的突破:首先,他自觉地将中国置于世界范围内来考察其形势,彻底突破了传统"天下观"的思想局限。对于传统知识分子而言,这一突破非比寻常,它标志着某些带有根本性的传统观念根基的动摇,以及世界观的重塑,这种转变无论对于个人,还是对于整个晚清时代中国社会的发展、走向都是非常重要的一大步。因为,正是以此为基础,才产生了近代的外交思想和国家、主权观念。其次,王韬在接受西方外交思想的同时,也吸纳了以外国公法为核心的国际关系处理准则。他认可万国公法及其参与国的合法性地位,以及用此法处理国家间关系的积极意义,并倡导中国加入此公法,以维护本国在国际上的合法权益。这些思想不仅突破了传统外交观念中"华夷"的不平等地位,更突破了"以德服远","以理服人"的中外关系处理理念,代之以公约、公法为基础的近代外交关系处理准则。再次,王韬所提出的外交之本在乎"利"与"强",并特别强调"自强"为外交基石,这一认识在那个新旧交杂、混沌,近代外交意识刚刚萌芽的时代实属难能可贵,是对国家间外交关系实质的透彻解读,突破了当时思想界对于近代外交问题的懵懂认识,到达了一定的思想高度,亦体现出王韬超卓的眼光与深邃的识见。最后,王韬提出的"驭外"一说及具体策略,突破了以往对外交事务认知和处理的笼统化、模式化与形式化,转而强调外交在政治理念与实践中的专门化与策略化。"驭外"一词由王韬首创,其意为:办理外交。这一概念的提出标志着一种观念的转变,从不被重视的"夷狄之事",上升为等同于其他政治事务的"国之要政",既意味着对外交事务在政治活动中独立性的认可,亦体现出当时的外部环境现实已迫使中国必须积极寻求处理新型中外关系的途径。因此,王韬适应时代的需要,进一步提出了外交关系的处理原则,以及诸多带有策略性的驭外主张。他所强调的"贵和""崇法""尚势""重力"等外交原则,以及遣外使、设领事、明白宣布中外之事等具有措施性和策略性的外交手段,对于当时蒙昧未开的晚清社会和国人而言不仅使之耳目一新,且具有重大的启蒙意义。

思想启蒙的核心在于,对传统的信念、惯例、权威、制度提出理性的质疑和批判,其实质为激扬理性、开启民智,反对专制与迷信,抗拒愚昧与落后,通过倡新弃旧以适应时代主流的发展趋向,并重构或转变为一种新的行为方式或思维模式。具体到近代中国,则直接体现为如何对待和处理传统与近代化,以及诸多涉及中西关系格式的问题。王韬作为中国近代最早主张学习西方,鼓吹"变法"的启蒙思想家之一,他在糅合中西以变革社会政治方面所做的开启性贡献无疑是重大的,他的变革主张既触及经济基础,亦触及上层建筑,更涉及了社会、政治生活的方方面面,近代中西政治文化交融之源头亦由此始。此外,他对西方文化、知识的传播、引介,以及开创性地身体力行于以报刊为阵地宣传变法改良的实践活动,对当世及后世亦可谓贡献良多、影响深远。

第三节　王韬与近代维新思想之局限性

王韬的政治变革思想既是带有鲜明个人特色的智慧凝结，也是对一个时代的回应，其在显现诸多个体的开创性成果的同时，必然裹杂着那段历史时期思想演变脉络中所共有的特征与局限性。而就近代中国维新思想演进的历程来看，王韬的思想正处于近代维新变革思潮的最前端，处于接续传统与现代的过渡阶段。作为最早同西方文明接触的一代人，王韬在提出众多开风启智的启蒙思想的同时，却始终未能处理好涉及中西文明的诸多带有根本性的问题，这也使得他的思想体系中充满了与中学传统的胶着粘连，以及羁绊于传统而对西学的牵强附会界说，最为直接的体现，便是他为政治变革立论的哲学观中充满了矛盾与含混之处，也因此使其所倡之效法西制的部分主张因缺乏与之相应的思想基础而流于虚幻。这不仅影响了他哲学观的高度，也成为某些变革主张难以落实于实践的重要阻碍。而这些问题亦为近代维新思潮中所普遍存在的共有局限。

一　以文化体系可分论为基础的含混哲学观

近代中国所开启的维新风潮大体是沿着如何学习西方以自救至富强这一主题而展开的。为了突破传统观念对效法西方以革新政治、社会的束缚与阻滞，论证维新主张的合法性与合理性，倡导维新变革的思想家们，皆试图从中西两种异质文化中寻求契合与嫁接的路径，希望在不打破中国传统框架的范围内，为接纳和融入西方文明开辟门径。于是乎，自冯桂芬对西方文化给以"礼""器"的区分，并提出"以中国之伦常名教为本，辅以诸国富强之术"的观念始，到洋务派的"中体西用"观，以及王韬等早期维新派的"道中有器"，"体用皆学"，再到维新派的"道器合一"，可以说，整个近代维新思想的演变历程皆是以文化观念体系可分的假设为前提，对"道器""体用""本末"等哲学范畴做了混沌且带有实用主义的解读。他们试图在中国传统与西方文明之间寻求一个最佳的平衡点，一方面坚守着中国传统卫道士的角色,另一方面又充当了西学东渐的引路人,他们力图通过"道器""体用"的分离或混淆,来为效法西方的改革主张提供合理性依据。然而,也正是这种分离与混淆,造就了他们思想中的诸多矛盾与难解之困,并为后来中国思想的发展走上"邯郸学步,又复失其故步"的道路埋下了伏笔。

具体而言,无论是王韬早期所坚称的"器则取诸西国,道则备自当躬",还是他后来所极力倡导的"道中有器"的混同"道器"内涵说,将政治制度归入"道中之器"的可变范畴,他的思想基点都是将中西的文化体系视为可分的整体,将"道"与"器","体"与"用"区别为分立的部分,然后为自己界说对西学的取舍提供依据。因为"道""器"可分,他便根据自己所要倡导的变法内容,对道器内涵进行了模糊化的重构,在他的思想体系中,不变之道乃是作为观念大义的儒家之文化传统,除此以外,皆在可变的范围之中。这种文化可分论自魏源的时代起,便成为中国士人较为普遍的思想倾向,魏源的"师夷长技以制夷"便是力图会接、调和中西的最初体现,而至洋务派的"中体西用"说,则更将这种观念显性化。既然中西的文化观念体系皆可作"体用"之分,那么借鉴西学所长之"用",同时保留中学之"体",既符合了近代学习西方的现实需要,又不失中国之根本,似乎找到了一条处理中西关系的最佳路径。这些提倡改革、维新的人士,他们所共同持守的便是中国文化之基本价值观念,亦即对儒家道统的维系与永恒追随。然而,他们未曾意识到,这种哲学观上的混沌认知恰恰成为诸多矛盾的根源,并使他们所倡导的改革最终同他们所期望的方向背道而驰。从地主阶级改革派和洋务派所强调的"变器不变道"的"道""器"分立,到王韬等早期维新派人士提出"道中有器"的"道""器"混同观,皆忽视了一个重要的问题,那便是,无论是西方还是中国,政治制度都是建立于各国的价值观念基础之上,如同血肉相连,在不变革价值观念的前提下进行政治制度革新,或是希图仅变革制度,而不触及价值观念,必然是一个极难以至于不可能完成的任务。同西方制度配套的是西方的价值观念和政治理论体系,无论是君主立宪还是民主共和,都与西方的平等观念

第五章 王韬的政治变革思想评析

与民主、民权等思想基础息息相关，而这些都是与作为中国传统文化之根本的儒家道统相违背的。同样，儒家道统所建构的等级观念与制度结构，正是用以维系高度集权的君主专制政制的思想基础，甚或可将其视为儒家道统的制度体现，若变革这一制度，亦必然动摇儒家传统观念体系的根基，二者是一荣俱荣，一损俱损的有机整体。因此，制度本就是观念的产物，不可能脱离观念而独自存在，缺少相应观念基础支撑的制度嫁接注定是无法获得成功的。

不仅制度无法分离出观念传统，历史上为人们所最为不屑的"西器"与"西技"亦是如此。近代应对时局需要所提出的"中学为体，西学为用"与"变器不变道"的主张，表面上重在强调"中体"与"道"的保持，然究其实质，则重心在乎"西用"与器物上。就产生逻辑而言，近代提倡变法的思想家们，正是为了论证"西用"和器物变革之于当时社会存续、发展的重要性与必然性，才提出原本无须讨论和质疑的"中体"问题。在他们那里，"中体"的提出，以及对维系道统的强调，不过是为引入西方器物文明与制度文明开辟道路罢了。但是，囿于时代和思想的局限，他们没有看到器物之于道统或文化观念的根本性作用，没有意识到器物的变革也必将或多或少、或早或晚地引起价值观念与文化传统的更新，自然也不可能从哲学观上得出"器物"革新必然影响以至决定观念与道统之变的结论了。因此，无论是早期极力倡导"中学为体，西学为用"的洋务派人士，还是后来提倡混同中西之体用、道器，将西方制度文明引入中国并效法之的早期维新派和康梁维新派人士，他们都不会料想到，正是他们对学习"西器"的强调与提倡，使中学之体渐趋瓦解，为西方的文化价值观念通过器物、制度文明潜移默化地渗入中学传统提供了契机。他们更想不到的是，正是由于他们哲学观上这种无心的混沌不清，或是刻意为之以牵强附会其变法主张的做法，以及建立在这一思想基础上的各种西学东渐的推动实践，使得延续几千年的中华道统与文化价值观念在近代西方文化的侵入与渗透下，逐渐走向了衰败，并在中西文化的一次次角逐中，随着对本国文化传统信心的丧失，而渐趋步入全盘西化的泥沼。诚如余英时所言，至 20 世纪初，西方理论代表着普遍真理的观念已根植于国人心中。① 在这一过程中，这些倡导变法、维新的思想家们终未能守护他们曾坚守的中学之道，且因为他们混淆不清的哲学重构，使近代中国既未完成中西政治哲学上的理论化、系统化提升，更未实现文化观念中传统与现代、中国与西方的有机契合，甚而走向了文化迷失。

中西融合是近代中国政治、社会发展走向的大势所趋，王韬以及其他倡导维新变法的思想家们对这一趋向的准确把握与积极应对的态度是值得肯定的，他们在融合中西方面所做的努力也在实际中推动了中国的近代化进程。然而，他们却未能成功地创建出符合这种中西交融的变革思想的哲学基础，未能实现哲学观上对超越中西拘囿之普遍真理的追寻与突破。同时，他们严重低估了西学，尤其是西方之道与文化观念通过器物，以及中国自己的知识分子群体在本国传播与渗透的广度与深度，这就使得他们不仅未能做出应有的积极反应与提出最佳中和之方，反而沦为致使近代中国从坚守儒学道统走向全盘西化另一个极端的帮凶。因此，王韬以及近代的维新变法思想家们，在哲学观上都无一例外地体现出粗浅疏漏之处，这种局限性不仅直接影响到他们哲学思想的高度，以及探寻超越中西范畴的普世规律的能力，更成为阻滞他们正确寻找救世之方与富强之法的障碍，使其建立于这种理论基础之上的变革主张多有流于空泛与虚幻之处，终难以全部落实于实践并达成预期的改革目标。

二 以君主之法行民权之意的臆想

中国古代传统的国家观与近代西方国家观的重要区别之一便在于，前者以"君权至上""朕即国家"的君本论为核心内容，而后者则是以"民本君末"、民主民权的思想为基本内容。王韬便是在批判前者的基础上实现了近代国家观转变的先行者之一。他已开始自觉地从民众权利和君民关系方面去检讨和反思中国政治弊端的根源，将无限君权的专制制度视为万恶之源，以此为认识基础，他建构出了带有

---

① 余英时：《中国知识分子的边缘化》，《二十一世纪》1996年第6期。

第五章　王韬的政治变革思想评析

民权色彩的新民本观,更明确提出希图中国效仿西方施行"君民共主"政制的愿望和要求,由此启迪了后来者从政治制度和民众权利入手探寻中国积弱之源与富强之方的思路。民权思想本就为西方民主政体的题中应有之义,近代国人的民权意识也正是借助对君主立宪、共和制等西方国家政体形式的了解而初步确立的,王韬、郑观应等早期维新派思想家是近代民权观念的最早引入者。王韬在论述西方国家政体形式的时候,将西方国家的政体类别区分为:君主之国,民主之国,以及君民共主之国,他尤其青睐"上下相通""都俞吁咈"的君民共主制度,特别重视和强调此制在沟通上下中的重要作用,而他在论及这一作用时所参照的正是西方的议会政制,甚为赞赏此制平衡君民政治权利的功能,"朝廷有兵刑礼乐赏罚诸大政,必集众于上下议院,君可而民否,则不能行;民可而君否,亦不能行也,必君民意见相同,而后可颁之于远近"[①]。这其中所蕴含的民众政治表达、甚至参与等权利观念与实践,对于长期封闭专制,奉行君尊民卑统治原则与制度规范的晚清社会无疑构成了一种反叛性的力量,对晚清思想界亦有重要的启蒙作用。王韬最为推崇和倡导的"君民共主"政制是其尚处于萌芽中的民权观最直接的体现,同时,他以中国传统的民本思想为基础,参照西方的民权、民主实践方式,演绎出了带有民权内涵的新型民本观。在强调重民、利民、富民等民本主张的同时,更提出了诸如"国有大政宣示中外,布告遐迩,使民间咸得预闻"的民众政治知情权,以及对朝廷政策措施百姓"皆得而言之"的言论自由权,甚至触及带有近代西方选举思想的基层选举问题,他糅合了中国古代的乡举里选与近代英国所奉行的荐举制,提出"自下以达至之上,采之舆论,参之公论,令一乡一邑,得以公举其所优,以所举最多者,呈之于官,然后择用焉"的主张,明确表达了民众参与基层官吏选举的权利,并将民众通过舆论监督地方官员的权利视为地方管理的必要条件。尽管王韬未曾系统阐述过他的民权主张,但从他诸多带有民权内涵的思想表达中,已可清晰窥见其浸染西方民权观念的痕

[①] 王韬:《弢园文录外编》,上海书店出版社2002年版,第19页。

迹。这些初步的民权意识为维新派形成系统的近代民权思想提供了养料。

　　但是，尽管王韬在近代中国的民权思想发展中发挥了重要的启蒙作用，但其对民权实现方式的认知却始终未超出专制君权的范畴，未能窥及君权与民权之间内在的矛盾性，以及立宪与君主之间天然的紧张与深刻的冲突。他似乎认为借鉴了西方君民共主的政体形式便可以践行民本、民权，却忽视了此制的施行与维系需以民权、民主的思想和制度规范为前提和保障。更重要的是，他未能认识到君主立宪是以宪法为根据的对君主权力有着明确限定和规范的政治制度，而这些都是与中国自古以来的无限君权与人治传统，及其以道德立国的政治原则格格不入，甚至是背道而驰的。王韬所希冀的变革，是在保留传统君权的框架下实现民众权益与政治社会的革新，实为"以君主之法行民权之意"，这就注定了其"君民共治"的愿望必将落空，不过是个人的臆想罢了。王韬思想中的这种局限和矛盾在近代维新思潮中具有普遍性，从其后康梁等维新人士的思想中皆可窥见这一缺陷。

　　康、梁等维新派人士在延续王韬一辈所提出的思想基础上，提出了较为完整的改制为君主立宪的方案，并完成了近代民权观念的确立与系统化提升。他们继承并发展了王韬等早期维新派人士从中西政治制度上探讨国家兴衰根源与强国之法的思想，更进一步明确地将中国致弱之源归结于民权的缺失，并直接发起了近代的"兴民权"运动。维新派思想家借助了西方的"天赋人权""民约论"等思想武器为其民权说立论，在批判同民权相对立的专制君权的基础上，阐扬他们的"抑君权""兴民权"主张，并将"广民智""兴绅权"作为实现民权的前提条件，形成了一整套系统化的民权学说。然而，他们的民权思想同王韬一样，是以不动摇君主政治的统治根基为前提，并以君主所主导实施的自上而下的政治社会变革为宗旨，其最终目的仍然是为了清朝的统治者"筹自强之策，计万世之安"。尽管他们比王韬更进一步地提出了"抑君权"的主张，但所"抑"之内容不过是要求君主"纡尊降贵，与臣民相亲"的传统内容，丝毫未触及西方君主立宪制的君权限制内容，他们更是反对将君主变为手无实权的虚君，其

第五章　王韬的政治变革思想评析

思想所重在于强调通过自上而下的亲民改革以强化君主的实权。他们所倡导的兴民权，是在君主承认且为推动主体的前提下展开的，其内在逻辑的混乱与矛盾之处在于，将本质上对立且此消彼长的两种权利放在一个制度框架内，并希望通过其中一方去实现和保障另一方的权利，这无论从理论上还是实践中都是无法成立和实现的。希望通过不废除，甚至强化君权来进行"兴民权"的政治设计和变革，其结果注定是无法获得成功的。此外，维新派所提出的民权主体也绝非普罗大众，他们认为，民权的实现需要相应的条件，也即民众需具备相应的知识和"自治"的能力。而在中国几千年专制传统下培育出来的民众，同实现民权所需要的条件、要求相去甚远。因此，就现实情形而言，实践民权是一个逐渐推进的过程，首要之举在于"广民智"，建立民众的民权意识和相应的知识能力，而完成这一任务的主体除了"圣人天子"之外，还有以他们为代表的新兴资产阶级知识分子。同时，他们作为"民"的一部分，因之在知识能力等方面的优势条件，亦必然成为践行民权的主体，也即他们所主张的民权的实际持有者。因此，维新派的民权观从一开始就显现出内在地反民权特征，他们将普通民众的政治权利推至遥不可及的未来，其发起的"兴民权"运动和相关的理论界说，其要旨并非在乎为民争利，实践民众的政治权利，而是重在通过与君权的妥协，为自己所代表的新兴资产阶级争取政治权利与利益，其"兴民权"之名下所掩盖的是"兴绅权"之实，民权主张不过是为了更好地巩固君权、争取资产阶级政治权利的工具罢了。

无论是王韬，还是康梁等维新派人士，都未能从他们有关民本、民权等思想的逻辑推演中得出否定或废除君权的结论，他们一方面强调并积极宣传重民、利民、富民等民本观念，启发国人的近代民权、民主意识。但另一方面，他们始终未抛弃对君主政治的幻想，未能参透君权与民权之间天然的对立性。这些维新思想家们真正要维护和保全的仍然是君主政治的主体，以及自身阶级的权利，他们所要实现的民权与近代西方国家的民权实践相去甚远，甚至在本质上同西方的民权观念是背道而驰的。正是由于他们民权观念中这种内在的对立和矛盾，也就不意外戊戌变法失败后，维新派人士便走向了民权的反面，成为反对兴民权的主力军了。因此，尽管维新思想家们对西方国家的民权实践及其成果皆表达过赞赏之情，却都未提出过中国效法的主张。他们所追求的是不触及君主政治之基的制度嫁接，即仿其形而弃其质。因此，尽管他们在启蒙近代民权意识和思想中发挥了重要的作用，却无法避免因其思想中存在的矛盾性而导致的相关变革主张难以诉诸实践的结局。

三　脱离现实与传统的政体嫁接之空想性

王韬提出在中国实施君民共主政体的要求，是一种冲破千年的专制文化传统与信仰的颠覆性力量，也是一次对长期束缚于尊卑等级观念下的普通大众的思想解放。这一主张在康梁等戊戌维新派人士那里发展为一套完整的改革纲领，并转变成建立君主立宪制度的勇敢实践，这些努力对启发国人的近代意识和民权观念无疑具有重大的启蒙作用，其思想价值与历史意义是毋庸置疑的。然而，具体到现实操作层面，这一主张又难免带有空想性，无法避免失败的结局。其原因不仅在于上述对君主之法行民权之意的内在矛盾的忽视，更在于他们脱离了中国的政治传统与现实条件。具体而言，主要体现在以下几个方面：

首先，王韬等近代维新思想家，对实施政体变革的主体认识不清，忽视了商品经济的发展在其中的基础性作用。他们在提出希望借鉴西方君主立宪制的时候，皆缺少对实施此制的国家的商品经济发展历史与工商业资产阶级力量的考察，未能看到这些因素同建立君主立宪政体之间的密切关系。近代西方国家建立和实施君主立宪制度，皆以资本主义经济的发展，以及资产阶级的兴起与强大为前提和基础。如17世纪末的英国与19世纪中后期的日本，都是在高度发展的资本主义工商业基础上，通过资产阶级力量的蓄积与强大而迫使原有的地主贵族阶级做出政治上的让步，从而建立起立宪君主制度。且当时英国、德国、日本等国家的地主贵族阶级的当权派亦较为开明，在审时度势之后愿意同新兴的商业资产阶级达成妥协，以此来保障自身利益

第五章 王韬的政治变革思想评析

与权位的维持和延续。而反观这一历史时期的中国,尽管明末便出现了资本主义经济的萌芽与初步发展,但随之而来的极端化专制主义政治集权的发展趋势,自我封闭、严禁海运等政策的实施,以及资本所有者与地主阶级天然的依附关系,终使资本主义经济生长的营养线被隔断而难以发展壮大。至鸦片战争前后,国内政治经济危机伴随着西方资本主义列强的强力侵入,民族资本不仅遭受到国内的强权掠夺,更经受着外国资本主义进入中国后的倾轧与打击,可谓寸步难行,孤木难支。据有关资料统计,直至1913年,第一次世界大战前,我国的近代工厂总共才有698家,拥有资本不过3.3亿元,工人270多万人。[①] 如此微薄的经济实力,实难以形成压倒性的阶级力量,并迫使专制主义强权做出实质性的妥协让步。同时,中国自废除分封制之后,便不存在像西方国家一样的贵族阶级,而当时的清廷当权派是不愿意,也不可能同力量微弱的民族资产阶级达成妥协的。因此,在中国尚不具备建立君民共主或君主立宪制度的经济和阶级基础。王韬等早期维新派人士,作为中国早期资产阶级的代言人,尽管他们已经初步意识到西方国家国富兵强的发展成果同商品经济息息相关,故而将"立国以工商为本"作为发展工商业,壮大自身阶级基础的口号和宗旨,自觉地维护资产阶级的利益。然而他们皆未曾意识到,中国的经济发展情况与阶级力量对比的现实决定了立宪君主在中国是必然行不通的。

其次,缺少对实施立宪君主制的政治传统的考量。君主立宪政体的建立与实施不仅需要相应的经济与阶级基础,更与本国民主政治的历史传统密切相关。欧洲自古希腊、罗马时代所产生的民主共和传统,对后世影响深远。英国于12世纪出现的由贵族构成的咨询会议,以及其后迫使国王签署的《自由大宪章》,皆为限制王权所立,尽管其本身并不具有近代民主政治的内涵,但其"法律至上""有限王权"的原则,确为英国立宪君主政制的基础。而13世纪中期,召开

[①] 陈真等编:《中国近代工业史资料》第1辑,生活·读书·新知三联书店1957年版,第54—56页。

由贵族、僧侣、骑士和市民代表所组成的议会，亦为英国议会民主制度的起源。而此后的英国议会历经了近400年的发展历程，其间所形成的民主政治的传统势力，终为17世纪末英国施行虚君议会民主的君主立宪制提供了推动力。而德国自13世纪起，便在城市中产生了由贵族和商人、手工业者等市民阶层代表所构成的市议会，可针对一些事关市政问题进行自行的民主决策，并在13世纪中后期，改由各诸侯国的选候民主选举产生国王。到14世纪中期，便出现了由几个城市的议会组成的城市同盟，作为彼此互利、协同发展，共同对付诸侯国侵袭的平台与后盾。德国从13世纪的城市自治和选候会议起，历经了600年的议会与开明君主的多种民主实验，才最终塑造了有德国特色的君主立宪政体。欧洲的其他国家也大致如此，都有过议会与民主政治的历史传统，皆非一蹴而就地建立立宪君主制。而中国则缺少欧洲国家所经历的政治民主的历史传统，几千年的君主专制制度，形成并构造出一套与西方制度与价值体系差异极大的中国政治传统。这其中所包含的德治传统与"君权至上"观念下的等级结构，以及几千年来超稳定的中央集权君主专制的制度构架与文治体系等，内在地排斥与抵触西方立宪君主制的某些构成要素，如德治与法治、君权与民主、君权与立宪等方面的深刻对立，这些矛盾都是无法在维护君主集权专制的框架下而得到解决的。西方立宪君主制的重要前提与核心是对君主权力的限制、制约和规范，立宪的君主是权力有限的君主，甚至是虚君，国家统治所依据的是法律，而不再是维护君主专制的纲常伦理规范，替代无上君权的是以宪法为核心的法律制度，君主无限权力的合法性基础亦不复存在。而这些都是同清王朝希图维持集权于上的君主政治的愿望背道而驰的，必不可能为其所接受。由此决定了将其直接嫁接于中国，必然是昙花一现的政治幻想，终难逃失败的结局。

最后，对中西政治文化传统差异性的轻视。政体变革不仅需要政治、经济、阶级等方面的条件，还需要政治文化的土壤来培育民众认同其合法性的社会基础。王韬及其后的维新派思想家，虽认识到培育民众对推进变革和实施新政意义重大，但是，他们轻视了中西方在立宪君主制度所需的政治文化传统方面的差异性。欧洲施行立宪君主制

第五章　王韬的政治变革思想评析

度的国家，大都经历了从专制主义和神权主义向重视人性、人权的人本主义转变的文化变迁历程。欧洲中世纪的文艺复兴运动，不仅是对优秀历史文化的振兴，同时也是一次人类思想与个性解放的思想文化运动。其重要核心和基础是宣扬理性、尊重人的价值与创造力，推崇人道主义与人文主义的价值观念，并内在地包含了对君主专制和神权主义的否定与批判。延续这一影响，17世纪的英国，诞生了三位政治文化领域的巨匠，即霍布斯、洛克与弥尔顿。尽管他们各自所推崇的政体制度有所不同，但他们的政治思想中皆十分强调和重视人权的问题。约翰·弥尔顿更是提出了人民主权说，将人民视为国家主权的主体，而君臣则为"国民的公仆"，尽管他的"人民"概念仅局限于新兴的资产阶级，但他的这一学说对后世的民主政体可谓影响深远、意义重大。而洛克所阐发的三权分立学说，更直接促发了英国"光荣革命"的实现。类似的政治文化内涵在欧洲的其他国家也得到了普及与传播，人民主权的观念亦深入人心。这些思想文化成就，构成了西方立宪君主制与民主共和制重要的政治文化基础。相反，中国的政治文化传统中，则充满了对人民性的无视与否定，以君尊民卑为核心的等级观念和秩序，将人民置于权利金字塔的最底层。极权统治者们通过实施愚民政策，以儒家的纲常伦理规范来引导人民的思想与行为，使之驯服于专制统治。只要压迫不致危及生存，民众便不会主动打破现有的统治秩序。在这样的政治文化与统治环境下，民众的思想认识中，只有义务的观念与臣民的自我认知，而绝不可能产生权利和公民的意识。王韬及其后的维新派思想家们，不仅轻视了中西政治文化传统方面的重大差异，及其与政体制度方面的重要关联，并在事实上也不希望中国的民众产生西方的人权、民主等政治文化意识，他们企图通过不改变中国的政治文化传统，在专制皇权的文化信仰下，实现立宪君主政体的确立，其结果实质上不过是"开明专制"而已，而绝不可能是真正意义上的立宪君主制。因此，在缺乏与立宪君主制相应的政治文化基础的前提下，仅仅希望通过由上层发动变革来实现新旧政体的转换，其结果要么是旧瓶装新酒，要么注定是无法获得成功的。

结　　语

　　近代中国自鸦片战争后所开启的社会大转型是一次前所未有的深刻变革。它不仅是中国社会发展的内在矛盾和规律对社会政治结构所提出的革新要求，也是西潮激荡下的中国社会因应外部环境和客观情势的变化所做出的被迫反应。不同于以往任何历史时期，此次变革在改变原有社会结构的同时，动摇了延续几千年的中国传统文化根基，在外来异质文化的输入和渗透下，原本根深蒂固的专制统治思想与原则，以及早已深入人心的儒家观念大义皆发生了裂变，伴随着西方炮弹而来的不仅是器物文明，更包含了近代西方的政治文明与文化价值观念，而正是这种中西的碰撞和较量逐渐瓦解了清帝国的统治基础与文化传统，并拉开了中国社会由传统步入近代化进程的序幕。

　　在中国社会的近代化演进过程中，内在地包含了中西政治文化的冲突与融合进程，西学成为近代中国之一部分已成为不争的事实，而这一过程则是经由几代思想家在反思和批判传统的基础上，通过对西学逐步深入的认知和借鉴来完成的。如果说龚自珍、魏源等地主阶级改革派思想家是近代中国西学启蒙，并提出师夷主张的源头，那么以王韬为代表的早期维新派人士则是最早萌生"循用西法"以变革朝政的思想家，他们在师夷长技与中体西用的基础上，第一次将借西法以自强的变革内容从造船制器拓展到了政治领域，实现了政治思想上的中西融合。而王韬在这方面的贡献是卓著且具有开创性的。他在面对晚清国势贫蹙、外祸频仍的时局中，预见到了变局将至的趋势，在晚清经世与改革风潮的影响下，他以洋务思潮以来的自强求富为鹄的，提出了一系列涉及内政、外交诸多方面内容的政治变革主张。他的变革思想中最大的特色便在于融合中西的启蒙性，自觉地继承和吸纳了中国传统与近代西方文明中他认为有用的成分，将其融会贯通于各项改革主张之中，提出了诸多颇具特色的政治变革要求。以近代化为经，以自强求富为纬，本书对王韬具有重要启蒙价值的中西交融政治变革思想进行了系统化研究，对他所提出的各项政治变革主张亦给予了较为深入的挖掘和探讨。

作为近代维新思想的开启者，王韬的政治变革主张在很多方面都成为其后的维新者们可资借鉴的思想模板和资源。最突出的体现便是，他对变革思想的哲学基础所做的独创性解读在康梁等维新派思想家那里得到了延续。为论证政治变革主张的合理性，王韬继承并发展了中国传统的道器观，亦突破了洋务派的"道本器末""变器不变道"的哲学范畴，形成了独具特色的"道中有器"、道器互通的观念。他指出，"形而上者曰道，形而下者曰器。道不能即通，则假器以通之。火轮舟车皆所以载道而行者也。东方有圣人焉，此心同此理同；西方有圣人焉，此心同此理同也。盖人心之所向，即天理之所示，必有人焉，融会贯通而使之同"①。王韬将火轮舟车等"器物"视为"载道而行"之媒介，因之"道"离不开"器"的实体，故而，"器"通，则道随之而通，"器"乃载道之工具。因之"道"可假"器"以通之，如此一来，"道"的内涵也必然发生了改变，与中国传统的"道器观"不同，王韬所论之"道"和"器"一样具有了可变性，如此，以"器"之通中西而混同中西之"道"便具有了可能性。再者，他将人心所向视为东西方之道可通的依据，并提出"道"的形态并非停滞不动的，而是变动不居、随物赋形的，其演变的过程是一个由"同"而"异"，再归于"同"的过程，其所以能"同"之根本，在乎"道以人而立"的人伦之道永恒不变。这样一来，东西方之道便有了同一的基础。在这种道器内涵可变且带有混沌特征的思想基础下，他提出了将原本属于不变之道的君主专制制度纳入了可变之器的范畴，而仅保留了以儒家思想为主旨的传统文化、观念大义

---

① 王韬：《弢园文录外编》，上海书店出版社 2002 年版，第 1 页。

作为道的内容，这样就为他提出变革政治制度的主张建立了哲学依据。王韬对道器哲学内涵的这种混沌解读在康梁等维新派人士那里得到继承和发挥，他们所提出的建立君主立宪制的主张，便是以这种混同道器的哲学观为依据，而谭嗣同所提出的"道器合一"更是在此基础上所做的进一步发展，其目的都是为借西法以变革中国政制提供哲学根据。尽管王韬在哲学观上的这种处理方式确有浅薄与粗陋之处，但也体现出其思想中突出的经世特征，其所重非理论创新或哲学升华，而在乎为论证变革政治社会的思想主张建立基础、开辟道路，其落脚点始终以有裨于现实政治为依归。而就近代思想史的演进历程而言，王韬在哲学观上的这种处理也确实对其后的维新变法倡导者产生了较为直接的影响，为他们推行并实践变革主张提供了合理性论证的借鉴。

张海林曾指出，王韬的政治改革思想远较魏源、林则徐一代的先进之处在于，其思想更具哲理化、理论化，他的思想重心在"内因"，尤其是政治层面。[①] 王韬以民本思想为基础的内政变革主张是其政治变革思想中的主体和重点所在。在他的变革内政的要求中，最为重要，也是奠定其思想启蒙地位的核心内容便是，他在批判君主专制的基础上，明确提出了中国效法西方施行君民共治制度的要求，他也因此成为近代史上第一个提出此观点的思想家。而对于君主专制的批判，王韬也超越了以往思想家的批判框架，直接将矛头对准了君主专制制度本身，并从君民关系、官民关系和国家强弱的角度来批判此制，将其视为中国积弱之根源，有学者认为，从这些方面对君主专制进行批判，王韬是近代史上的第一人。[②] 王韬的君民共治主张虽来自西制的启迪，但其思想基础则是中国传统的民本理念，且始终围绕着君民关系问题这一主轴。他认为，正是由于君主专制制度本身内在地包含有背离民本原则的因素，而导致了君民关系的难以协调和持续恶

---

① 张海林：《论王韬的危机意识和政治改革思想》，《南京师范大学学报》1993 年第 1 期。

② 熊月之：《中国近代民主思想史》，上海人民出版社 1986 年版，第 154—155 页。

结　语

化，为各种社会矛盾的滋长提供了机会。在他看来，欧洲各国之所以能获得国富兵强的发展成果而盛极一时，皆因其"上下一心，君民共治"①的政治制度。而"我中国民人，为四大洲最，乃独欺藐于强邻悍敌，则由上下之交不通，君民之分不亲，一手秉权于上，而百姓不得参议于下也。诚如西国之法，行之于天下，天下之民其孰不起而环卫我中国"，而"今我朝廷诚能与众民共政事，同忧乐，并治天下，开诚布公，相见以天，撤堂帘之高远，忘殿陛之尊严，除无谓之忌讳，"如此，"我中国自强之道，亦不外乎是耳"②。其中，最为强调的便是此制在上下情通，尤其是下情上传中的作用，其中蕴含了对民权思想为基础的西方议会政制的赞赏和希冀，明确表达了中国践行君民共治的愿望。而有关民本这一内政思想的基础在王韬的论说中占有相当比重。在继承中国传统民本观的基础上，他从改善民众生存现状入手，提出了一系列重民、利民、富民的政策措施，希望以此达到减缓君民矛盾和社会危机的目的。他一再重申，"天下之治，以民为先，所谓'民为邦本，本固邦宁'也"③。并将清廷所遭遇危机的原因归之于对君民地位的颠倒，以及对民心向背的失察，非常强调民心之于政治统治的重要性，认为"天下何以治，得民心而已，天下何以乱，失民心而已"。而欲得民心，则需行重民之法，他将自己的民本观念与具体的重民主张相结合，提出了诸多具体的改善民生、利民富民的变革措施。而更为值得注意的是，王韬在传承古代民本观念的基础上，吸收了近代西方民权思想的精髓，提出了带有民权内涵的多项变革主张。他在谈及西方议会政制之时，多次强调此制在通上下之情，表民众之意中的重要作用。王韬这里所看重的正是议会政制在实现民权方面的现实意义和价值。他曾呼吁当局应知民情，达民隐，了解民众的疾苦与需求，做到与其同利害、共忧乐。同时，不仅要做到下情上传，也要保证上情下达的顺畅。王韬在这里进一步提出了"政事公

---

① 王韬：《弢园尺牍》，新北：文海出版社1984年版，第349—350页。
② 王韬：《弢园尺牍》，新北：文海出版社1984年版，第349—350页。
③ 王韬：《弢园文录外编》，上海书店出版社2002年版，第15页。

开"的主张，认为政府应对民众开诚布公，"国有大政宣示中外，布告遐迩，使民间咸得预闻"，以保障民众对于国家事务的获知权利，也使政策措施的落实更为顺畅。同时，他认为对百姓"皆得而言之"的言论自由权利也应给予保障，当局应在施政中充分尊重和听取民众的意愿，"民以为不便者不必行，民以为不可者不必强"[1]，唯有当局"察其疴痒而煦其疾痛，民之与官有如子弟之于父兄，则境无不治矣"。在此基础上，王韬更进一步地提出了基层选举的主张，他提议由百姓"乡举里选"地方官，"复古者采取舆评之法，灼见众人之真好恶，而用舍黜陟之权寓于此"[2]。而对于荐举权的问题，王韬认为其因权在上峰，而弊端多出，人情泛滥，"窃以为荐举之权，当自下以达至之上，采之舆论，参之公论，令一乡一邑，得以公举其所优，以所举最多者，呈之于官，然后择用焉，则其荐举公矣"。王韬此说对于民众权利，尤其是选举官员的权利主张，以及对民意、舆情的充分考虑，都是极具民权内涵的。虽不甚完备，却足以视为近代民权观念的最初启蒙。对于当时的中国社会而言，这些带有民权内涵的思想主张极为先进，确有振聋发聩之效，从近代民权观演进的整体脉络中看，这些内容亦具有重要的启蒙意义。

此外，王韬对促发中国近代外交意识的萌芽与形塑可谓贡献卓著。他的近代外交观念形成于1861年之后中国对外关系发生重大转型的背景之下。这一历史时期，随着西方对华战争的有所节制，中国也渐以"贵和"代替反抗。战争中遭受重创的清廷在震惊于西方的威力之余，开始体认到一种史无前例的全新国际形势已渐趋展开的事实，并深刻领悟到"西风东渐"之势不可当。因此，一些先进的朝野人士开始转变以往的对外观念，在被动而又无奈地接受现实的同时，开始倾向于促成中国履行条约义务，积极主动地走向世界，开展以国际公法体系为核心的近代外交活动。王韬便是这些先行者中的杰出代表。他突破了传统华夷观的狭隘偏见，用"世界"的视野来重

---

[1] 王韬：《弢园文录外编》，上海书店出版社2002年版，第19—20页。
[2] 王韬：《弢园文录外编》，上海书店出版社2002年版，第297页。

结 语

新审视中国所处的国际地位,并难能可贵地将国家间外交关系的实质概括为"利'与"强",他在积极提倡中国加入国际公法体系,以保障自身的权益的同时,透彻地体认到国家实力决定公法的现实履行效果,产生了弱国无外交的朦胧认知,故此,围绕着他自强求富的目标,提出了"外交以自强为本"的先进思想。作为近代"驭外"主张的早期提出者,尽管他未能彻底从观念上抛弃中国驭力于外的优越感,但他所明确阐释的"驭外"内涵,即遣外使、设领事等办理外交的具体方案,以及中外之事应公布于报端以争取国内外舆论的外交策略主张等,皆远远超出了中国传统对外观念的思想范畴,而具有了鲜明的近代外交特征,这些都标志着他的近代外交意识与思想的萌发,并成为近代外交观念的启蒙者之一。

以王韬为代表的早期维新派思想家所萌发并提出的政治改革方案,是脱胎于洋务思潮,从新的视角对解决中国问题所给出的全新解答。尽管处于转折时期的他们,未能彻底摆脱传统观念的束缚,总体上仍处于儒家观念大义的思想框架下。亦因受制于时代所限,存在这样那样的局限性,如其哲学观上实用主义的牵强附会的阐释,以及忽视中西政治传统与现实环境方面的差异,未看到专制君权与民权、立宪之间内在的冲突与矛盾等,这些都决定了他们试图效法西方政体实施变革的主张终难免成为幻想。然而,政治思想的发动,是一切政治实践的前提。他们所提出的仿行新法、改弦更张等涤去宿见、富有创识性的思想言论,不仅在当时的社会具有重大感染力,必为爱国的政治思潮的碑记所铭刻,更在 19 世纪末叶的政治危局中,转化为重要的物质力量与思想财富,成为启蒙中国近代意识,并推动近代化进程的强大动力。

王韬一生务实,践行经世致用,虽生平未能于仕途一展宏志,却以思想提携时代,立足于现实政治,一生戮力于变法富强的探索。其经世之论的精髓最为集中和突出地反映在他的政治变革思想当中。尽管他于形上之道中鲜有建树,不过为变法自强奠立论之基,但其身体力行于"以实心求实事,以实事呈事功",故而他的部分变革主张颇具现实主义的特征。王韬的政治变革思想建立于现实而理性地处理中西关系格式的基础之上，既非守旧，亦非激进，在欧风美雨的侵蚀下冷静地提出了"善为治者，不必尽为西法同"的观念，于当时实属难得。王韬于为强是尚，以力御之的时代，倡议渐变改革的富强之法，思索出了一条中西交融的政治变革道路，在当时社会具有相当的先锋性。此一渐进变革的认知，不仅于近世有风行草偃之功，亦被历史证明是正确的。王韬的思想代表了当时先进的一代思想家对社会危机的应变能力和从封闭走向开放的心路历程，通过对其政治变革思想的系统化研究和梳理，可以了解近代维新思想演变的历史轨迹，并为确立早期维新派在近代思想史中的历史地位提供一个视角。研究历史人物的思想是一项颇为复杂的系统工程，本研究也仅涉及了王韬思想的某些方面，对其丰富的思想启蒙内容，则仍待于今后的研究中继续深入地挖掘与拓展。

参考文献

一　中文资料
（一）王韬著作

《循环日报》，香港，1874—1884年部分版面。
《弢园文录外编》，上海书店出版社2002年版。
《王韬日记》，方行、汤志钧整理，中华书局1987年版。
《瓮牖余谈》，上海：大达图书供应社1935年版。
《重订法国志略》，铅印本，清光绪十六年（1890年）版。
《普法战纪》，香港：中华印务总局1873年版。
《漫游随录·扶桑游记》，湖南人民出版社1982年版。
《弢园尺牍》，新北：文海出版社1984年版。
《弢园尺牍续钞》，上海图书馆藏，光绪乙丑铅字排印本。
《淞隐漫录》，人民文学出版社1983年版。
《蘅华馆诗录》，上海图书馆藏，清光绪六年（1880年）铅印本。
《淞滨琐话》，岳麓书社1987年版。
《西学辑存》，北京大学图书馆藏，光绪庚寅（1890年）刻本。
《后聊斋之一——遁窟谰言》，河北人民出版社1991年版。
《格致书院课艺》，上海书局1897年版。

(二) 典籍文献

《礼记·大学》（陈皓注），上海古籍出版社1987年版。

《论语》（国学整理舍辑，载《诸子集成》第一册），中华书局2002年版。

《孟子》（国学整理舍辑，载《诸子集成》第一册），中华书局2002年版。

《春秋左传》，岳麓书社2006年版。

《史记》，中华书局1959年版。

《汉书》，中华书局2007年版。

《二程遗书》，清文渊阁《四库全书》本。

《清实录》，中华书局1987年版。

《清会典事例》，中华书局影印本1991年版。

《清通典》，清文渊阁《四库全书》本。

《清通志》，清文渊阁《四库全书》本。

《清文献通考》，清文渊阁《四库全书》本。

《周易注疏》，清嘉庆二十年南昌府重刊宋本《十三经注疏》本。

赵尔巽等点校：《清史稿》，中华书局1977年版。

中国第一历史档案馆编：《清代档案史料丛编》，中华书局1984年版。

（清）《万国公报》，1898年8月第43期。

（清）《万国公报》，1893年10月第57期。

（清）陈康祺：《郎潜纪闻》，中华书局2007年版。

（清）陈忠倚：《皇朝经世文三编》，浙江书局1898年版。

（清）冯桂芬：《校邠庐抗议》，清光绪十年豫章刻本。

（清）龚自珍：《龚自珍全集》，王佩诤点校，中华书局1959年版。

（清）贺长龄辑：《皇朝经世文编》，清光绪十二年思补楼重校本。

（清）黄宗羲：《宋元学案》，中华书局1986年版。

（清）康有为：上清帝第二书，《戊戌变法》，《中国近代史资料丛刊》第八种，1953年。

（清）康有为：《新学伪经考》，朱维铮、廖梅编校梁启超，中西书局

2012年版。

（清）李道平：《周易集解纂疏》，清湖北书局本，清道光刻本。

（清）李鸿章：《李文忠公奏稿》，民国影金陵原刊本。

（清）梁启超：《清代学术概论》，东方出版社1996年版。

（清）梁启超：《饮冰室合集》，中华书局1941年版。

（清）梁启超：《中国近三百年学术史》，东方出版社1996年版。

（清）梁启超：《梁启超论清学史二种》，朱维铮校注，复旦大学出版社1985年版。

（清）皮锡瑞：《经学历史》，中华书局1959年版。

（清）皮锡瑞：《经学通论》，中华书局1982年版。

（清）沈家本撰，韩延龙、刘海年、沈厚铎等整理：《沈家本未刻书集纂补编》，中国社会科学出版社2006年版。

（清）盛康辑：《皇朝经世文续编》，清光绪三年刻本。

（清）谭嗣同著，蔡尚思、方行编：《谭嗣同全集》，中华书局1981年版。

（清）王夫之：《周易外传》，中华书局1877年版。

（清）魏源：《魏源全集》，夏剑钦点校，岳麓书社2004年版。

（清）倭仁：《挽救时事疏》，《倭文端公遗书补》，复旦大学图书馆藏刻本。

（清）薛福成：《出使日记续刻》，清光绪二十四年刻本。

（清）薛福成：《庸庵笔记》，江苏人民出版社1983年版。

（清）薛福成著，丁凤麟、王欣之编：《薛福成选集》，上海人民出版社1987年版。

（清）严复著，王拭编：《严复集》，中华书局1986年版。

（清）曾国藩：《曾文正公奏稿》，上海古籍出版社1996年版。

（清）张廷玉：《清朝文献通考》，浙江古籍出版社2000年版。

（清）张之洞：《张文襄公全集》，中国书店1990年影印本。

（清）昭梿：《啸亭杂录》，中华书局1980年版。

（清）郑观应著，夏东元编：《郑观应集》，上海人民出版社1982年版。

钱钟书主编：《弢园文新编》，生活·读书·新知三联书店1998年版。

王延熙：《皇清道咸同光奏议》，台湾：文海出版社1966年版。

张枬、张王忍之编：《辛亥革命前十年间时论选集》，生活·读书·新知三联书店1977年版。

张志春整理：《王韬年谱》，河北教育出版社1994年版。

（三）研究著作

宝成关：《西潮与回应——近四百年思想嬗替研究》，吉林人民出版社2004年版。

宝成关：《西方文化与中国社会》，吉林教育出版社1994年版。

蔡尚思：《中国思想研究法》，复旦大学出版社2001年版。

曹德本：《中国传统思想探索》，辽宁大学出版社1998年版。

曹德本：《中国传统文化学》，辽宁大学出版社2001年版。

陈来：《传统与现代——人文主义的视界》，北京大学出版社2006年版。

陈其泰：《清代公羊学》，东方出版社1997年版。

陈崧编：《五四前后东西文化问题论战文选》，中国社会科学出版社1989年版。

陈旭麓：《近代中国社会的新陈代谢》，上海人民出版社1992年版。

丁伟志、陈裕：《中西体用之间》，中国社会科学出版社1995年版。

董根洪：《儒家中和哲学通论》，齐鲁书社2001年版。

杜维明：《现代精神与儒家传统》，生活·读书·新知三联书店1997年版。

樊树志：《国史概要》，复旦大学出版社2000年版。

冯尔康主编：《中国社会结构的演变》，河南人民出版社1994年版。

冯友兰：《中国哲学史新编》，人民出版社1998年版。

[美] 费正清编：《剑桥中国晚清史》，中国社会科学出版社1985年版。

戈公振：《中国报学史》，商务印书馆1927年版。

葛荃：《立命与忠诚——士人政治精神的典型分析》，浙江人民出版社

2000年版。

葛荃：《权利主宰理性——士人、传统政治文化与中国社会》，南开大学出版社2003年版。

侯外庐、赵纪彬、杜国庠：《中国思想通史》，人民出版社1967年版。

翦伯赞：《中国史纲要》，北京大学出版社2006年版。

金耀基：《中国民本思想史》，台北：商务印书馆1990年版。

[美]柯文：《在传统与现代性之间——王韬与晚清改革》，雷颐、罗检秋译，江苏人民出版社1994年版。

李国祁：《近代中国思想人物论——民族主义》，台北：时报文化出版事业有限公司1982年版。

李泽厚：《中国思想史论》（上中下），安徽文艺出版社1999年版。

刘泽华、张分田：《思想的门径——中国政治思想史研究方法论》，天津古籍出版社2006年版。

刘泽华：《中国的王权主义：传统社会与思想特点考察》，上海人民出版社2000年版。

刘泽华主编：《中国传统政治思维》，吉林教育出版社1991年版。

刘泽华主编：《中国传统政治哲学与社会整合》，中国社会科学出版社2000年版。

刘泽华主编：《中国政治思想史》，浙江人民出版社1996年版。

罗检秋：《嘉庆以来汉学传统的衍变与传承》，中国人民大学出版社2006年版。

罗荣渠等编：《中国现代化历程的探索》，北京大学出版社1992年版。

罗香林：《香港与中西文化之交流》，香港：中国学社1961年版。

马勇：《超越革命与改良》，上海三联书店2001年版。

马勇：《严复学术思想评传》，北京图书馆出版社2001年版。

欧阳哲生编：《胡适文集》，北京大学出版社1998年版。

潘起造：《明清浙东经世实学通论》，宁波出版社2005年版。

漆侠：《宋学的发展与演变》，河北人民出版社2002年版。

·247·

钱穆：《国史大纲》，商务印书馆 1994 年版。
钱穆：《现代中国学术论衡》，岳麓书社 1987 年版。
钱穆：《中国近三百年学术史》，商务印书馆 1997 年版。
孙晓春：《中国传统政治哲学》，吉林人民出版社 2003 年版。
孙晓春：《中国政治思想史论》，吉林人民出版社 2002 年版。
汪荣祖：《晚清变法思想论丛》，台北：联经出版社 1983 年版。
王尔敏：《上海格致书院志略》，香港中文大学出版社 1981 年版。
王尔敏：《中国近代思想史论》，台北：华世出版社 1982 年版。
王立群：《中国早期口岸知识分子形成的文化特征——王韬研究》，北京大学出版社 2009 年版。
王茂、蒋国宝、余秉颐：《清代哲学》，安徽人民出版社 1992 年版。
王浦劬：《政治学基础》，北京大学出版社 1995 年版。
王戎笙主编：《清代全史》，辽宁人民出版社 1995 年版。
王寿南：《中国历代思想家》，台北：商务印书馆 1978 年版。
韦庆远、高放、刘文源：《清末立宪史》，华文出版社 2012 年版。
韦庆远：《明清史辨析》，中国社会科学出版社 1989 年版。
吴泽：《中国近代史学史》上册，江苏古籍出版社 1989 年版。
萧公权：《中国政治思想史》，辽宁教育出版社 1998 年版。
萧萐父、许苏民：《明清启蒙学术流变》，辽宁教育出版社 1995 年版。
萧一山：《清代通史》，中华书局 1986 年版。
萧一山：《清史大纲》，上海古籍出版社 2005 年版。
忻平：《王韬评传》，华东师范大学出版社 1990 年版。
熊月之：《中国近代民主思想史》，上海人民出版社 1986 年版。
徐大同、陈哲夫、谢庆奎等：《中国古代政治思想史》，吉林人民出版社 1981 年版。
徐凯、李尚英、刘秀生等：《中国清代政治史》（百卷本中国全史），人民出版社 1994 年版。
姚海林：《王韬的政治思想》，台北：文化文镜出版社 1981 年版。
于语和、庚良辰：《近代中西文化交流史论》，山西教育出版社 1997

于语和、王景智、周滨：《中国传统文化概论》，天津大学出版社 2001 年版。

于语和：《礼治与法治》，香港天马图书有限公司 2002 年版。

余英时：《现代儒学的回顾与展望》，生活·读书·新知三联书店 2005 年版。

余英时：《中国思想传统的现代诠释》，江苏人民出版社 2004 年版。

余英时：《中国思想传统及其现代变迁》，广西师范大学出版社 2004 年版。

余英时：《中国知识分子论》，河南人民出版社 1997 年版。

张岱年：《中国哲学大纲》，中国社会科学出版社 1994 年版。

张静庐辑注：《中国近代出版史料》，中华书局 1957 年版。

中国人民大学政治经济系编：《中国近代经济史》（上册），人民出版社 1975 年版。

中国社会科学院近代史所编：《国外中国近代史研究》，中国社会科学出版社 1995 年版。

中国社会科学院近代史研究所编：《中国近代史稿》（第 2 册），人民出版社 1984 年版。

中国近代史编写小组：《中国近代史》，中华书局 1977 年版。

朱日曜、曹德本、孙晓春：《中国传统政治文化的现代思考》，吉林大学出版社 1990 年版。

朱维铮：《音调未定的传统》，辽宁教育出版社 1995 年版。

朱维铮：《重读近代史》，中西书局 2010 年版。

（四）研究论文

陈复兴　《王韬和〈扶桑游记〉》，《社会科学战线》1981 年第 2 期。

陈其泰　《儒学与西方文化的交流——对中国史学近代化趋势的审视》，《北京师范大学学报》（哲学社会科学版）1995 年第 3 期。

陈祖声：《王韬报刊活动的几点考证》，《新闻研究资料》1981 年第 4 期。

迟汗青：《关于新民本主义》，《天津社会科学》1997 年第 3 期。

段怀清：《对异邦文化的不同态度：里雅各与王韬》，《二十一世纪》2005年第2期。

段怀清：《试论王韬的基督教信仰》，《清史研究》2011年第2期。

傅美林：《论王韬的洋务思想》，《历史教学》1996年第8期。

傅兆君：《进化还是复古：对中国史学中几种循环论的剖析》，《社会科学》1995年第3期。

高建：《〈在民主与法治之间〉评介》，《政治学研究》2007年第3期。

葛荃：《传统儒学的政治价值结构与中国社会转型析论》，《山东大学学报》（哲学社会科学版）2007年第6期。

关学增、郭常英：《王韬人才思想述论》，《史学月刊》1984年第4期。

韩冬雪：《政治哲学论纲》，《政治学研究》2000年第4期。

洪深：《申报总编纂"长毛状元"王韬考证》，《文学》1934年第2期。

黄新宪：《王韬人才思想论略》，《教育研究》1996年第10期。

简又文：《长毛状元王韬跋》，《逸经》1937年第33期。

简又文：《关于王韬》，《大风》1939年第58期。

焦润明：《论中国近代民族主义》，《社会科学辑刊》1996年第4期。

邝柏林：《从古代传统的变易史观到近代历史进化论》，《孔子研究》1988年第3期。

雷颐：《从冯桂芬到郑观应》，《近代史研究》1984年第6期。

李伯祥等：《关于十九世纪三十年代鸦片进口和白银外流数量》，《历史研究》1980年第5期。

李侃：《鸦片战争前后"士林风气"的变化》，《北京师范大学学报》1978年第2期。

刘仁坤：《王韬民本主义新探》，《学习与探索》1991年第2期。

刘学照：《论洋务政论家王韬》，《华东师范大学学报》1983年第1期。

刘泽华、张分田：《论儒家的理想国》，《天津社会科学》1990年第

4 期。

刘泽华:《论中国古代的亦主亦奴社会人格》,《南开学报》1999 年第 5 期。

罗尔纲:《上太平天国书的黄琬考》,《国学季刊》1934 年第 2 期。

罗香林:《王韬与太平天国》,《艺林丛录》1962 年第 4 期。

戚其章:《从"中本西末"到"中体西用"》,《中国社会科学》1995 年第 1 期。

申满秀:《从"抑商"到"重商"观念的转变——龚自珍、魏源、王韬、郑观应经济思想个案简析》,《贵州社会科学》1999 年第 6 期。

孙晓春:《中国传统政治哲学的社会历史环境分析》,《史学集刊》2004 年第 2 期。

汤奇学:《晚清政治思想超前发展述论》,《安徽史学》2004 年第 1 期。

王尔敏:《王韬谋士及其新思潮之启发》,《东方文化》1976 年第 2 期。

王尔敏:《王韬早年从教活动及其与西洋教士之交流》,《东方文化》1975 年第 2 期。

王来金:《"民主"与"民本"的概念辩证》,《社会科学》2000 年第 4 期。

王立新:《中国民族主义的兴起与近代中西方关系》,《史学理论研究》1998 年第 3 期。

王守正:《王韬的"道器说"对中国近代历史前途的认识》,《史学集刊》1997 年第 2 期。

王双:《近代沿江三家的商本思想——王韬、马建忠、薛福成经济思想试析》,《河南师范大学学报》(哲学社会科学版)1995 年第 3 期。

王维成《王韬的思想》,《中国近代思想史论文集》,上海人民出版社 1958 年版。

王也扬:《王韬的史观与史学》,《史学理论研究》1993 年第 4 期。

王一川:《中国的"全球化"理论——王韬的"地球合一"说》,《四川外语学院学报》2001年第2期。

王中江:《"新旧之辨"的推演与文化选择形态》,《中国社会科学》1999年第4期。

吴静山:《王韬事迹考略》,选自上海通社编:《上海研究资料》,上海书店出版社1936年版。

吴雁南:《试论王韬的改良主义思想》,《史学月刊》1958年第3期。

谢放:《中体西用:转型社会的文化模式》,《华中师范大学学报》1996年第3期。

谢庆奎:《试论中国封建社会"民本"思想的产生和发展》,《政治学研究》1986年第2期。

谢无量:《王韬——清末变法论之首创者即中国报道文学之先驱者》,《教学与研究》1958年第3期。

谢兴尧:《王韬上书太平天国事考》,《国学季刊》1934年第1期。

忻平:《论王韬的史著及其史学理论》,《史学理论研究》1997年第3期。

徐大同:《中西两种不同的政治思想体系》,《政治学研究》2004年第3期。

杨其民:《王韬上书太平军考辨——兼与罗尔纲先生商榷》,《近代史研究》1985年第4期。

杨世钰:《孟子民本思想浅议》,《云南师范大学学报》(哲学社会科学版)1983年第1期。

杨阳、李筠:《现代化与近代以来中国政治发展的相关理论问题》,《政法论坛》2007年第3期。

叶国洪:《儒家思想与中华现代化:西方文化冲击儒家思想的历史个案的回顾》,《清华大学学报》1998年第2期。

易惠莉:《日本汉学家冈千仞与王韬——兼论1860—1870年代中日知识界的交流》,载《近代中国》第12辑,上海社会科学院出版社2002年版。

易惠莉:《晚清平民知识分子的西学之路——评王韬与沈毓桂西化思想背景的异同》,《社会科学》1991年第10期。

于语和、庚良辰：《"中体西用"与"和魂洋才"浅议》，《理论与现代化》1997年第2期。

于语和：《简论中西方传统政治文化的差异》，《历史教学》2000年第3期。

俞祖华、赵慧峰：《民主思想的演进：从戊戌到"五四"》，《江海学刊》2001年第3期。

张海林：《论王韬的危机意识和政治改革思想》，《南京师范大学学报》1993年第1期。

张丽霞：《民本思想与封建君主专制政治契合关系探析》，《郑州大学学报》（哲学社会科学版）2005年第5期。

赵意诚：《王韬考证》，《学风》1936年第1期。

郑大华：《现代中国文化保守主义思潮的历史考察》，《社会科学战线》1993年第4期。

郑师渠：《近代中国的文化民族主义》，《历史研究》1995年第5期。

朱建华：《"治中以御外"——王韬改良思想的主旨》，《贵州大学学报》1996年第1期。

朱建华：《论王韬的外交思想》，《河南师范大学学报》（哲学社会科学版）1996年第4期。

朱日曜、曹德本、孙晓春：《传统儒学的历史命运》，《吉林大学社会科学学报》1987年第3期。

朱维铮：《中国经学的近代行程》，《复旦学报》（社会科学版）1989年第4期。

朱英：《中国近代最早提出"变法"口号的思想家——王韬》，《史学月刊》1982年第5期。

二　外文资料

（一）日文资料

布施知足：《王紫诠的扶桑游记》，《从游记看中国明治时代的日本往来》，《东亚研究讲座》1938年第84辑。

渡琢磨：《对王韬上书太平天国问题的研究》，《近代中国》第20卷，

1988年版。

彭泽周：《中国の近代化と明治維新》，京都同朋舎出版部1976年版。

实藤惠秀：《近代中日文化论》，大东出版社1941年版。

外山军治：《王韬と长发贼》，《学海》第2卷第8号1945年版。

西里西行：《王韬と循環日報について》，《东洋史研究》第42卷第3期1984年版。

原田正己：《康有為の思想運動と民衆》，東京刀水書房1983年版。

中田吉信：《冈千仞与王韬》，《参考书志研究》第13卷，1976年版。

(二) 英文资料

Albert Feuerwerker, et al., *In Approaches to Modern Chinese History*, Berkeley: University of California Press, 1967.

Arthur W. Hummel, *In Eminent Chinese of the Ching Period*, Washington D. C.: United State Government Print Office, 1943.

Boyle John, "Review of Between Tradition and Modernity: Wang Tao and Reform in Late Ching China by Paul A. Cohen," *Journal of Asian History*, Vol. 24, No. 1, October 1976.

Lee Chi-fang, "Wang Tao and His Literary Writings," *Tamkang Review*, Vol. 11, No. 1, February 1980.

Lee Chi-fang, "Wang Tao's Contribution to James Legge's Translation of the Chinese Classics," *Tamkang Review*, Vol. 17, No. 1, January 1986.

Paul A. Cohen, "Between Tradition and Modernity: Wang Tao and Reform in Late Ching China," Cambridge, Mass: Harvard University Press, 1974.

Paul A. Cohen, "Wang Tao and Incipient Chinese Nationalism," *Journal of Asian Studies*, Vol. 26, No. 4, January 1967.

Shin Linda P. & Soo Ming Wo, "Review of Between Tradition and Modernity: Wang Tao and Reform in Late Ching China by Paul A. Cohen," *Journal of Asian Studies*, Vol. 35, No. 2, February 1976.